_____ 님께

행복한 꿈은 가슴에 품고
세상은 이룸게 하세요.

_____ 드림

성장할 수 있는 용기

조벽·최성애 박사의 라이프코칭

성장할 수 있는 용기

조벽·최성애 지음

해냄

인생 여행을 위해 당신이 꼭 알아야 할 것

"선물을 사러 가지 말고 선물로 살아가라."

저희가 운영하는 HD행복연구소의 모토입니다. 마음은 남에게 나누어주고 베풀어도 계속 남아 있습니다. 아니, 오히려 퍼줄수록 더 넓어지고 깊어집니다. 그래서 저희는 '선한 마음은 우리가 남에게 줄 수 있는 최고의 선물'이라고 믿습니다.

"행복하지 않으면 성공한 게 아니다."

제가 미국 미시간공과대학교에서 학생성공센터를 운영할 때부터 강조해 오고 있는 말입니다. 성공하기 위해 행복을 먼 훗날로 미루며 정신이 피폐해진 학생들이 저는 안쓰러웠습니다. 그래서 지금도 학생들에게 '성공은 행복을 위한 수단이 아니며 행복한 삶이 성공의 조건'이라고 가르칩니다.

"앞날이 환할 때 희망을 느끼는 게 아니라 내가 희망을 선택할 때 앞날이 환해져 온다."

저희가 운영하는 HD가족클리닉의 지향입니다. 과거를 바꾸려 하거나 세상을 탓하면 절망감을 맛보게 되지만, 자신의 시각을 약간만 돌리면 새로운 세상이 보입니다. 저희는 내담자의 시각과 감정이 달라지고, 새로운 방향으로 뚜벅뚜벅 나아갈 수 있는 기술을 배우고 실천하면 심리상담을 종료합니다.

"외부의 적만이 아닌, 내면의 적을 이기는 기술을 지녀라."

저희는 지난 8년간 매해 사관생도 전원에게 마음과 정신력 강화를 위한 1박 2일 리더십 연수를 진행했습니다. 대한민국 영토의 최전방을 지키는 분들은 각자 자신의 최전방인 마음부터 잘 지켜내야 합니다. 그래서 이는 해군사관학교 생도들에게 저희가 전하는 핵심 메시지입니다.

이 책이 담고 있는 메시지들이 좀 냉정하게 들릴 수 있습니다. 힘들게 공부와 일을 하고 힘겨운 하루하루를 보내는 사람들에게 위로의 말을 해주기는커녕 이렇게 해라, 저것을 배워라 등 부담만 잔뜩 주는 것처럼 보이기도 할 테고요. 그럼에도 저희가 실용적 메시지에 집중하는 이유를 사례로 설명하겠습니다.

최근 자살을 시도한 어느 대학생을 상담했는데, 상담이 종료될 때 학생이 했던 말이 아직도 귀에 맴돕니다.

"제가 힘들어할 때 아무도 이런 말을 해주지 않았어요. 사람들은 저를 위로하고 혹시나 제가 상처받을까 곁을 빙빙 도는 것 같았어요. 그런 것들은 사실 제게 별 도움이 되지 않았어요. 그런데 오늘에야 비로소 제가 무엇을 어떻게 해야 하는지 확실히 깨달았어요. 이젠 저 스스로 잘 살아갈 수 있을 것 같아요. 방법을 알려주셔서 고맙습니다."

위로와 보살핌은 분명 우리에게 필요합니다. 특히 급할 때는 꼭 있어야 하지요. 하지만 스스로 살아갈 수 있게 해주는 힘은 지식과 지혜에서 비롯합니다. 몸, 마음, 정신을 건강하게 지키고 어제보다 좀더 큰 존재로 오늘을 살아가는 방법들을 배우고 실천해야 하는 이유입니다.

이 책에서 저희는 지난 40년간 학생, 교사, 부모, 직장인, 내담자들에게 가르치고 안내해드린 마음 및 정신 건강법을 구체적으로 소개합니다. 여러분에겐 다음의 세 가지가 새롭게 느껴질 것입니다.

첫째, 마음과 정신이 무엇이며 어디에 있는지가 좀더 명확해질 것입니다. 저희가 제시하는 방법은 이론적 체계가 정교하고, 논리 정연합니다.

둘째, 일부 방법들은 이미 수천 년 전부터 비법처럼 전수되어 내려온 것이기에 새롭게 여겨지지 않을 수 있습니다. 그러나 이 책에선 신비주의적 해석을 걷어내고 그 방법들을 과학적으로 설명하기에 그 설명이 새로울 수 있습니다.

셋째, 서양의 개념만으로는 저희의 행복의 성장방식을 쉽게 설명할 도리가 없어 한국의 전통 개념들도 설명에 활용했습니다. 지혜란 매일같이 쏟아져 나오는 정보가 전문가 집단의 철저한 검증을 거쳐 걸러지고 농축된 에센스입니다. 수천 년 동안 무수한 세대를 걸쳐 구전된 에센스 또한 지혜지요. 이 둘은 같은 곳에서 만나게 되어 있습니다. 서양 과학과 한국 전통이 만났기에, 서양의 합리성과 동양의 보편성이 만났기에 많은 독자께도 공감되리라 희망합니다.

이 책은 총 11장으로 구성되었습니다. 1~8장에선 불행으로부터 벗어나는 방법을 소개하고, 그와 관련된 최신 연구결과를 곁들여 설득력을 보탰습니다. 이 장들을 읽으며 여러분은 일상 대화에서 마음과 정신에 대해 사용하는 말들이 그냥 시적 표현이 아닌 매우 정확한 표현임을 알 수 있을 것입니다. 더불어 어떻게 마음이란 걸 먹고, 얻고, 다스릴 수 있는지, 또 무엇이 마음을 아프게 하고, 상하게 하고, 찢어지게 하는지, 그리고 그것을 곱게 간직하고 따뜻이 품어 선하게 만드는 방법은 무엇인지도 배울 수 있을 것입니다.

정신에 대해서도 보다 명료해질 것입니다. 왜 마음은 주고받는 것인 데 비해 정신은 제멋대로 들락날락하는 것인지, 정신이란 것은 어떻게 팔리고, 썩고, 나가는지, 정신 집중은 정신을 차리는 일과 어떤 면에서 다른 것인지를 말이지요. 또한 정신줄을 놓지 않고 꽉 붙잡는 법을 배움으로써 올바르고 맑은 정신을 지닌 삶이 가능해질 것입니다.

9~11장에선 생존에서 성장으로 나아가는 방식을 소개합니다. 행복은 불행에서 벗어났다 해서 저절로 찾아오는 게 아닙니다. 행복을 위한 여정이 존재하기 때문이지요. 이 여정을 위해선 우리에게 이미 주어져 있는 자원을 잘 활용해야 합니다.

그 자원이란 바로 몸, 마음, 정신입니다. 아마 이 책에서 처음 접하는 설명이겠지만 마음은 관계, 정신은 공동체 차원에서 잘 살기 위해 개개인이 지닌 자원입니다. 인간은 관계 속에서 잉태되고, 관계와 공동체 속에서 생존 및 성장하며 훗날에도 보살핌을 받습니다. 혼자 건강히 지낼 순 있어도 혼자서 행복할 순 없지요. 행복하게 지내려면 관계와 공동체를 건강하게 만드는 방법을 꼭 실천해야 지속 가능합니다.

아마도 여러분에겐 마음과 관계에 대한 이야기가 가장 유익하게, 또 정신과 공동체에 관한 이야기가 가장 재미있게 느껴질 것입니다. 그러나 이 책에선 몸의 이야기를 먼저 꺼냅니다. 마음과 정신을 담고 있는 그릇이 몸이니까요.

자동차 엔진이 작동하는 과학적 원리를 몰라도 동네에서 차를 몰거나 고속도로에서 직선으로 달리는 데는 아무 문제가 없습니다. 그러나 대륙을 횡단하는 긴 여정의 자동차 여행을 떠난다면 간단한 자동차 수리는 직접 해결할 수 있는 능력을 갖춰야겠지요. 이를 위해선 자동차 작동 원리 및 핵심 부품에 대한 약간의 지식을 갖춰야 합니다.

인생 여행도 마찬가지입니다. 몸과 마음, 정신을 세세히 이해하고 있지 않아도 평범한 하루를 잘 보내는 일은 가능합니다. 하지만 요즘은 하루하루가 특별히 고된 날의 연속인 경우가 많습니다. 이런 상황이니만큼 마음과 정신에 대한 깊이 있는 지식을 갖추면 자신의 건강을 스스로 더 잘 지켜낼 수 있게 될 것입니다.

'깊이 읽기'는 인체생리학을 현대 심리학, 그리고 조선 성리학 개념과 연결하여 설명한 코너입니다. 다소 복합적이기 때문에 이에 대한 독자 여러분의 반응은 호불호가 갈릴 수도 있습니다. 마음과 정신을 파헤치는 것 자체에 거부감을 느낄 수도 있는 반면 명료하다고 좋아하는 분들도 있을 테니까요. 그렇기에 이 코너는 독자 여러분 각자가 원하는 만큼만 읽으시면 됩니다. 하지만 저희는 여러분이 가급적 다 읽어보시기를 권합니다. 추상적이었던 마음과 정신이 정확하게 무엇인지 알게 되고, 그래서 마음을 좀더 편하게 지니고 정신을 한층 더 맑게 할 수 있을 테니까요.

참고로 이 책의 저자는 두 명이지만 본문에선 주로 1인칭으로 표기했습니다. 굳이 두 명을 구분해야 할 이유가 없어 쓰고 읽기 편한 1인칭을 택했음을 미리 밝힙니다.

2005년 2월 《타임》의 커버스토리 주제가 '행복의 과학'이었듯 행복은 이미 과학적 연구 영역으로 들어온 시대가 되었습니다. 그리고 적어도 한 가지 결론만큼은 확실해졌습니다.

"행복감을 느끼는 것(feeling happy)과 행복한 것(being happy) 사이에 큰 차이가 있다."

전자는 일시적이고 한시적인 반면 후자는 지속적이고 영구적입니다. 몸이 좋은 자극을 받으면 기분이 좋지만 그 기분은 오래 가지 않을뿐더러 나쁜 자극을 받으면 곧바로 기분이 나빠지지요. 아이스크림을 먹으면 행복감을 맛보지만 곧이어 레몬을 한 입 먹으면 비명소리가 저절로 나오잖아요. 그래서 느낌은 반응이며 종속적입니다.

'feeling'과 달리 'being'은 존재함을 뜻합니다. 스스로 그러하다란 뜻이니 내면의 특성입니다. 'being happy'는 외부 상황과 환경이 힘들고 어려워도 행복하다는 말입니다. 고무공이 땅에 떨어지든 벽에 부딪히든 한결같이 통통 뛰는 탄력성을 지녔듯이 행복도 사람이 나락에 떨어지든 시련에 부딪히든 잃지 않을 수 있는 특성입니다.

이 책은 어떻게 하면 우리가 행복이라는 특성을 지닐 수 있는가에 대한 답을 제시합니다. 몸과 마음과 정신을 건강하게 만들어서 스트레스를 품어 낼 수 있는 우리의 역량을 키우는 방법들을 소개하고자 합니다.

　여러분 모두가 어제보다 더 큰 존재가 되어 스스로 좋은 내일을 창조해 나가시길, 그래서 더 크게 성공하고 더 많이 행복해지시길 소망합니다.

2022년 9월 4일

조벽, 최성애

차례

11장 공동체 누군가에게 소중한 선물이 되기

싸우지 말고 대응하기

삶에서 피할 수 없는 스트레스

요즘 세상 돌아가는 게 전혀 마음에 들지 않습니다. 분통 터지는 날이 많을 뿐 아니라 정신이 피폐해지고 마음도 괴롭네요. 이러다 몸에 화병이 생기지 않을지 걱정입니다.

내 마음대로 되는 일이 왜 이리도 없을까요? 기분이 우울해지고 일도 손에 잡히지 않아 온종일 괴롭습니다. 밤마다 잠이 잘 오지 않아 뒤척거리는 바람에 아침에 일어나면 개운하지 않습니다. 피곤해서 정신을 집중하기도 어렵고요. 이렇게 계속 살면 곧 정신이 나갈 것만 같습니다.

'다들 그냥 이렇게 사는 것이지' 하고 마음을 다잡으려 해도 자꾸 억울하고 짜증이 납니다. 난 열심히 살고 있는데 주변 사람들은 날 내버려두지 않고 힘들게 만드네요. 특히나 스트레스를 좀 줄여보라고 조언하는 사람 때문에 더 스트레스를 받습니다. 아니, 누가 그걸 몰라 스트레스를 받고 사나요? 알면서도 그럴 수밖에 없어 괴로운데 그런 말은 염장 지르는 소리와도 같습니다.

직장인은 회사를 때려치우면 일터에서 받는 스트레스는 당장 사라져 조금 살 만해지겠지요. 쌓아둔 돈이 있다면 말입니다. 그러나 재벌 오너가 갑질할 때 질러대는 소리를 들어보면 돈 속에 파묻혀 지내는 것도 여간 스트레스가 아닌 모양입니다. 악에 찬 소리를 들으면 오히려 그들이 불쌍해 보이기까지 합니다. 돈을 산더미처럼 쌓아두고 있는 사람도 스트레스는 피해 갈 수 없나 봅니다.

부부는 지지고 볶고 싸우면서 서로 심한 스트레스를 주고받습니다. 이렇게 사느니 차라리 이혼하면 숨통이 트일 것 같습니다. 하지만 세상에 갈등 없는 인간관계라는 것이 과연 존재할까요? 갈등은 핏줄로 연결된 부자지간이나 형제지간에도 있기 마련이니, 어떤 사람을 배우자로 만난들 부부싸움 스트레스가 생기지 않을 수 있겠습니까.

그러니 관계는 곧 피할 수 없는 스트레스 덩어리라 해도 무방합니다. 남들을 사라지게 하거나 내가 사라질 수 있다면 그 덩어리를 피할 수 있어 참 좋을 듯합니다. 하지만 그건 불가능하고, 현실적인 뾰족한 방법도 생각나지 않으니 이 또한 엄청난 스트레스가 됩니다.

스트레스는 만병의 근원이라고들 하지요. 스트레스가 심해지거나 지속 기간이 길어지면 발생할 수 있는 병을 '외상 후 스트레스장애(PTSD: post-traumatic stress disorder)'라 일컫는데, 이는 근육통은 물론 만성 염증으로 인한 각종 질병을 유발합니다. 뿐만 아니라 불안이나 공황장애 같은 마음의 병, 또는 환각이나 해리 등의 심각한 정신질환으로 이어질 수도 있고요.

아쉽지만 스트레스는 줄일 수도, 피할 수도, 극복할 수도 없습니다. 그렇다 해서 두 손 놓고 포기할 순 없지요. 우리의 삶은 소중하

22

니까요. 그렇다면 마지막 방법을 동원해야 합니다. 스트레스에 대처하는 방법을 익히는 것입니다.

소소하지만 확실한 행복을 찾아서

무엇이 어떻게 스트레스 반응을 일으키는지에 대해서는 나중에 논하기로 하고, 일단은 여러분이 스트레스를 받을 때 어떻게 대처하는지부터 알아보겠습니다.

여러분은 웰빙과 힐링을 찾나요? 소확행과 욜로(YOLO)를 추구하나요?

웰빙과 힐링은 스트레스에 시달리는 사회인을 위해 등장한 개념입니다. 웰빙은 2000년 초 우리 사회를 휩쓸었지만 당시엔 지나치게 먹는 것에만 치중했지요. 배불리 먹을 수 없었던 시대를 살아온 사람들이기에 식생활만큼은 남부럽지 않게 잘하고 싶었던 모양입니다.

그래서인지 2019년에는 '2000년 전후에 태어난 아이들의 비만증이 급증했다'는 보건복지부 자료가 《중앙일보》 기사에 실리기도 했습니다.[1] 또한 건강식품을 챙겨 먹을수록 당분 섭취량이 늘어난다는 '웰빙의 역설'이 2016년 3월 〈JTBC 뉴스〉에 소개되기도 했습니다.[2]

저는 그보다 훨씬 전인 2007년부터 '지금은 웰빙을 그만하고 힐링을 해야 할 때'라고 주장했습니다. 몸을 위한 소비 활동에 치중하는 웰빙을 벗어나 마음을 치유해야 한다는 뜻이었습니다.

당시 한국에선 힐링이란 개념이 생소했기에 저는 2008년과 2010년 두 번에 걸쳐 힐링 관련 세미나를 개최하고 그 개념을 설명했습니다. 또 2011년에는 경주에서 힐링에 대한 국제 심포지엄을 개최하고 기조강연을 했으며, 경주 시청의 정책 고문을 맡아 경주를 힐링의 메카로 만드는 작업도 주도했지요.[3, 4]

2011년에 등장한 TV토크쇼 〈힐링캠프〉가 인기를 끌자 전국에선 힐링 붐이 일어났습니다. 힐링 여행, 힐링 스테이, 힐링 음악 등이 새로운 소비 트렌드로 자리잡았지요. 그러나 힐링 또한 소비성 활동에서 벗어나지 못했습니다. 한때 '웰빙 음식'으로 불렸던 것이 '힐링 음식'으로 이름만 바뀐 모양새였달까요.

힐링과 함께 유행한 소확행, 즉 '소소하지만 확실한 행복'을 추구하겠다는 움직임 역시 가성비 좋은 맛집 찾아가기, 가족과 함께 여행 가기, 친구랑 수다 떨기, 홈쇼핑하기, 좋은 영화 감상하기 등 평범한 소비를 즐기는 활동들의 수준에 머물렀습니다. 그리고 이제 소확행은 상업 기술로 전락해 버렸지요.

이러한 활동은 온전한 힐링이 아닌 순간의 쾌감을 선사하고, 그러니 끝이 없습니다. 홈쇼핑으로 상품을 구입해 본 분들은 주문한 후 이튿날 택배를 받을 때의 행복감이 얼마나 큰지 잘 알 것입니다. 하지만 그 행복감을 누리려면 택배를 자주 받아야 할 테고, 그러기 위해선 상품을 자주 구입해야겠지요. 의존성이 생기고 중독되기 쉬운 형태의 행복감이란 뜻입니다.

이제는 빌리빙 시대

소확행의 뒤를 이어 나타난 것은 '당신의 인생은 한 번뿐이다 (You Only Live Once)'의 약어인 욜로입니다. 욜로를 추구하는 사람들은 "어차피 우린 한 번밖에 못 사니까. 에잇, 까짓 거!" 하며 자신이 가진 돈을 다 쓰고, 여행도 이왕이면 해외여행을 선호하지요. 소확행이 평범한 소비라면 욜로는 특별한 소비인 셈인데 이 역시 상술이 부추기고 있습니다. 오죽하면 2018년에는 '욜로 하다 골로 간다'라는 말이 대한민국 정책브리핑에까지 등장했을까요.

많은 사람들은 욜로가 이미 2000년 전부터 구전되었던 '순간을 잡아라', 즉 카르페 디엠(carpe diem)을 이어온 대단한 발상이라고 여깁니다. 그러나 로마 전성기의 위대한 시인 호라티우스(Horatius)의 시에 등장하는 이 말은 '마치 내일이 없는 것처럼 오늘을 맘껏 즐겨라'가 아닌, '오늘을 소중하게 보내라'는 뜻이었습니다.[5] 매 순간을 소중히 여기고 충실하게 살라는 뜻이니 어찌 보면 욜로와 정반대라 할 수 있습니다.

그래서 저는 2013년 〈세상을 바꾸는 시간, 15분(이하 세바시)〉에 출연해 '이제 힐링이 아닌 빌리빙이다'란 주제로 강의를 했습니다. 빌리빙(believing)은 종교를 믿으라는 뜻이 아니라 '정신 좀 차리고 살자'는 의미입니다. 웰빙으로 몸에 치중하는 시기, 힐링으로 마음을 치유하는 시기를 지났으니 이제는 빌리빙으로 삶을 채워보자는 뜻이지요.

'나는 왜 사는가?' '나는 무엇을 위해 사는가?' '나는 어떻게 살 것인가?'에 대한 가치관과 방향성이 확고하다면 지금의 상황이 아무리 힘들고 어려워도 그에 휘둘리지 않고 중심을 잡으며 버텨낼 힘이 생깁니다. 소중한 무언가를 챙기고 사는 것, 정신을 차리고 산다는 것은 곧 우리에게 소중한 것, 즉 자신의 가치관과 방향성을 챙기며 산다는 뜻입니다. 그리고 대부분 사람들은 존재성과 가치관에 대한 이런 질문에 답하기 위해 주로 가훈을 따르거나 종교를 찾습니다. 이 둘은 모두 믿음에 기반을 두고 있지요. 때문에 빌리빙으로 삶을 채워야 한다고 〈세바시〉에서 주장했던 것입니다.

이제 저는 이 책을 통해 웰빙, 힐링, 빌리빙을 거쳐 기빙(giving)까지 도달해야 진정한 행복을 만날 수 있다고 이야기하려 합니다. '기브(give)'는 무언가를 준다는 뜻이니 기빙은 '받는 자'를 전제로 하는 개념, 다시 말해 '관계'를 염두에 둔 개념입니다. 기빙을 추가한 이유는 개개인의 몸, 마음, 정신을 건강하게 만들고 관계까지 건강해야 행복한 삶도 가능해지기 때문입니다.

그러나 그 방법을 알아보기에 앞서 스트레스가 넘치는 현장부터 좀더 살펴보겠습니다.

피해야 할 '짝퉁 행복'

어떤 스트레스를 얼마나 받는가에 따라 다르겠지만 스트레스에 지친 사람들이 애용하는 방법으로는 음주, 운동, 스포츠 경기 관람, 드라마 시청, 여행, 쇼핑, 봉사활동, 기도, 독서, 게임, 음악 감상 등

취미활동이 있습니다. 또한 달달한 것 먹기, 수다 떨기, 잠자기, 약 복용하기 등이 있습니다. 정말 다양한 방법들이 사용되지요.

그중 가장 위력적인 방법은 무엇일까요? 우울한 기분을 즉각적으로 바꿔주는 것은 마약입니다. 미국에는 대마초와 코카인 외에도 너무나 많은 종류의 마약이 깊숙이 퍼져 있습니다. 한국 역시 이제 더 이상 마약 청정국이 아닙니다. 학교에까지 마약이 침투한 상황이니까요. 그만큼 마약이 위력적이란 증거입니다.

마약만큼 힘이 세진 않지만 합법적인 방법으론 술이 있습니다. 술은 안정제이기 때문에 분노 또는 흥분으로 날카로워진 신경을 무디게 해주고, 생각이 너무 앞서간 나머지 불안하고 초조할 때 뇌의 활동 속도를 늦춰주기도 합니다. 이렇듯 경계심을 풀게 해주고 마음을 느긋하게 바꿔주기에 많은 사람들은 시름을 덜고 싶거나 관계를 부드럽게 만들고 싶을 때 술을 마십니다.

하지만 마약이나 술로써 느껴지는 좋은 기분은 '짝퉁 행복'입니다. 이러한 '짝퉁 행복'에는 부작용이 따르는데, 술과 마약은 위력적인 방법들인 만큼 부작용 또한 심각합니다. 이성이 마비되어 문제 행동을 저지른다는 것 자체도 위험하지만, 이들은 중독성이 있고, 중독될수록 흡입의 빈도와 강도가 높아져 몸과 정신이 피폐해진다는 것이 더 큰 위험이지요. 심한 중독 끝에 결국은 폐인이 되거나 사망하는 경우도 발생하곤 하니, 아무리 스트레스 해소에 좋다 해도 이런 부작용이 따르는 방법은 택하지 말아야 합니다.

과식, 폭식도 선택지에서 제외되어야 합니다. 울적할 때 맛있는 음식을 먹으면 기분이 나아지는 이유는 행복 호르몬 중 하나인 세

로토닌이 95퍼센트나 장에서 분비되기 때문입니다. 맛난 것을 섭취하면 실제로 행복해지는 것이지요. 미국의 경우, 생사를 다투는 병원의 간호사들이 스트레스 해소 방법으로 가장 선호하는 것이 과식과 폭식입니다. 그 결과 전체 간호사 중 비만 상태에 이른 이는 55퍼센트에 달하지요.[6] 비만은 성인병의 근원이니 미국에서는 환자가 환자를 돌보는 셈입니다.

그러나 비만만 문제인 것이 아닙니다. 조금 가벼운 농담 같은 이야기이긴 하지만, 먹는 데서 오는 행복은 배우자 선택에도 영향을 미칠 수 있습니다. 연인들은 데이트할 때 흔히 맛집이나 고급 식당에서 맛있는 음식을 먹으며 행복감을 느끼곤 하는데, 그 행복감이 데이트 상대에게서 비롯된 것으로 착각해 결혼을 결심한다면 말입니다. 이런 분들은 배우자에 대해 '결혼하고 나니 사람이 달라졌다'고 평하며 뒤늦게 후회하겠지요.

감정에 덧칠을 하지 말자

몇 가지 다른 스트레스 해소 방법들도 조심해야 하는데 그중 하나가 '드라마 정주행'입니다. 드라마를 몰아서 시청하면 주인공의 문제에 몰입하게 되어 자신의 문제에서 비롯된 걱정근심을 잊을 수 있습니다. 그러나 드라마가 끝난 뒤에도 본인의 문제는 여전히 남아 있으니, 근본적으로 달라진 건 없고 그냥 시간만 낭비한 결과와 매한가지입니다.

수다 떨기도 마찬가지입니다. 힘들 때 친구와 차 한 잔 마시며 시시콜콜한 이야기를 정신없이 나누다 보면 스트레스에서 잠시나마 벗어날 수 있지요. 그러나 자리에서 일어나 친구와 헤어지고 나면 자신의 스트레스와 다시 맞닥뜨려야 합니다.

여행은 어떨까요? 한여름 무더위가 기승을 부릴 때 시원한 바다나 산골짜기로 여행을 가면 스트레스를 날려버릴 수 있습니다. 그러나 스트레스는 부메랑과도 같아서, 멀리 날린 것처럼 여겨져도 내 주변을 계속 맴돕니다. 게다가 여행에서 돌아와도 날은 여전히 무더운 데다 며칠간 밀린 일까지 더해져 짜증과 피로가 곱으로 늘어나기 쉽습니다.

이러한 방법들은 부정적 감정을 없애버리는 게 아니라 그 위에 긍정적 감정을 덧씌웁니다. 그러나 그 덧칠은 휘발성이 강해 오래가지 않습니다. 효과는 잠시 있으나 금세 사라지기에 예전의 괴로움으로 되돌아가게 만들지요. 결과적으로는 그 사이에 돈과 시간만 허비하게 되는 셈입니다.

물론 상황이 너무 괴로울 때는 일시적이나마 정신을 다른 곳에 집중시키고 마음을 편안하게 만드는 여유가 필요하기도 합니다. 약간의 휴식이 보약 또는 변화의 계기가 되는 것이지요. 또한 함께 수다 떨 수 있는 친구가 있다는 것은 인복이고, 실제로 말을 하면 감정이 누그러듭니다. 밤새도록 영화나 드라마를 볼 만큼의 시간적 여유와 여행을 떠나고 싶을 때 훌쩍 갈 수 있는 경제적 여유는 축복이니 나쁜 것은 아닙니다. 그러나 이러한 외부의 힘에만 의존하면 중독에 빠지기 쉽고 부작용이 따른다는 문제도 분명 존재합니다.

스트레스로 인한 고통을 잊기 위해 자신의 손목을 면도칼로 긋는 등의 자해 행위도 중독성이 강합니다. 칼로 상처를 내면 많이 아프겠지요. 하지만 이런 경우 우리 몸은 통증 완화를 위해 자연적 마약성 진통 성분인 엔도르핀을 자동으로 분비합니다. 엔도르핀의 안정 작용은 강력하기에 자해를 가한 사람은 실제로 곧장 몸이 편안해지며 평온함을 느끼게 됩니다.

매운 음식을 먹느라 땀을 뻘뻘 흘리며 시원하다고 좋아하는 현상에도 같은 원리가 작동합니다. 매운맛은 입안과 식도, 위에 스트레스를 가하는데, 이때에도 고통 경감을 위해 엔도르핀이 분비됩니다. 고강도의 매운 음식을 섭취하는 것은 한마디로 위장을 면도칼로 긋는 것과 다를 바 없는 일이지요.

어떤 상황에 대한 우리 몸의 적응 속도는 매우 빠릅니다. 때문에 이전과 같은 정도의 평온함이나 시원함을 느끼려면 점점 더 강한 자극을 가해야 하지요. 매운맛에 빠진 사람이 점점 더 매운 음식을 찾게 되는 것은 이 때문입니다. 또한 습관적으로 자해를 하는 이들의 손목에는 대개 그에 따른 흉터가 줄지어 남아 있습니다. 처음 손목을 그을 때야 무섭고 망설여지지만 그다음, 또 그다음은 점점 쉬워지는 탓입니다.

이렇듯 '짝퉁 행복'이나 '감정 덧칠'은 부작용이 크기에 좋은 스트레스 해소법이 아닙니다. 그렇다면 스포츠 활동은 어떨까요? 다른 이들과 함께해야 하는 스포츠는 여러 장점을 갖지만 내가 원하거나 필요할 때마다 할 순 없고, 또 매번 시간과 장소를 서로 약속해야 한다는 번거로움이 따릅니다. 마찬가지로 쇼핑 역시 할 때는 즐거워도 돈이 많이 든다는 문제가 있지요.

결국 돈이나 시간, 다른 이들을 필요로 하는 방법으로는 스트레스를 계속해서 해소해 나가기가 어렵습니다. 지속적으로 발생하는 일상생활의 스트레스에 대처하려면 지속가능한 방법을 동원해야 한다는 뜻입니다.

3A와 3M을 만족시키는 방법

좋은 스트레스 해소법은 3A와 3M이라는 기준을 만족시킵니다. 3A는 '누구나(anyone), 언제든(anytime), 어디서나(anywhere) 할 수 있는 방법', 3M은 '부작용이 없고(mess-free), 무료이며(money-free), 마법 같은 요소가 없는(magic-free) 방법'을 지칭합니다.

누군가 '아무 노력을 하지 않아도 마법처럼 스트레스에서 해방될 수 있다'며 무언가를 권한다면 믿지 않는 것이 좋습니다. 사기일 가능성이 농후하니까요. 진실된 방법은 본인이 노력한 만큼의 효과를 보여줍니다.

스트레스 해소법에는 크게 두 종류가 있습니다. 하나는 저절로 행하게 되는 방법, 즉 반응입니다. 공격이나 도피 행위는 모두 반응에 해당됩니다.

욕설, 폭언, 폭행, 갑질 등의 공격 반응은 사회적으로 용납되지 않기에 사람들은 흔히 자극으로부터 도망치는 방법, 즉 술이나 게임, 야동 보기 등 도피 반응을 택합니다. 그것들에 빠져 있는 동안

만큼은 기분이 좋아지니 괴로운 현실에서 잠시나마 벗어나 몸을 피하려는 것이지요.

하지만 우리는 반응 대신 대응하는 방법을 실천해야 합니다. 운동하기, 요가하기, 명상하기, 기도하기 등이 그 예입니다. 반응과 달리 이것들은 의식적으로 선택하는, 바람직하고 좋은 대응책입니다.

다만 여기에는 한 가지 어려움이 따릅니다. 반사적으로 공격이나 도피를 하려는 반응부터 먼저 이겨내야 좋은 대응책을 동원할 수 있다는 게 그것입니다. 하지만 역설적이게도, 좋은 대응책은 반사 반응을 이기는 데 필요한 수단이기도 합니다. 말하자면 수단과 결과가 서로 맞물려 있다는 게 문제인 것이지요.

도피적 반응 행동을 이기지 못하면 스트레스의 악순환에 돌입하지만, 대응 행동을 할 수 있다면 선순환을 일으킬 수 있습니다. 아마 여러분 모두는 스트레스에 맞서 동물처럼 반응하기보다는 그에 대응하며 인간답게 살기를 원할 것입니다. 이 책을 통해 저희는 악순환을 깨고 선순환에 들어가는 방법을 여러분께 알려드리고자 합니다. 앞서 언급한 3A와 3M이라는 기준 모두를 만족시키는 좋은 방법을 말입니다.

- 마약이나 술로 느끼는 쾌감은 '짝퉁 행복'이다.
- 외적 요소에 의존하는 방식은 '감정 덧칠하기'다.

2장 ——————————— 몸

생존 모드에서
성장 모드로

감정과 행동 구분하기

몸은 우리가 가장 먼저 지켜야 하는 대상입니다. 스트레스와 같은 부정적 외부 자극은 몸을 통해 들어오기 때문입니다.

아주 흔한 상황을 떠올려보겠습니다. 편안히 운전을 하고 있는데 어떤 차가 갑자기 내 앞에 끼어들면 순식간에 평정심이 깨집니다. 몹시 놀라 화가 나고 짜증이 나겠지요. 조금의 동요도 생기지 않는다고 말하는 이는 자신이 부처님이라고 착각하는 사람일 것입니다.

생명에 위협을 주는 자극을 받을 경우 인간의 내면에선 부정적 감정이 올라오기 마련입니다. 이는 지극히 자연스럽고 정상적이기에 옳고 그름을 따질 수 없는 일입니다. 놀랐다거나 창피해했다고, 또 짜증이 났다고 해서 죄책감을 느낄 필요는 전혀 없다는 뜻입니다.

그런데 세상에는 짜증이나 화가 나면 그것을 행동으로 마구 표출하는 사람들이 있습니다. 앞서의 예처럼 운전 중에 다른 차가 앞으로 끼어들면 신경질을 내며 투덜대거나 그 차의 운전자에게 욕설을 퍼붓는가 하면 작정하고 쫓아가 보복 행위를 하는 이들이 그 예입니다. 이렇게 즉각적인 행동으로 옮겨지진 않는다 해도, 부정적 감정에는 그것이 점점 커지면 부정적 행동으로 이어질 수 있다는 문제가 있습니다.

이 문제를 예방 혹은 해결하려면 '화남'과 '화냄', 즉 '화가 나는 것'과 '화를 내는 것'의 차이를 알아야 합니다. '나다'와 '내다'가 비슷한 탓에, 또 감정이 일어나면 행동으로 이어지기 쉬운 탓에 우리는 이 둘 사이에 큰 차이가 있다는 사실을 잘 알아차리지 못합니다.

사실 감정은 행동의 원동력입니다. 화가 나면 표정이 일그러지고 억양이 높아지며, 주먹이 불끈 쥐어지는가 하면 상대를 향해 나가기도 하지요. 또 슬플 때는 입꼬리와 어깨가 아래로 축 처지지만 기쁠 땐 입꼬리가 위로 올라가고 두 팔을 번쩍 쳐들기도 합니다. 표정은 얼굴에 있는 작은 근육들의 움직임이고 억양은 성대 근육의 움직임, 주먹은 큰 근육의 움직임입니다.

이렇듯 다양한 움직임을 일으키는 힘이기에 감정 자체를 나쁜 것으로 여겨서는 안 됩니다. 그보다는 감정과 행동을 구분하여 인지하고 각각을 잘 다루는 방법을 익히는 편이 현명한 일입니다.

감정은 터뜨려야 할까, 눌러야 할까?

부하직원이 작은 실수라도 저지르면 갑자기 감정을 폭발시키며 노발대발하는 상사들이 있습니다. 본인도 겸연쩍어서인지 나중엔 "나는 원래 다혈질이야. 솔직하고 직설적이지만 화끈해서 뒤끝은 없어"라고 둘러대지요. 성격은 타고나는 것이니 본인이 책임질 이유가 없다는 뜻입니다.

그러나 이런 이들은 대개 자신보다 높은 사람 앞에선 아무 말도 못합니다. 타고난 성격 때문에 자신의 감정을 조절하지 못하는 게 아니라 충분히 조절 가능함에도 상황에 따라 안 할 뿐인 것이지요. 한마디로 상대에 따라 달리 나타나는 습관이자 선택적 행동인 셈인데, 습관은 선천적 요인이 아닌 반복적 학습으로 형성되는 것이니 얼마든지 고쳐질 수 있습니다. 특히 나쁜 습관인 경우엔 꼭 고쳐져야 합니다.

이처럼 자극에 즉각적으로 공격적 반응을 보이는 사람은 주변에 다른 이들이 모이지 않습니다. 아무리 공부를 많이 하고 여러 스펙을 갖춰도 좋은 팀워크를 쌓기가 어렵지요. 개인 생활에서도 마찬가지입니다. 부부, 자녀, 친구 사이에서 갈등과 불화가 증폭되면 그 관계는 망가지고 사라지니까요. 그래서 흔히들 욱하고 난 후에 후회를 하곤 하는데, 후회할 행동을 자주 하는 사람이 장기적으로 성공하고 행복해질 리는 없습니다.

그런가 하면 감정과 행동이 함께 빚어내는 자연스러운 움직임을 억지로 막아야 하는 경우가 있습니다. 슬프거나 화가 나도 미소를 지어야 하는 서비스업 직장인들처럼 말이지요. 이렇게 엇박자를 내야 하는 것이 바로 '감정노동'입니다. 당연한 움직임을 막기 위해 몸에 힘을 들이고 애쓰면 얼마나 힘이 들겠습니까. 일시적으로만 그러는 것은 별 문제가 안 되겠지만 온종일, 1년 내내 그리 해야 한다면 몸과 마음 모두가 완전히 망가지는 기분이 들 것입니다. 그렇기에 업무상 감정노동에 시달려야 하는 분들은 마음 건강법을 반드시 익혀야 합니다.

올라오는 감정을 꾹 참고 지내라는 말은 아닙니다. 사실 그럴 수도 없지요. 감정은 억누른다고 사라지는 게 아니기 때문입니다. 갈등과 부정적 감정의 찌꺼기를 모른 척 누르며 지낸다 해도 그것들이 목구멍까지 차오르면 결국엔 아주 작은 자극에도 한꺼번에 터져 나오기 마련입니다. 마치 방아쇠를 살짝만 당겨도 정신없이 쏟아져 나오는 기관총 총탄들처럼 말입니다.

이처럼 감정을 참고 억누르면 축소가 아닌 압축 상태가 됩니다. 이 상태가 오래 지속되면 병으로 이어지는데, 미시간주립대학교 의대는 이런 병에 '화병(hwabyeong)'이라는 공식 명칭을 붙였습니다.[1] 우리말의 '화병'이 글로벌 의료 용어가 된 셈입니다.

압축된 감정은 시한폭탄이 되어 어느 순간에 엉뚱한 곳에서 한꺼번에 터져 나오고 맙니다. 일터에서 온종일 감정을 짓누르며 지낸 이들은 집에 돌아와 그 화를 애꿎은 자녀한테 퍼붓습니다. 또 어떤 이들은 집에서 쌓인 감정을 일터의 부하직원한테 쏟아냅니다.

이 두 경우의 공통점은 무엇일까요? 바로 자신보다 힘센 사람 앞에선 입을 꾹 다물지만 자신보다 약한 사람에겐 그간 쌓아둔 부정적 감정을 폭발시킨다는 점입니다. 윗사람이 아랫사람한테 저지르는, 소위 '갑질'인 것이지요.

언젠가 재벌 집안의 자녀가 부하직원에게 갑질하는 목소리의 녹음파일이 공개된 적이 있습니다. 고래고래 내지르는 소리는 엄청난 스트레스에 찌든 불행한 사람의 목소리였습니다. 도대체 어떤 사연이 있기에 최상류층의 부유한 젊은 여성이 그토록 불행한 것일까

궁금했습니다.

그로부터 얼마 후에는 역시 부하직원에게 갑질하는 그녀 모친의 목소리도 공개되었지요. 그제야 비로소 그 자녀의 스트레스를 이해할 수 있었습니다. 그런 부모 밑에서 자라나느라 얼마나 고생이 많았을까요. 그녀는 수십 년 동안 부모로부터 받고 쌓아온 스트레스를 부하직원한테 고스란히 다 퍼부었던 것 같습니다.

억압된 감정을 화끈하게 내뱉으면 후련해진다고들 합니다. 일종의 카타르시스를 경험하는 것이지요. 하지만 2017년 《응용심리학 저널(*Journal of Applied Psychology*)》에 실린 연구결과에 따르면 그런 이득은 그 순간에 그칠 뿐, 몇 시간 후에는 점점 기분이 나빠지면서 부정적 감정도 더욱 쌓인다고 합니다.[2] 갑질을 거듭하면 할수록 그 정도가 더 심해지는 악순환에 빠지는 이유를 설명해 주는 결과였습니다.

공격하거나 도망가거나

스트레스에 시달리거나 감정노동에서 벗어나려면 우선 '파충류 반응' 현상을 이해해야 합니다. 일반 심리학 교재에 나오는 내용이니 여기선 간단히 요약하겠습니다.

인간의 뇌는 비록 복잡한 구조이지만 기능에 따라 크게 세 부분으로 나눌 수 있습니다. 가장 안쪽에는 생명을 담당하는 뇌간이 있습니다. 숨을 쉬고 맥을 뛰게 하는 이 부분은 도마뱀에게서도 발견되기에 '파충류의 뇌'라는 애칭으로도 불리지요.

뇌간 위쪽에는 변연계가 자리하는데, 설명하자면 복잡하지만 일단 감정을 담당한다고 보면 됩니다. 변연계는 소, 개, 돼지에게도 있기 때문에 '포유류의 뇌'라고도 합니다.

하지만 이들 동물과 달리 인간에겐 생각을 담당하는 전두엽이란 기관이 변연계 위쪽에 존재합니다. 영장류의 특성인 이 전두엽 덕분에 인간은 인간답게 생각하고 행동할 수 있는 것입니다.

그러나 위기에 맞닥뜨려 불안과 공포 등 부정적 감정이 넘쳐나는 '감정 홍수'의 상태가 되면 변연계와 전두엽이 제대로 작동하지 못합니다. 파충류의 뇌인 뇌간만 작동하는 상태가 되는 셈입니다. 이런 상황에선 사람도 파충류처럼 공격 또는 도피 행동을 취하게 됩니다. 욕설, 폭언, 폭행을 하거나 술, 게임, 야동, 드라마 등 쾌감을 주는 안식처로 피신하는 것이지요.

평소엔 점잖던 사람이 운전 중 누가 끼어들었다고 갑자기 욱하며 욕을 할 때는 이성을 잃은 것처럼 보이지요? 맞습니다. 그 순간 그 사람은 파충류가 되어버린 것이나 마찬가지입니다. 일을 마치고 귀가한 후에 스트레스를 풀겠다며 술에 취하거나 게임에 빠진다면 이 역시 파충류 반응입니다.

그러나 부정적 감정이 꼭 부정적 행동으로 이어져야 할 이유는 없습니다. 차가 갑자기 끼어들어 순간적으로 놀라고 짜증이 나는 상황이라도 우리는 곧바로 평정심을 되찾고 미소를 띄울 수 있다는 뜻입니다. 감정과 행동 사이에는 우리가 개입할 수 있는 시간적 여지는 물론 방법 또한 존재한다는 사실을 알아야 합니다.

이 모든 일이 벌어지는 것은 순식간입니다. 스트레스를 받으면 우리 안에선 눈 깜짝할 사이에 생존 반응에 해당하는 동물성이 뛰쳐나오고 그에 따라 공격 또는 도피 행동을 취하지요(이에 대해선 뒤의 '깊이 읽기_ 뇌과학과 생리학'에서 좀더 자세히 이야기하겠습니다). 그러나 중요한 것은, 우리는 순식간에 인간성을 회복할 수도 있는 존재란 점입니다.

하버드대학교의 비법, 6초의 여유

스트레스로 쌓이는 부정적 감정을 참을 수도 없고 내뱉지도 못하고, 그럼 어떻게 해야 할까요? 감정을 억압하거나 쏟아 내버릴 수 없다면 남은 선택은 하나, 사그라들게 하는 것이지요.

2015년 12월에 《하버드 비즈니스 리뷰(Harvard Business Review)》는 '6초의 여유'라는 개념을 소개했습니다.[3] 부정적 자극을 받을 때 약 6초 동안 부정적 감정을 진정시키며 사려 깊은 행동을 취할 수 있는 사람은 사회에서 성공한다는 내용입니다. 순간적으로 욱하는 사람은 나중에 후회할 짓을 저지르고 마니 성공할 수 없는 게 당연합니다.

한국에서는 한때 지위가 높은 사람이 욱해도 다들 쉬쉬하며 아무 일 없었다는 듯 넘어가곤 했습니다. 하지만 요즘에는 재벌이나 권력자라 해도 그런 사실이 SNS에 도배되어 하루아침에 무너지고 맙니다. 아무리 수십 년에 걸쳐 명성을 쌓아왔어도 한 번 실수하면

'한 방에 훅 가는' 시대가 된 것입니다. 그런 만큼 이제는 우리 모두 외부 자극으로 인해 부정적 감정이 느껴지더라도 그것이 부정적 행동으로 이어지지 않게끔 해주는 6초의 여유를 가져야 합니다.

사실 6초의 여유에는 과학적 근거가 있습니다. 놀람과 화, 짜증과 같은 감정은 스트레스 자극을 받은 지 0.2초 내에 발생합니다. 너무나 짧은 시간이라 사람으로선 그런 감정이 일어나지 않게끔 할 수 있는 방법이 딱히 없지요.

하지만 그 감정들이 움직임이나 행동으로 이어지는 데는 약간의 시간이 걸립니다. 머리털이 쭈뼛 서거나 눈이 휘둥그레지거나 안면이 실룩거리는 등의 반응은 매우 작은 근육이 움직여 나타나는 것이기에 1초도 걸리지 않습니다. 반면 상대에게 삿대질을 하거나 행패를 부리는 등의 큰 근육이 움직이는 일에는 그보다 훨씬 더 많은 시간이 들지요. 이러한 작고 큰 행동들이 나타나는 데는 모두 통틀어 평균 5~6초 정도가 소요됩니다.

5~6초는 상당히 긴 시간입니다. 5초를 소리 내어 세어보면 무언가를 할 수 있는 충분한 시간임을 알 수 있습니다. 즉, 감정이 느껴진 후에 자신이 어떤 행동을 할지 선택하는 데 충분한 시간이란 뜻입니다. 욱하는 감정이 올라와 저지른 행동에 대해 옳고 그름을 따지며 책임을 물을 수 있는 것도 그 때문입니다.

앞서 언급한《하버드 비즈니스 리뷰》는 '6초의 여유' 개념을 제시하며 '5~6초 안에 감정과 행동 사이에 개입할 수 있는 방법이 있다'고 이야기하더군요. 그래서 크게 기대하며 기사를 읽었지만 곧바로 실망하고 말았습니다. 제시된 방법이 다름 아닌 심호흡이었기 때문입니다.

아니, 하버드대학교가 제안하는 방법이라 해서 뭔가 심오하고 대단할 줄 알았는데 고작 수천 년 전부터 전해져온 심호흡이라니요. 심호흡은 딱히 비법이라 할 만한 것이 아니지 않나요? 이미 널리 알려져 있으니 말입니다.

누군가 중요한 순간에 심호흡을 하는 모습을 우리는 익히 봐왔습니다. 몸을 잘 써야 하는 프로 선수들의 경기 모습을 생각해 보면 알 수 있습니다. 유명 축구 선수 메시는 프리킥을 차야 할 때, 또 농구 황제 마이클 조던은 자유투를 던져야 할 때 그에 앞서 심호흡을 했지요. 무대에서 노래하기 직전의 가수들, 심지어 게임을 시작하기 직전의 프로게이머에게서도 심호흡하는 모습을 보곤 합니다.

그런가 하면 산부인과에서는 분만의 고통을 줄이기 위해 임산부에게 라마즈(Lamaze) 호흡법을 가르쳐주지요. 다양한 분야의 프로 및 의료 전문가 들이 활용하는 것을 보면 심호흡은 큰 도움이 되는 게 분명합니다.

하지만 놀라운 사실이 두 가지 있습니다. 하나는 그들과 달리 일반인들은 심호흡을 별로 하지 않는다는 것입니다. 보통의 사람들은 종일 얕은 숨을 쉬고 그 사이사이에 한숨을 내쉬지요. 왜 그럴까요? 심호흡은 프로나 전문가만 할 수 있는 게 아닌데 말입니다.

또다른 놀라운 사실은 무엇일까요? 심호흡은 스트레스를 받을 때 흥분을 가라앉히고 침착해질 수 있도록 몸을 다스리는 기술임이 확실한데 이에 대한 과학적 설명은 최근 들어서야 겨우 이뤄졌다는 것입니다. 2017년 스탠퍼드대학교 의대 연구팀이 발표한 뇌

과학 연구를 통해서였지요.[4]

스탠퍼드대학교 연구팀의 발표 내용이 무엇이었는지 이야기하기에 앞서 우리가 이미 알고 있는 상식부터 요약해 보겠습니다. 스트레스를 받으면 두뇌는 우리의 생존에 위협이 되는 위기가 닥쳤다고 인식하며, 그에 따라 생존 채비를 위한 지시사항을 온몸으로 내려보냅니다. 생존을 하려면 위협 요소를 제압하거나 그것으로부터 도망쳐야 하니까요.

생존 채비에는 단순히 근육을 긴장시키는 일만 있는 게 아닙니다. 심장을 더 빨리 뛰게 해서 피 공급량을 늘리고, 혈관을 수축시켜 피흐름 속도를 높이고, 췌장에서는 더 많은 당을, 부신에서는 스트레스 호르몬을 분비하게 합니다. 그뿐 아니라 만에 하나 다칠지 모르는 상황에 대비해 신장으로 하여금 더 많은 백혈구를 생산하게 하지요. 결과적으로 오장육부 모두가 각성 상태에 돌입하는 것입니다.

그런데 앞서 언급한 뇌과학 연구에서 스탠퍼드대학교 연구팀은 175개의 특화된 뉴런을 발견했습니다. 우리 몸의 심장은 혈중 산소 및 이산화탄소 농도에 대한 정보를 두뇌로 보내는데, 혈중 산소 농도가 높으면 두뇌는 신체가 위기 상황에서 벗어났다고 인지하여 이완에 필요한 사항들을 몸의 각 부분에 지시한다는 사실을 밝혀낸 것입니다.

혈중 산소 농도는 우리가 심호흡을 할 때에도 증가합니다. 따라서 심호흡은 그저 산소 공급량만 늘려주는 게 아니라 실제로 온몸을 이완시키는 효력을 발휘하는 것입니다.

사실 '왜 일반인들은 프로들이 하는 심호흡을 하지 않을까?'란 질문은 잘못된 것입니다. 오히려 반대로 생각해야 하지요. 누구나 할 수 있는 심호흡을 프로들은 평소에 성실히 연마하고 실천하기 때문에 프로 리그에서 활동할 수 있는 기본 역량을 갖추게 된 것입니다. 우리도 각자 자기 인생의 프로가 되어야 하니 스트레스 상황에서 심호흡하는 습관을 들여야 합니다.

심호흡은 해결책이 아니라 해결의 첫 단추이기에 '겨우 심호흡이라고?' 하며 무시하면 안 됩니다. 이마저도 하지 않으면 나머지 방법들은 더욱 요원하니까요. 심호흡이란 쉬운 방법이라도 있으니 얼마나 고맙고 다행입니까.

몸의 유일한 관문, 폐장

큰 스트레스와 맞닥뜨리면 우리는 순식간에 온몸이 각성하여 자제력을 잃어버리고 동물처럼 행동할 수 있습니다. 감정은 눈 한 번 깜빡할 시간인 0.2초 만에 발생하고, 안정은 숨 한 번 들이쉴 시간인 5초 만에 취할 수 있습니다. 달리 표현하자면 스트레스에 무너지는 것도 스트레스로부터 회복하는 것도 모두 순식간에 이뤄지는 일입니다. 그 순식간에 우리가 자신의 몸에 어떻게 개입하는가에 따라 인간성을 유지하거나 동물성이 나타나기도 하는 것이지요.

5초 안에 심호흡을 하며 몸을 이완시키면 평정심을 되찾을 수 있습니다. 이처럼 심호흡은 감정과 행동을 분리하는 방법입니다.

스트레스를 달고 사는 현대인들은 스트레스로 인해 각성된 오장육부를 수동적으로 이완시킬 수 있어야 합니다. 물론 심장을 좀 천천히 뛰게끔 의식적으로 조정하거나 부신에서 스트레스 호르몬을 분비하지 말라는 지시는 내릴 수 없지요. 간장, 위장, 대장, 소장, 신장 등을 우리 의도에 맞춰 제어하는 것도 불가능합니다. 하지만 너무나 다행스럽게도 우리의 뜻을 따라주는 신체기관이 딱 하나 있습니다. 바로 폐장(肺臟)입니다.

폐장은 평소 자율적으로 작동하지만, 우리가 의식하고 심호흡을 하면 그에 맞춰 함께 움직입니다. 또한 변화의 폭도 다른 오장육부보다 훨씬 큽니다. 심박수의 변화 폭은 분당 60회에서 200회로 겨우 세 배 정도이고, 간 수치 역시 50에서 200까지 약 네 배가량만 증가할 수 있습니다. 그와 달리 폐장은 평소엔 3초 주기로 움직이지만 우리가 마음만 먹으면 언제든 무려 60배로, 즉 180초 주기로 길게 움직이게끔 할 수 있습니다. 심지어 우리가 일시적으로 숨을 참으면 폐장도 잠시 움직임을 멈춥니다.

이를 자동차 운전에 비유하여 설명해 보겠습니다. 운전 중 속도를 줄이고 싶을 때 우리는 어떻게 할까요? 엔진 회전수를 낮추거나, 네 바퀴의 회전량을 일일이 감소시키거나, 연료가 덜 흘러 들어가게 조절하거나, 공기 흡입구를 막는다고 답하는 분들은 없을 것입니다. 그냥 브레이크 하나만 밟으면 그에 따라 연쇄적으로 엔진 회전수, 바퀴 회전량, 연료 및 공기의 흐름 모두가 줄어드니까요.

우리의 몸도 마찬가지입니다. 각성된 몸을 이완시키고 싶을 때는 오장육부에 개별적으로 무언가를 하는 대신 폐장만 좀 서서히,

길고 깊게 움직이게끔 하면 됩니다. 이렇게 하면 심장, 부신, 신장을 비롯한 모든 체내 기관들과 근육 모두가 동시다발적으로 이완되기 때문입니다.

결론적으로 말하자면 우리는 스트레스에서 벗어날 수 있는 선택권을 신으로부터 부여받은 것이 확실합니다. 우리에겐 우리의 몸에 의식적으로, 의도적으로, 선택적으로 개입할 수 있는 시간과 방법이 있기 때문입니다. 그러니 부정적 감정이 올라온다 싶을 땐 심호흡으로 부정적 감정을 차단하고 평정심을 회복하는 경험을 꼭 해보시기 바랍니다.

이런 경험은 몸만 편안하게 만드는 데 그치는 게 아니라 뿌듯함까지 느끼게 해줍니다. 좋지 않은 상황에서도 스스로를 자제하고 자신이 원하는 행동을 선택할 수 있음을 깨닫고 나면 상당한 자신감이 생기고 자부심도 커지지요. 이런 뿌듯함을 한 번 느끼면 이전의 상태로 되돌아가고 싶지 않을 것입니다. 뿌듯함은 자신이 좀더 큰 존재로 성장했다는 사실을 느끼는 데서 비롯되는 감정이니까요.

성장 모드로 시동을 거는 작업

인간에게는 크게 두 가지의 작동 모드(mode)가 있습니다. 스트레스 요인을 만났을 때 공격 및 도피 행동을 취하는 생존 모드와 안전할 때 서식과 번식 행동을 하는 성장 모드입니다.

많은 사람은 생존을 본능이라고 하지만 성장도 본능입니다. 우리 인간에겐 생존 모드와 성장 모드 둘 다 필요합니다. 어떤 모드에서 더 많은 시간을 보낼 것인지는 다행히 우리 각자가 스스로 선택할 수 있습니다.

일시적이고 한시적으로 온몸이 각성되는 생존 모드는 자동으로 작동하는 데 반해 몸을 이완시키는 성장 모드는 우리의 의식에 따라 수동적으로 작동합니다. 그렇기에 우리는 성장 모드에 시동을 거는 방법을 익혀야 할 필요가 있습니다. 현대의 생활에선 수많은 종류의 스트레스가 지속적으로 발생하니까요.

그런데 자동으로 작동하고 있던 생존 모드를 수동인 성장 모드로 바꾸려면 언제 그렇게 해야 하는지를 알아야 합니다. 자동변속기가 장착된 자동차를 운전할 때의 주행 작업과 후진 작업을 떠올려보면 이에 대한 이해가 쉬울 듯합니다.

자동차를 몰고 고속도로에 진입했다고 가정해 보겠습니다. 고속도로에서 직진하는 동안에는 변속기가 속도에 맞게 자동으로 기어를 조율해 줍니다. 즉, 직진 시 변속기 작업은 우리의 의식을 전혀 필요로 하지 않습니다. 그러나 쉬려고 휴게소에 들러 주차하기 위해 후진을 해야 할 경우엔 어떤가요? 우리가 직접 손으로 기어 레버를 후진(R) 모드에 옮겨줘야 합니다. 직진에서 후진으로 바꾸는 것은 수동 작업인 셈이지요.

또한 이 수동 작업 이전에는 '지금은 차를 뒤쪽으로 진행시켜야 한다'는 자신의 생각이나 타인의 신호가 먼저 있어야 합니다. 그에 따라 기어 레버를 후진 모드에 놓은 뒤엔 사이드 미러나 후방 카메라 화면, 혹은 타인의 손짓에 따라 차를 후진시키지요. 다시 말해 후진이라는 작업은 시그널('차를 후진시켜야 한다')과 메시지('이러이러하게 핸들을 움직이면 차를 후진시킬 수 있다')를 수신해야만 이뤄질 수 있다는 뜻입니다.

그렇다면 우리 몸을 생존 모드에서 성장 모드로 바꾸는 수동 작업에 필요한 시그널과 메시지는 어디에서 나오는 것일까요? 놀랍게도 답은 '감정'입니다. 이에 대해선 3장에서 좀더 깊이 살펴보겠습니다.

- 문제는 행동이지 감정이 아니다.
- 화가 나는 것은 감정이고 화를 내는 것은 행동이다.
- 감정은 행동의 원동력이다.
- 억압된 감정은 축소되는 게 아니라 압축된다.
- 심호흡은 감정과 행동을 분리하는 방법이다.
- 오장육부 중 유일하게 우리의 의도대로 움직일 수 있는 기관은 폐장이다.
- 생존 모드는 우리의 가장 흉한 모습,
  성장 모드는 우리의 가장 좋은 모습이다.
- 성장 모드로의 전환을 위한 시그널과 메시지는 감정에서 나온다.

감정이 전하는 메시지에
귀 기울이기

'아, 내 상태가 이렇구나'

"오늘 여러분을 만나고 이 자리에 참석할 수 있어서 매우 기쁘다고 생각합니다."

행사에 가면 흔히 들을 수 있는 귀빈의 축사 내용입니다. 그러나 그 귀빈의 얼굴을 보면 전혀 기뻐하는 표정이 아니고, 억양에선 설렘과 즐거움이 묻어나지도 않습니다. 그러니 이 귀빈은 정말로 기쁜 게 아니라 그저 그래야 했기에 기쁘다고 말했을 뿐입니다. 자신이 한 말 그대로 기쁘다고 생각한 것이지 기쁨을 느낀 것은 아니었다는 뜻입니다.

감정은 생각하는 것이 아니라 '느껴야' 하는 것입니다. 우리가 느끼는 불행이나 행복 역시 불행'감'이며 행복'감'입니다. 남들이 행복에 필요하다 여기는 조건을 모두 갖춘 것 같아도, 그래서 분명히 행복해야 할 것 같아도 실제로는 극심한 불행감을 느낄 수 있습니다. 생각과 감정은 서로 다를 수 있기 때문이지요. 하지만 이 둘은 심오하게 연계되어 작동하는 경우가 흔하기에 우리는 쉽게 헷갈립니다.

생각과 감정이 어떻게 연결되어 있는지에 대해선 차차 설명하기로 하고, 지금은 감정에 대해서만 알아보겠습니다. 가장 먼저 살펴볼 것은 감정의 역할과 기능입니다.

감정은 왜 존재할까요? 조금 이상한 질문이지만 이에 대한 답은 꼭 필요합니다. 놀람, 두려움, 슬픔, 불쾌감 등 우리를 괴롭히는 감정들이 아예 애초부터 존재하지 않았다면 얼마나 좋을까요? 감정은 왜 우리가 느끼도록 설계된 것일까요? 또 '느낀다'는 것의 의미는 무엇일까요?

감정이 존재하는 이유는 매우 간단합니다. 살아 있는 한 우리는 매 순간 외부와 상호작용을 합니다. 외부로부터의 자극은 눈, 귀, 입, 코, 피부 등의 다섯 가지 감각 기관을 통해 몸으로 들어와 오감을 일으키지요. 귀신이 보이면 공포감을, 시끄러운 소리가 들리면 불쾌감을, 누군가 느닷없이 내 등을 때리면 놀람을, 누군가 크게 방귀를 뀌면 혐오감을, 아이스크림을 맛보면 행복감을 느끼게 됩니다. 이렇게 자극은 감(感)을 발생시키는데, 이 '감'이 바로 느낌(sensation)입니다.

그런데 몸이 자극을 받으면 왜 감정이 발생하는 것일까요? 이에 대한 답은 감정의 사촌격인 표정에서 찾을 수 있습니다. 표정은 감정이 표출된 현상으로, 온몸에 나타나긴 하지만 주로 얼굴에서 집중적으로 드러납니다. 표정은 자기 자신이 아닌 남이 봐야 하는 것이란 점이 핵심입니다. '나는 지금 유쾌하다/불쾌하다/슬프다/기쁘다' 등과 같은 나의 상태를 남에게 알려주는 것이 표정의 기능인 것입니다.

이렇듯 내 상태를 남에게 알리는 메시지가 표정이라면, 감정은 나에게 나의 상태를 알려주는 메시지입니다. 우리는 감정을 느낌으로써 '아, 내가 지금 유쾌하구나/불쾌하구나/슬프구나/기쁘구나' 등과 같은 사실을 감지하게 되니까요.

인간관계의 달인이 되려면 타인의 표정을 잘 포착해 해석할 수 있어야 하고, 자기 다스리기의 달인이 되려면 자신의 감정이 보내는 메시지를 세심히 알아차리고 느낄 수 있어야 합니다. 감정은 우리가 생존 모드에서 성장 모드로 전환하는 데 필요한 시그널과 메시지를 보내주는 존재니까요. 감정을 잘 수신(受信)하는 사람은 자신을 잘 수신(修身)할 수 있습니다.

평생 감정과 통하는 문을 닫고 살아왔지만 어떤 계기로 인해 자신의 감정을 알아차리고 느낀다면 어떤 기분이 들까요? 아마 지금까진 눈을 뜨지 못한 채로 살아왔지만 비로소 눈을 뜨게 된 심 봉사처럼 마냥 신기하고 가슴이 벅찰 것입니다. 이전과 달리 주변에 대한 정보를 풍요롭고 다채롭게 받아들여 좀더 편하고 확실하게 움직일 수 있겠지요. 이는 감정의 메시지를 잘 들을 수 있는 경우에도 마찬가지입니다.

감정에 둔해진 사람들

종일 게임 하는 아들에게 아빠가 조용히 말합니다.

"이제 그만하고 공부하렴."

그러나 아들은 말을 듣지 않습니다. 아빠의 목소리가 조금 커져도, 그보다 더 커져도 마찬가지입니다. 결국 아빠의 손이 올라가고 맙니다. 말, 즉 메시지가 상대에게 제대로 전달되지 않으면 목소리를 점점 높이다 못해 몸까지 쓰게 되는 예입니다.

감정도 이와 똑같은 방식으로 작동합니다. 처음에는 약하게 올라오지요. 하지만 내가 전혀 알아차리지 못하면 올라오는 강도가 점점 강해집니다. 그래도 우리의 주의를 끌지 못하면, 즉 자신이 보내는 메시지가 제대로 전달되지 않으면 감정은 결국 행동으로 연결됩니다.

그러나 메신저로서의 기능을 완수하고 나면 감정은 더 이상 존재해야 할 이유가 없어집니다. 수용되거나 공감을 받은 감정은 곧 수그러드는 이치가 바로 이것입니다. 불쾌감이나 분노라는 감정이 올라오고 있다는 사실을 스스로 알아차린 사람은 이내 차분해질 수 있고, 슬픔 혹은 절망이라는 감정에 빠져 있는 사람은 공감을 받을 때 좀더 빨리 그 감정에서 회복될 수 있지요.

아쉽게도 요즘엔 너무 많은 사람이 감정에 둔해졌습니다. 감정이 초기 단계에 보내는 미세한 신호를 우리가 느낄 수 있다면 세상은 참 차분했을 것입니다. 하지만 대개의 사람들은 평소에 감정을 억누르고 사는 바람에 감정의 메시지에 둔감해졌고, 그래서 감정이 폭발할 때까지 끝내 알아차리지 못하는 경우가 흔해졌지요.

저 역시 오랫동안 그런 상황에 놓여 있었다는 사실을 언젠가 하와이에서 우연히 깨달았습니다. 하와이는 여러 학회가 많이 개최되는 곳이라 저도 자주 방문하곤 했지만 그곳이 좋은 줄은 전혀 몰랐습니다. 비행기에서 내리면 학회가 개최되는 호텔로 곧장 향했고,

머무는 내내 호텔에서 먹고 자며 학회에 참석한 뒤 일정이 끝나면 즉각 공항으로 떠나기만을 반복했으니까요.

그런데 한 번은 아무 계획과 일정 없이 하와이에 잠시 들른 적이 있습니다. 그때 저는 해변에 누워 소설을 읽다 잠이 들었는데, 그간 긴장해 있던 몸이 스스로 녹는 듯 아주 편안한 경험이었습니다. 그제야 저는 사람들이 왜 하와이를 좋아하는지 알게 되었습니다.

예정된 계획이나 일이 없는 만큼 오후 내내 해변에서 빈둥거리다 보니 몸이 한층 더 이완되는 게 느껴졌습니다. 이쯤이면 더 이완될 것도 없겠다 싶었지만 시간이 갈수록 더욱 편안해지더군요. 그런 저 자신을 보며 너무 놀랐습니다. 그동안 제가 얼마나 높은 긴장 속에서 지냈는지 깨닫게 되었으니까요.

몸이 각성되었다는 것은 그만큼 몸에 피로가 쌓이고 에너지가 심하게 낭비되고 있음을, 그래서 몸이 망가지고 있음을 뜻합니다. 마치 브레이크를 밟은 상태에서 액셀도 힘껏 밟으면 자동차는 그 어디로도 움직이지 못할 뿐 아니라 연료는 연료대로 소모되고 엔진은 엔진대로 망가지는 것처럼 말입니다. 그러나 저는 그 상태가 정상인 줄로만 알고 살았던 것입니다.

그 후에 변화가 찾아왔습니다. 제가 맞닥뜨려야 하는 스트레스의 무게와 강도에는 변함이 없었지만, 그에 대한 제 대응법이 달라졌기 때문입니다. 그 전에는 스트레스를 받아도 젊음과 패기로 버텼던 데 반해 이제는 기술로 스트레스를 관리하고 다스리는 것이 가능해졌습니다. 젊었을 때 그 기술을 익혔더라면 지금처럼 제 머리가 많이 빠지지 않았을 거란 아쉬움이 있긴 합니다. 하지만 더 늦

기 전에, 완전한 대머리에 이르기 전에 알아차리게 되어 정말 다행
이고 감사합니다.

감정이 보내는 신호를 새롭게 해석하라

본래 놀람, 불쾌감, 공포감 등은 '내 상태가 지금 위협을 받고 있
으니 싸우거나 도망갈 준비를 하라'는 신호입니다. 원시인들의 경
우 간혹 맹수를 만날 때 이 신호를 느꼈겠지요.

그러나 현대인들에겐 맹수가 곧 '스트레스'이며, 이 맹수는 가끔
씩이 아니라 수시로 어디에서든 나타나는 위협이 되었습니다. 때문
에 우리는 그런 감정들을 더 이상 '싸우거나 도망가라'는 신호가 아
닌 '이완 시스템을 작동시켜라'라는 메시지로 해석해야 합니다.

사실 그동안 우리는 감정의 메시지를 무시해야 한다는 조언을
수없이 들어왔습니다.

"제발 감정적으로 굴지 마."

"사람이 왜 이리 감정적이야!"

이런 말들엔 감정은 나쁜 것이니 불신해야 하고, 자제해야 하며,
남에게 보이지 말아야 한다는 뜻이 들어 있습니다.

물론 부정적 감정을 겨냥하는 말들이긴 하지만, 이런 말들을 자
주 쓰거나 듣다 보면 감정 자체를 싸잡아 못나고 못된 것으로 치부
하는 오류를 범하게 됩니다. 긍정이든 부정이든 모든 감정은 우리
가 경청해야 하는 메시지임에도 말이지요. 어찌 보면 오히려 우리

는 감정적이 되어야 합니다. 우리가 원하는 배려, 나눔, 사랑, 평화 등은 모두 긍정적 감정에서 비롯하니까요.

우리가 감정을 느끼는 것은 살아 있는 존재이기 때문입니다. 다시 말해 감정이 차단된 상태는 곧 죽어 있는 상태와 마찬가지입니다.

"죽은 듯이 꼼짝 말고 앉아서 공부해!"

주변에서 쉽게 들을 수 있지만 참으로 무서운 말입니다.

무엇이 죽어야 할까요? 생각이 죽으면 공부를 못할 테니 생각은 답이 아닐 것입니다. 하지만 감정을 죽이면 꼼짝하지 않을 수 있습니다. 감정은 행동의 원동력이니까요. 요즘 많은 아이들의 감정이 죽은 상태에 이른 이유도 아마 이것인가 봅니다.

감정을 메마르게 하고, 그나마 남아서 꿈틀거리는 감정까지도 억압하고 철저히 무시하는 아이들은 참으로 많습니다. 그 결과 인 정사정없어지고 타인에 공감하지 못하며 무자비해지지요. 내면의 행복감을 만나지 못한 아이들은 술, 섹스, 도박, 쇼핑 등 외적 요소에 의존하며 쾌락으로 연명하고 삽니다. 불쌍하기 그지없습니다.

인생에서 성공하고 행복하려면 감정 메시지를 수신해야 합니다. '아, 내 상태가 이렇구나' 하고 알아차려야 하는 것이지요. 더불어 자신의 감정에 동물처럼 반응하지 않고 선택의 여지를 누리며 인 간답게 대응해 갈 수 있어야 합니다.

화가 올라오기 시작할 때

우리는 평소 매우 얕은 숨만 쉬며 지냅니다. 때문에 우리의 몸은 산소 부족으로 무리를 느끼고, 그에 따라 우리로 하여금 주기적으로 한숨을 쉬게 하면서 평소보다 조금 더 깊은 숨쉬기를 유도합니다. 즉, 한숨은 무의식적으로 하는 심호흡인 셈입니다.

어릴 때부터 외국에서 살게 된 저는 아마 언어 스트레스 때문이었는지 종종 한숨을 쉬었습니다. 그때마다 어른들은 한숨 쉬지 말라고 하셨습니다. 왜 그러면 안 되는지, 어떻게 해야 한숨이 쉬어지지 않게 할 수 있는지는 아무도 알려주지 않아 답답했지요. 그러나 이젠 그 이유를 알고 있습니다. 한숨이 나온다는 것은 이미 몸에 무리가 생겼다는 증거라는 사실을 말이지요. 그렇기에 우리 몸에 가해질 무리를 미리 방지하기 위해 수시로 의식적인 심호흡을 하는 것이 좋습니다.

하지만 이런 설명을 듣고서도 실생활에서 심호흡을 활용하는 사람들은 소수일 것입니다. 스트레스를 받아 자신이 배운 대로 심호흡을 해봐도 별 효과가 없어 실망하고 포기할 확률이 높으니까요.

진상 고객이 괴롭혀 화가 몹시 치솟을 경우 '아, 이럴 땐 심호흡을 해야지' 하고 실제로 해봐도 사실 흥분은 잘 가라앉지 않습니다. 몸이 이미 생존 반응에 진입한 상태이기 때문입니다.

심호흡의 효과를 거두려면 화가 올라오기 시작할 때 머리가 아닌 몸이 먼저 그것을 알아채서 저절로 심호흡을 해야 합니다. 언제 심호흡을 해야 하는지 몸이 기억하게끔 해줘야 한다는 뜻입니다.

이를 위해선 평소에도 심호흡을 연마해야 합니다. 심호흡하는 시간을 하루 일과로 포함시키는 것이 좋은 방법입니다. 저는 아침에 의식이 들자마자 누운 상태에서 심호흡을 대여섯 번 합니다. 또 책상에서 보내는 시간이 많은지라 책상 앞 의자에 앉을 때마다 두어 번 심호흡한 뒤 일을 시작하지요. 산책할 때는 자연스레 깊은 숨을 들이쉬게 되니 거의 매일 동네 언덕길을 걷고, 최근에는 전화를 걸거나 받기 전에도 일단 깊은 숨부터 한 번 들이쉽니다.

여러분도 각자의 루틴을 만들어보세요. 잠에서 막 깨어났을 때, 양치를 하기 전에, 신발을 신고 현관을 나서기 전에, 일터에서 집에 돌아왔을 때 등 일상생활에서 심호흡을 할 수 있는 때는 꽤 많습니다. 식사 때 기도를 하는 분이라면 기도 전후의 심호흡 한두 번으로 감사의 마음과 몸의 이완 효과를 모두 누릴 수 있을 것입니다. 다만 젊은 분들이라면 기상 직후의 심호흡은 좋지 않을 수 있으니 유의해주세요. 몸이 이완되어 다시금 단잠에 빠져들 확률이 높으니까요.

심장에 집중하는 호흡 연습

사실 세상에선 이미 다양한 방식의 심호흡이 활용되고 있습니다. 요가에서의 '4-7-8 호흡법', 미국 해병대가 특공대원들에게 가르치는 '박스(box) 호흡법'이 그 예입니다. 4-7-8 호흡법은 들숨 4초와 숨 멈춤 7초 및 날숨 8초, 박스 호흡법은 들숨 4초와 숨 멈춤 4초, 이어 날숨 4초와 숨 멈춤 4초의 사이클로 이루어집니다. 또 출산을 앞둔 임산부가 배우는 '라마즈 호흡법'에서는 다섯 번의 매우 짧은 호흡 뒤 긴 날숨 한 번을 쉬게 하지요. 그 외 기공호흡법, 단전호흡법을 비롯한 수많은 호흡법은 제각각 다른 주기와 방식을 제시하고 있습니다.

어떤 호흡법이든 숨을 깊게 들이쉬면 도움이 되는데, 상황에 따라 좀더 효과를 거두는 방법은 다를 수 있습니다. 물속에서 많은 시간을 보내는 해병대라면 숨을 잠시 멈추는 능력도 확보해야 하니 박스 호흡법이 제격일 테고, 출산 시엔 자궁을 이완해야 하니 라마즈 호흡법을 하면서 부교감신경계가 작동하는 날숨 시간을 최대한 늘리는 게 도움이 될 것입니다. 숙면을 위해 잠자리에 누워 심호흡을 할 때에도 날숨 시간을 길게 갖는 것이 좋습니다.

제가 선호하는 방법은 미국 하트매스 연구소(HeartMath Institute)가 개발한 '심장집중 호흡법'입니다. 샌프란시스코에서 남쪽으로 2시간 떨어진 곳에는 세쿼이아 숲이 있는데, 이 숲속에 자리한 하트매스 연구소는 스트레스 관리에 대한 연구를 선구적으로 주도해 온 기관입니다.

이 연구소가 내놓은 심장집중 호흡법은 숨을 약 5초간 천천히 들이쉬고 이어 약 5초 동안 천천히 내쉬는 방법입니다. 끊김 없이 지속적으로 숨을 들이쉬고 내쉬는 동안 정신은 심장에 집중시켜야 합니다. 연구에 의하면 심호흡 중 정신을 집중시킨 곳에 가장 큰 변화가 일어난다고 하니 당연히 우리 몸에서 가장 중요한 심장에 집중해야겠지요. 이때 손을 심장 부위에 살포시 얹으면 집중에 도움이 됩니다.

처음에는 눈을 감고 하는 것이 좋습니다. 외부 자극을 최대로 차단하는 방법이 눈을 감는 것이기 때문입니다. 하지만 나중에는 눈을 뜬 상태에서도 잘 집중하고 안정에 이를 수 있습니다.

이때 호흡은 복식으로 합니다. 사실 모든 심호흡은 아랫배를 움직이는 복식 호흡입니다. 가슴만 오르락내리락하는 흉식 호흡은 그 깊이가 얕을 수밖에 없습니다. 갈비뼈 사이에 붙어 있는 조그만 근육을 아무리 잡아당겨봤자 그것이 움직이는 폭은 매우 작기 때문입니다.

그에 반해 복식 호흡은 갈비뼈가 끝나는 지점에 위치한 횡격막을 끌어내려 폐를 최대로 확장시키기에 깊은 호흡을 가능하게 합니다. 자신이 복식 호흡을 하는 중인지 궁금하다면 아랫배에 손을 대보세요. 복부가 꿀렁이면 복식호흡이 잘 이뤄지고 있다는 증거입니다.

호흡 주기에도 신경을 써야 합니다. 앞서 이야기했듯 심장집중호흡법은 약 5초씩의 들숨과 날숨으로 이뤄집니다. 합하면 한 번의 주기에 10초가 소요되는 것이지요. 그러나 평소 우리의 호흡 주기는 평균 3초에 불과합니다. 이를 갑자기 세 배 이상 늘려 심호흡을 하려 한다면 몸에 무리가 될 수밖에 없습니다. 그러니 처음엔 4초 혹은 6초 주기로 시작해 조금씩 천천히 늘려가는 것이 좋습니다. 최근에는 10초 호흡 주기가 건강에 좋다는 연구가 많이 나오고 있습니다.[1]

재미있게도 108배를 할 때의 호흡 주기 역시 대략 10초입니다. 절을 하기 위해 몸을 굽히는 동안에는 날숨이, 엎드렸던 몸을 일으켜 세우고 양손까지 펼치는 동안에는 들숨이 자연스럽게 나오는데 이 두 행동에는 각각 5초가량이 소요되니까요. 참고로 108배는 앉은 상태에서 일어나면서 시작해야 들숨 5초 날숨 5초의 주기와 일치시킬 수 있습니다. 많은 사람들이 이 점을 모른 채 일어서 있는 상태에서 108배를 시작하는 바람에 몸동작 사이클과 숨쉬기 사이클이 서로 엇나가고, 그 결과 오히려 몸에 무리를 느끼곤 합니다.

108배의 목표는 몸을 최대로 이완해서 졸린 상태에 이르는 것이 아닙니다. 몸은 이완하되 정신은 맑고 깨끗하게 하여 깨달음을 얻는 것이지요. 마찬가지로 심장집중 호흡법 역시 우리가 평정심을 얻어 선택의 여지를 발견하게끔 해줍니다. '이완 반, 각성 반'의 상태라 표현하면 맞겠습니다.

- 감정은 '느끼는' 것이다.
- 표정은 내 상태를 남에게 알리는,
  감정은 내 상태를 나에게 알리는 메시지다.
- 감정을 잘 수신(受信)해야 자신을 잘 수신(修身)할 수 있다.
- 자신의 감정을 스스로 알아차리면 자신이 차분해지고,
  타인의 감정에 공감해 주면 타인이 차분해진다.
- 감정을 차단하면 죽은 상태와 다를 바 없다.
- 심호흡을 해야 하는 순간은 머리가 아닌 몸이 기억하게끔 해야 한다.

뇌과학과 생리학

▶ 의식적으로 몸을 이완시켜야 하는 이유는 무엇일까?

심한 스트레스를 어쩌지 못해 욱해버리고선 나중에야 '나는 아까 왜 그렇게 순식간에 화가 올라온 걸까?' 하며 의아해 본 경험은 누구에게나 있을 것입니다. 정말 그 이유는 무엇일까요? 답은 우리, 즉 인간의 몸이 발전해 온 역사에 있습니다.

우리는 현대에 살고 있습니다. 하지만 우리의 몸은 여전히 원시인처럼 작동하지요. 인간은 약 300만 년 동안 진화되어 왔고 그 세월의 대부분은 원시 시대였기 때문입니다. 다시 말해 우리 신체는 원시인 생활에 최적화된 결과물과도 같습니다. 바로 이것이 우리가 주목해야 할 점입니다.

원시 시대의 인간은 맹수를 만났을 때나 스트레스를 받았을 테고, 그런 위기는 매우 가끔 발생했을 것입니다. 지속 시간도 몇 분에 불과했겠지요. 후다닥 싸워서 맹수를 제압하거나 100미터 달리기하듯 재빨리 줄행랑을 쳤을 테니까요. 이 모든 일들은 순식간에 벌어졌을 것입니다. '순식간(瞬息間)'은 말 그대로 '눈 한 번 깜빡이고(瞬) 숨 한 번 쉴(息) 사이'란 뜻입니다.

그렇게 위기 상황이 종료되면 공격 혹은 도피를 통해 살아남은 몸은 다시 본래의 이완 상태를 회복했을 것입니다. 이 상태에 이르면 원시인들은 서식과 번식을 하고 즐겁게 성장하며 다시금 일상을 영위해 나갔을 겁니다. 재미있는 것은 서식(棲息)과 번식(蕃息)이라는 단어에도 '숨쉴 식(息)'자가 들어 있다는 사실입니다. 서식과 번식은 숨을 깊게 쉴 정도로 편안한 상태여야 가능한 일이니까요. 인간의 신체는 이러한 위기 상태와 이완 상태를 300만 년가량 반복하며 그에 적합하게 적응해 왔습니다.

문제는 원시 시대의 위기가 순식간에 지나간 데 반해 현대인들이 맞닥뜨리는 위기, 즉 스트레스는 장기적이고 지속적이라는 사실입니다. 맹수의 경우와 달리 스트레스 요인이라는 위기에 대해선 맞서 싸우거나 도망간다는 것이 불가능하고, 그래서 우리 몸은 생존 시스템을 장시간 동안 풀가동하게 됩니다. 300만 년 동안 몸이 적응하고 대응해온 것과 너무나도 다른 이런 현실은 몸의 조화를 깨뜨리고 몸에 무리를 가해 결국 망가뜨리고 맙니다.

때문에 우리는 스트레스 요인이 있는 상황에서도 의식적으로 몸을 이완시키는 방법을 익혀야 합니다. 300만 년간 그래왔듯, 우리의 몸이 위기 상황에서 벗어나 평안한 상태를 취하고 제 기능을 충분히 발휘하게끔 도와야 우리의 성장과 행복도 가능해질 테니까요. 게다가 그 방법이 그저 간단한 심호흡이라니, 이 정도라면 충분히 해볼 만하지 않을까요?

▶ 왜 한 번 놀란 심장은 계속 두근거릴까?

서양에서는 예로부터 심장은 감정과 영혼의 보금자리로 여겨졌습니다. 고대 이집트 사람들은 미라를 봉할 때 두뇌가 쓸데없는 것이라 여겼는지 가장 먼저 제거해 버렸지만 심장만큼은 특별한 항아리에 담아 고이 간직해 두었다고 합니다.[1] 그에 반해 현대인들은 심장을 그저 피의 공급에 필요한 펌프라고 여깁니다. 일정한 주기로 작동하는 기계와 다를 바 없다고 인식하는 것입니다.

하지만 최근의 첨단과학 연구결과는 심장에 대한 그런 인식을 되돌려놓고 있습니다.[2] 심장은 감정의 보금자리가 맞다는 사실을 밝혀냈기 때문입니다. 심장과 연관되는 또다른 대상은 영혼이 아닌 마음이라는 점이 옛사람들의 생각과 다르긴 하지만 말입니다.

편안하고 느긋한 마음으로 앉아 있다가 갑자기 이상한 소리를 들었을 때 우리 몸에서 일어나는 현상들을 살펴보면 감정과 심장 사이에 어떤 관계가 있는지 이해하기 쉽습니다. 아마 그 소리에 깜짝 놀란 우리는 먼저 눈이 휘둥그레지고 온몸이 바짝 긴장하며 심장도 쿵쾅거리겠지요.

우리 몸에 외부 자극이 가해지면 오관에 있는 감각 뉴런들은 그것을 감지해 두뇌로 전달하고, 두뇌는 그 정보들을 분석하여 현 상황을 판단합니다. 방금 들린 이상한 소리가 위기와 관련된 것인지 아닌지를 판단하는 것이지요. 그 결과 평소와 다른 비정상적 소리다 싶으면 '지금은 잠재적 위기 상황'이라 간주하고 그에 맞는 지시 사항을 온몸으로 내려보냅니다. 위협적인 대상을 찾아내기 위해 눈이 커지며, 재빨리 공격이나 도피를 할 수 있도록 근육은 긴장하고 심장은 보다 빨리 피를 내뿜게 하는 것입니다.

외부 자극에 위험성이 없다고 확인되면 심장 등의 기관들도 이내 안정을 되찾습니다. 그러나 예사롭지 않은 자극이 계속 감지되면 우리는 다른 곳으로 몸을 피할 것입니다. 경계 태세에 있던 몸이 두뇌의 지시를 받아 대피라는 추가 조치를 취하기 때문입니다. 그러나 안전하게 대피한 후에도 심장이 안정을 되찾기까지는 오랜 시간이 걸립니다.

예를 들어 간략하게 설명하긴 했지만, 사실 위기에 대처하고자 할 때 우리 몸에서는 여러 메커니즘이 동시에 작동합니다.

그중 하나는 신경계의 작동입니다. 신경계는 속도가 빠른 전기 시스템이라서 두뇌의 지시 사항을 눈 깜짝할 사이에 온몸으로 전달합니다. 외부 자극의 정체가 무엇인지 확실히 모르더라도 일단은 몸 전체에 재빨리 시동을 걸어주는 것입니다. 그 속도가 얼마나 빠른지는 심장이 각성되는 데 걸리는 시간이 겨우 0.02초에 불과하다는 사실에서도 알수 있습니다[이때 동원되는 신호 분자(signal molecule)가 노르아드레날린이라는 신경전달물질입니다]. 또한 신경계는 전기처럼 순간적으로 켜지거나 꺼지기 때문에 위기 상황에 대비한 각성 상태 역시 곧바로 종결시킬 수 있습니다.

다른 하나는 신경계와 호르몬계의 연합 작동입니다. '위기가 닥쳤으니 각성하라'는 두뇌의 메시지는 심장뿐 아니라 내분비기관인 부신에도 전달되어 아드레날린 호르몬을 분비하게 합니다. 호르몬 역시 신호 분자의 일종이기에, 이 아드레날린 호르몬은 피에 녹아들어 핏줄을 타고 심장에 집결했다가 온몸으로 퍼져 나갑니다(부신과 심장 사이의 거리 및 피 흐름 속도를 계산해 보면 부신에서 분비된 아드레날린이 심장에 도달하는 데는 대략 0.2초가 걸립니다). 자극이 위협적이지 않다는 게 확인된 경우에도 심장은 한동안 계속 두근거리는데, 이는 아드레날린의 반감기가 2~3분 정도이기 때문입니다.

신경계와 호르몬, 그리고 심장의 이러한 관계는 자동차의 배터리 시스템과 연료, 엔진의 관계와 유사합니다. 배터리 시스템은 엔진에 시동을 거는 데, 연료는 엔진을 계속 가동시키는 데 필요하니까요. 심장이 엔진이라면 신경계는 배터리 시스템, 호르몬은 연료인 셈입니다.

마지막으로는 호르몬계의 작동이 있습니다. 위기임이 확실해지면 몸은 더 크고 빠르고 오래 움직여야 합니다. 혈관을 수축시키고, 혈압과 당 수치를 높여 에너지 공급을 늘리고, 싸울 때 다칠 수 있으니 면역 체계도 동원해야 합니다. 두뇌 중심에 자리하며 호르몬을 총괄하는 기관인 뇌하수체는 이런 준비에 필요한 코르티솔의 분비를 위해 부신으로 부신피질자극 호르몬을 내보냅니다. 그리고 이 호르몬이 핏줄을 타고 부신에 전달되면 코르티솔 호르몬이 분비되지요.

두뇌의 지시를 받아 코르티솔이 분비되어 심장에 도달하기까지는 약 5~6초 정도 걸립니다. 또한 코르티솔 호르몬의 반감기는 1~2시간이기에, 이것이 한 번 분비되면 우리 몸의 각성 상태는 오래 유지됩니다. 스트레스와의 장기전을 치를 준비가 된 셈이지요.

인간의 몸은 여러 면에서 신비합니다. 앞의 설명처럼 3중 구조로 위기에 대처하도록 디자인되어 있다는 것도 놀라운데 각 기관들에 0.01초, 0.1초, 1초 단위로 시동이 걸림은 물론 1초, 1분, 1시간 단위로 작동되게끔 설계되어 인간을 다차원적으로 보호해 주니 말입니다.

이러한 위기 대응 및 이완 시스템이 자동으로 시동되고 작동된다는 것은 놀랍고 감사한 일입니다. 그러나 가장 감사한 것은 이완 시스템

에 수동으로 시동을 걸 수 있는 시간적 여유와 방법이 우리에게 주어
져 있다는 사실입니다.

▶ 왜 감정은 심장에 있는 것처럼 느껴질까?

무언가에 불쾌감이나 화를 느끼면 우리는 '심기를 건드리다' '심기
가 언짢다' '심기가 불편하다' '심기가 상하다' '심기가 사나워지다' 등
과 같은 표현을 사용하곤 합니다. '심기(心氣)'의 사전적 의미는 '마음
으로 느끼는 기분'이지요. 그런데 한자를 보니 '심장의 기운', 즉 '심장
의 에너지'라 해석해도 되지 않을까 싶습니다. 과연 그럴까요?

현대 과학의 시각에서 보면 이는 충분히 타당한 이야기입니다. 심장
은 신경계에 이어 호르몬계까지 작동될 때 자극을 받습니다. 스트레스,
즉 위기 상황을 감지하면 신경은 시스템에 시동을 걸어 작동하게 하고,
호르몬은 에너지를 원활히 공급해 그 작동이 오래 지속되게끔 해주지요.
아드레날린이나 코르티솔 호르몬이 심장 심박수를 높이고 유지시켜주
는 것이 그 예입니다. 우리가 불쾌하거나 긴장해 스트레스를 받으면 그
상황에 맞서게끔 심장의 기운, 심장의 에너지를 키워주는 것이지요.

그런데 여기서 한 가지 궁금증이 더 생깁니다. 감정을 나타내는 이런
표현들에는 왜 다른 기관도 아닌 심장이 공통적으로 등장하는 것일까요?

외부 자극이 가해지면 우리 몸 전체는 그에 대한 반응을 보입니다.
상황 대응에 필요한 호르몬들이 분비되고 그 대부분은 피에 녹아들어
가 피 흐름을 타고 심장에 모였다가 온몸으로 전달되지요. 자극에 반
응하는 신경계와 호르몬계의 효과가 집중적으로 모이는 기관인 만큼
심장은 외부 자극에서 비롯되는 영향을 가장 먼저, 또 가장 종합적으

로 받게 됩니다.

심장은 우리가 무언가에 놀라면 두근거리고, 슬픔을 느끼면 욱신거리고 아프며, 두려움과 공포를 느낄 땐 콩알만큼 좁아듭니다. 이 모든 현상이 일어나는 것도 감정이라는 외부 자극에서 비롯된 영향을 가장 빨리 받는 기관이 심장이기 때문입니다. 분노나 슬픔, 공포나 두려움 등의 부정적 감정뿐 아니라 긍정적 감정과 마주할 때에도 심장은 민감히 반응합니다. 우리가 기쁠 땐 터질 것처럼 벅차오르고, 사랑을 나누면 뜨거워지며, 좋은 일이 기대되며 설레면 찌릿찌릿하니까요.

참고로 긍정 자극을 받으면 부신은 DHEA라는 호르몬을 분비하는데,[3] DHEA는 크게 두 가지 점에서 중요합니다. 첫째, DHEA는 에스트로겐(여성 호르몬)과 테스토스테론(남성 호르몬) 등과 같은 성장 호르몬의 원자재로 사용됩니다. 둘째, DHEA는 행복 호르몬 중 하나인 도파민의 생산을 촉진시킵니다.[4] 긍정적 자극을 받으면 기분이 편해지고 좋아지는 것도 DHEA 덕분인 것이지요. 실제 도파민은 시중에 유통되고 있는 마약 중 가장 강한 코카인이나 필로폰보다 훨씬 더 위력적입니다. 자연은 이미 우리 몸에 착한 천연 마약을 선물로 준 셈입니다.

한 가지 더 참고할 만한 사실은 코르티솔과 DHEA는 기본 화학구조가 동일하다는 것입니다. 이 둘은 모두 프레그네놀론(pregnenolone)이란 '원자재'에서 생산됩니다. 마치 시소처럼 한쪽이 올라가면, 한쪽은 내려갑니다. 그래서 스트레스로 코르티솔이 분비되면 자연스럽게 DHEA는 감소됩니다. 이런 상태가 지속되면 결국 성장 호르몬도 줄어듭니다. '스트레스를 많이 받은 아이들은 키가 잘 안 큰다'는 속설에도 과학적 근거가 있는 것입니다.

▶ 심장은 기본적으로 불규칙하게 뛴다고?

혹시 학생 때 들었던 생물 수업이 기억나시나요? 예전엔 부신을 비롯한 뇌하수체, 갑상선, 흉선, 신장, 췌장과 난소 등이 주요 내분비기관이라고 배웠지요. 그런데 이제는 그 기억을 수정하고 지식을 업데이트해야 합니다. 최근 과학계가 심장을 내분비기관에 포함시켰으니까요.[5] 심장은 실제로 내분비기관과 같은 기능을 할 뿐 아니라 행복 호르몬 중 하나인 옥시토신과 더불어 새로 발견된 몇몇 호르몬들도 분비한다는 사실이 밝혀진 것입니다.[6]

외부 자극은 오관을 통해 오감을 일으키고, 오감은 신경계를 통해 두뇌로 전달되어 감각을 인지시킵니다. 이어 두뇌가 그 감각 정보를 바탕으로 지시를 내리면 그에 따라 신경계와 호르몬계는 다시금 온몸에 영향을 미치지요. 공포감에 등골이 오싹해지고 머리가 쭈뼛해지고, 화나면 주먹이 불끈 쥐어지고, 창피하면 얼굴이 화끈거리고, 초조하면 속이 울렁거리고, 우울하면 손발이 차가워지고, 기쁘면 가슴이 벅차고 온몸에 전율이 느껴지고, 고마우면 가슴이 뭉클해지는 식으로 말입니다.

그리고 이 모든 신체적 반응에는 심장에서 느껴지는 변화가 동반됩니다. 두근거리거나, 터질 것 같거나, 콩알만 해지거나, 쥐어짜이는 듯하거나, 뜨거워지거나, 내려앉거나, 조여오는 등의 느낌이 그 예입니다. 말하자면 심장은 감정의 모니터링 센터이자 컨트롤 센터인 것입니다.

그렇다고 심장이 항상 똑같은 속도로 규칙적으로 뛰다가 위기 상황에서만 불규칙하게 뛰는 것은 아닙니다. 심박변이도(HRV, heart rate variability)라는 것을 살펴보면 이 점을 쉽게 이해할 수 있습니다.

심박변이도는 심장이 사람의 상태에 대해 알려주는 정보입니다. 신경계와 호르몬계의 영향이 종합된 결과로 나타나는 것이기 때문에 심박변이도는 신체 상황을 판단하는 데 좋은 정보가 되어주지요. 요즘 많이 등장한 스마트워치, 헤드기어, 또 옷이나 몸에 부착하는 웨어러블 기기들 역시 심박변이도를 활용하여 사용자의 신체 상태를 측정, 기록 및 판단하고 그에 적절한 조언을 제시해 줍니다.

심박변이도의 뜻은 글자 그대로 '심박수가 변하는 속도'입니다. 심장이 뛰는 속도는 펌프 기계처럼 언제나 일정한 게 아니라 수시로 달라집니다. 자동차를 타고 평균 시속 100킬로미터로 고속도로를 달리는 경우에도 교통 흐름과 상황에 따라 순간 속도는 시속 80킬로미터에서 110킬로미터 사이를 수시로 오가는 것과 마찬가지입니다.

스트레스를 받을 때는 심방이 중구난방으로 뛰기 때문에 심박수의 변화가 매우 불규칙하고 그 폭 또한 큽니다. 일정한 패턴이나 리듬을 보이지 않는 이런 상태는 심장에 무리를 일으키지요. 그와 달리 마음이 편안할 때에는 심박수의 변화도 일정한 리듬을 갖고 변화하며 하모니(조화진동) 상태를 이룹니다. 하모니는 심장에 유연성을 부여합니다.

심장이 낮은 심박수와 높은 심박수 사이를 지속적으로 오간다는 것은 언제든 편안한 상태에서 위기 상태로 전환할 수 있게끔 준비되어 있다는 뜻입니다. 출발선에 선 경주용 오토바이가 부릉부릉하고 엔진 회전수의 속도를 올렸다 내렸다 반복하며 언제든 튀어나갈 준비를 하는 것과 같은 이치지요. 항상 뛸 준비가 되어 있는 어린아이는 심박변이도의 폭이 매우 큰 데 반해 정체된 생활을 하는 노인의 경우는 상당히 작은 것도 이 때문입니다.

덧붙이자면, 심박변이도의 패턴을 실시간으로 측정하는 것이 가능해짐에 따라 현대에선 많은 연구가 이루어지고 있습니다. 스트레스를 받을 때 무엇을 어떻게 하면 가장 빠르고 확실하게 안정을 확보하는가를 알아내는 연구도 그중 하나입니다.

흥분했을 때 취할 수 있는 가장 위력적인 방법은 모르핀, 술, 수면제 등의 진정제이고 우울할 때에는 카페인, 니코틴, 코카인 등의 각성제가 큰 효과를 발휘합니다. 그러나 앞서 이야기했듯 이렇게 물질에 의존하는 방법은 내성을 키우기 때문에 이후에 동일한 효과를 얻으려면 점점 많은 양을 복용해야 하지요. 그 결과 의존성이나 중독성이라는 심한 부작용이 초래되는 만큼, 이런 방법들은 처음부터 선택하지 않아야 합니다.

그렇다면 어떤 방법이 안전하고 효과도 좋을까요? 하트매스 연구소의 연구에 따르면 심호흡은 부작용이 없고, 돈도 들지 않으며, 언제 어디서나 누구든 할 수 있는 가장 훌륭한 스트레스 안정법입니다.[7] 그러나 심호흡으로 효과를 거두려면 우리는 먼저 심장에 귀를 기울여야 합니다. 심장에서 느껴지는 감정이 자그마한 소리로 불편함을 호소할 때 재빨리 알아차릴 수 있어야 하니까요.

이런 알아차림이 이뤄지면 곧바로 우리 몸에 개입할 수 있는 유일한 통로인 폐장을 통해 심호흡을 해야 합니다. 몸이 생존 모드에 진입하려는 것을 알아차리고 그것에 제동을 걸어 성장 모드로 바꿈으로써 안정을 찾는 것이지요. 숨을 쉬어야 몸을 쉬게 할 수 있고, 그래야 우리가 행복해질 수 있습니다.

내 마음이 마음대로
안 되는 이유

마음은 감정과 생각이 연결된 상태

삶이 자기 뜻대로 굴러가지 않을 때 우리는 종종 '아, 인생을 내 마음껏 살 수 있다면 얼마나 좋을까?' 하는 생각을 합니다. 그런데 마음이란 건 대체 무엇일까요? '마음이란 이런 것'이라 답할 수 있는 사람은 아마 그리 많지 않을 것입니다. 마음이 무엇인지도 모르는데 마음껏 산다는 게 과연 가능한 일일까요?

어려운 상황에 놓인 사람에겐 '마음을 다잡아라' 혹은 '마음을 단단히 먹어라'라고들 하는데 대체 마음이 무엇이며 어디에 있길래 다잡거나 먹으라는 걸까요? 또 '마음을 비운다'는 건 어떻게 해야 하는 일일까요? 마음을 채우는 방법도 모르는데 어떻게 비우라는 것인지 도통 알 수 없습니다.

우리가 마음에 대해 그나마 분명하게 알고 있는 점이 있습니다. 마음은 도통 종잡을 수 없다는 게 그것이지요. 굳게 결심했다 싶어도 며칠 지나지 않아 마음이 약해져버리거나, 상처받지 말자고 다짐해도 별것 아닌 것에 마음이 상한 경험은 누구에게나 있을 것입니다. 내 것임에도 가장 내 마음처럼 되지 않는 것이 바로 마음이지 않나 싶습니다.

다행스러운 사실은 마음이란 무엇인지, 마음은 어디에 있는지, 왜 제멋대로인지 등 마음과 관련된 질문들에 대한 답이 분명히 존재한다는 점입니다. 마음에 대한 이해가 깊어지면 자신의 마음을 맘껏 다스리는 것도 가능해질 것입니다.

가장 먼저 마음의 정체와 위치에 대해 알아보겠습니다. 지금 손가락으로 자신의 마음이 있는 곳을 가리켜보세요. 여러분의 손가락이 향한 곳은 머리인가요, 아니면 심장 부근인가요? 마음이 생각과 비슷하다 여기는 분은 전자일 테고, 감정과 비슷하다고 느끼는 분은 후자일 것입니다. 그렇다면 어느 쪽이 옳을까요?

둘 다 틀렸습니다. 그러나 개의치 마세요. 왜냐하면 이것은 잘못된 질문이기 때문입니다. 마음은 어느 곳에 자리해 있는 물체가 아니니까요.

마음은 생각이나 감정, 또는 생각과 감정을 합친 것이 아니라 '생각과 감정이 연결된 상태'입니다. 마치 온도처럼 올랐다 내렸다 하는 상태라는 뜻이지요. 그러니 "마음이 어디에 있습니까?" 하고 묻는 것은 "온도가 어디에 있습니까?" 하고 묻는 것처럼 잘못된 질문입니다.

오르락내리락하는 온도처럼 마음도 어떨 때는 머리(생각) 쪽으로 올라가고, 또 어떨 때는 심장(감정)으로 좀더 내려오곤 합니다. '마음을 종잡을 수 없다'는 게 실제로도 맞는 말인 셈이지요.

심장에도 뇌가 있다

최첨단과학 분야인 심뇌과학(neurocardiology)은 마음이라는 대상을 새롭게 조명하고 있습니다. 뇌과학은 연구가 활성화된 지 이미 30년이나 넘은 분야인 데 비해 심뇌과학은 첫 학술대회가 2017년에야 개최되었을 정도로 역사가 짧습니다. 하지만 앞으로는 뇌과학만큼이나 대세를 이룰 것이라 전망되고, 10년 후엔 일반 상식이 될 연구들도 지금 많이 진행되고 있습니다.

우리는 뇌가 머리에 있다고 알고 있지만 심장에도 있습니다. 저는 머리의 뇌는 '머리 두(頭)'를 써서 '두뇌'라 하듯이, 심장의 뇌는 '마음 심(心)'을 써서 '심뇌(心腦)'라 부릅니다. 서로 다른 뇌인 만큼 심뇌 시스템(intrinsic cardiac nervous system) 역시 두뇌로부터 독립적인 뉴런 시스템입니다.

심뇌에는 세 가지 놀라운 특징이 있습니다. 첫째, 두뇌보다 크기는 훨씬 작지만 두뇌와 마찬가지로 다양한 신호를 감지, 분석, 계산, 판단하여 결정합니다.

둘째, 심뇌는 두뇌와 서로 연결되어 상호작용을 하는데, 심뇌가 두뇌로 올려보내는 정보와 지시 사항은 두뇌에서 심뇌로 내려보는 것보다 열 배나 더 많습니다. 두뇌로부터 심뇌가 받는 영향보다 심뇌가 두뇌에 미치는 영향이 훨씬 큰 것이지요.

셋째, 심뇌에도 기억 장치가 있습니다. 그래서 심장이식 수술을 받은 사람들은 기존 심장 주인의 기억을 일부 지니게 됩니다. 여기에서의 기억은 지식이나 단어에 대한 기억 같은 어의 기억(semantic memory)

이나 개인사 같은 일화 기억이 아닌 정서적 기억을 뜻합니다.

예를 들어 고기 음식을 좋아하고 록 음악 애호가였던 사람이 심장이식 수술 후에는 심장 기증자의 성향을 따라 채식과 트롯을 좋아하게 되는 식이지요. 즉, 심장을 이식하면 심장이라는 기관 자체뿐 아니라 심뇌에 저장되어 있던 감정 관련 기억도 함께 이식된다는 것입니다.[1]

참고로 '기억'이라는 단어에 사용되는 '생각할 억(憶)'에는 심장을 나타내는 '마음 심(心)'이 두 개나 들어 있습니다. 놀랍게도 심장도 기억해 두는 기관이라는 사실을 수천 년 전의 사람들은 어떻게 알았던 걸까요?

위에서 살펴본 심뇌와 관련된 사실들은 우리의 마음이 전적으로 생각 혹은 감정 중 어느 하나가 아니라는 점을 깨닫게 해줍니다. 두뇌뿐 아니라 심뇌에도 기억이 쌓이고, 이 둘은 소통 및 지시 등의 상호작용을 하니까요.

'마음은 생각일까, 아니면 감정일까?'라는 이분법적 질문에서 벗어나는 것만으로도 마음에 대한 우리의 이해는 한걸음 더 나아갈 수 있습니다.

마음을 제대로 이해하려면 '생각'과 '감정'이라는 것에 대해서 각각 좀더 자세히 알고, 그것들이 어떤 영향을 서로 주고받는지도 살펴봐야 합니다.

수많은 마음이 담긴 꾸러미

여러분은 어릴 적에 구구단을 한 번에 외웠나요? 수학 신동을 제외한 대다수 사람들은 암기를 위해 구구단을 수백 번, 수천 번 반복해서 읊었을 것입니다. 저도 그랬습니다.

그런데 첫 키스에 대한 기억도 그런가요? 단 한 번이었을 뿐인데 지금껏 생생히 남아 있지 않나요? 아마 그다지 기억하고 싶지 않은 경우에도 그럴 것입니다.

이 둘의 차이는 무엇일까요? 왜 어떤 것은 굳이 애쓰지 않아도 잘 기억되는 데 반해 어떤 것은 기억하기 위해 기를 쓰고 노력해야 할까요? 그 차이는 바로 감정입니다. 큰 감정을 동반하는 일은 우리 뇌에 저절로 기억됩니다. 다시 말해 감정은 우리가 기억해 둬야 할 것들이 무엇인지 정하는 판단 기준이자 기억창고의 문지기와 같습니다.

우리는 단 하루 동안에도 수많은 일을 경험하고 수많은 정보를 접합니다. 하지만 이 모든 것을 다 기억하진 못합니다. 뇌의 가용력은 한정되어 있기 때문이지요. 설사 모든 경험과 정보를 저장한다 해도 이는 비효율적인 일입니다. 그중엔 쓸데없는 내용도 많을 테니까요. 그래서 뇌는 감정에 의지합니다. '큰 감정이 동반되는 생각은 기억해 둘 가치가 있다'고 판단하는 것입니다. 그리고 마음은 이렇게 생각과 감정이 함께 연결된 경우에 작용합니다.

저는 마음을 부활절 달걀에 비유합니다. 부활절 달걀 껍데기에 그려진 그림은 누가 언제 어디서 무엇을 했는가에 대한 이야기 줄

거리(생각)이고, 달걀 속 노른자는 바로 그때 느꼈던 감정입니다.

지금도 저는 어릴 적 아버지와 나들이를 처음 나갔던 날 중국집에 들러 짜장면을 먹었던 일이 생각나곤 합니다. 그 생각을 꺼내보면 그날 하루 동안 제가 아버지에게 느꼈던 존경, 고마움, 든든함 등이 다시금 느껴집니다. '자랑스러운 영웅'이 아버지에 대한 제 마음인 것입니다.

이후 시간이 지나면서 아버지에 대한 제 마음엔 새로운 마음이 하나 추가되었습니다. 제 키가 아버지의 키를 넘어선 사춘기에는 아버지가 초라하고 불편하고 슬퍼 보였지요. 당시엔 제 마음이 좀 삐딱해졌던 모양입니다. 그러나 더 훗날이 되자 아버지는 존경스럽고 그리운 존재로 제 마음속에 남게 되었습니다. 이처럼 우리 안에선 같은 사람에 대해서도 다양한 마음이 공존할 수 있습니다.

제 마음에는 어머니, 아내, 또 그 외의 많은 사람 및 사건에 대한 생각과 감정도 모두 들어 있습니다. 어떤 마음에는 긍정적 감정이, 어떤 마음에는 부정적 감정이 담겨 있지요. 물론 이 둘을 동시에 담고 있을 수도 있습니다. 어떤 일이 끝났을 때 느끼는 시원하면서도 섭섭한 감정, 누군가에게 사랑과 미움을 동시에 느끼는 애증 같은 것이 그 예입니다.

이렇게 너무 많은 마음이 있다 보니 우리가 자기 마음을 다 모르는 건 당연한 일입니다. 어떤 마음이 언제 나타날지 모르니 자기 마음이 변덕스럽게 여겨지고 갈피를 잡기도 어려운 것이지요.

이처럼 마음은 큰 달걀 하나가 아니라 수백, 수천 개의 크고 작은 달걀로 이루어진 달걀 꾸러미라고 생각해 보면 마음을 이해하는

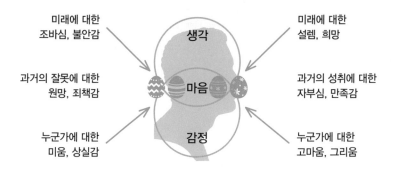

미래에 대한
조바심, 불안감

과거의 잘못에 대한
원망, 죄책감

누군가에 대한
미움, 상실감

생각

마음

감정

미래에 대한
설렘, 희망

과거의 성취에 대한
자부심, 만족감

누군가에 대한
고마움, 그리움

많은 달걀이 담긴 달걀 꾸러미처럼 이루어진 마음

일도 조금은 쉬워질 것입니다. 그리고 저는 이 달걀 꾸러미에 담긴 달걀 하나하나를 마음의 씨앗, 즉 '마음씨'라고 부릅니다.

수천 개의 달걀이라니 상상이 잘 안 되시나요? 그렇다면 셀 수 없이 많은 마음씨가 뿌려진 밭에 비유해 마음을 생각해 보는 것도 좋습니다.

이 밭에서는 긍정적 마음씨인 꽃씨와 부정적 마음씨인 잡초 씨가 함께 자랍니다. 실제 꽃밭 관리가 그렇듯, 마음이라는 밭도 수시로 살피며 잡초를 제거해 주지 않으면 안 됩니다. 일단 잡초는 한번 퍼지면 걷잡을 수 없이 번지며 꽃들을 시들게 만드니까요. 부정적 마음씨가 마음밭 전체를 점령해 좋은 마음씨까지 덮어버리는 상황이 올 수 있습니다. 하지만 다행스러운 점이 있습니다. 우리는 매일 새로운 마음씨를 뿌릴 수 있다는 게 그것입니다.

과거에 대한 마음씨는 이미 밭에 뿌려진 상태인 데 반해 미래에 대한 마음씨는 언제든 새롭게 뿌리고 키울 수 있습니다. 흔히 꿈과 비전이라 일컫는 것들이 바로 '미래에 대한 마음씨'입니다. 어렸을 때 우리는 '나는 나중에 커서 부자가 되고 유명해져야지' 하는 꿈을 꾸며 얼마나 행복했던가요. 미래에 멋진 모습이 된 나를 머릿속에 그리면 마치 그것이 현실이라도 된 듯 기쁜 감정을 느꼈습니다.

우리는 이렇게 마음 한곳에 둥지를 튼 꿈을 가슴에 품고 살아왔고, 앞으로도 그리 살 수 있습니다. 미래를 향한 꿈도 마음의 일부입니다. 다시 말해 마음에는 과거만 기록되어 있는 게 아니라 미래까지도 들어 있는 것입니다.

마음의 특성을 이해하기

일상에서 '마음을 단단히 먹어라' '마음의 문을 열어라' '저 사람 마음 씀씀이가 좋다'라는 표현을 합니다.

마음씨를 달걀에 비유하면 '마음을 먹는다'라는 말의 뜻도 좀더 구체적으로 와닿을 것입니다. 또한 마음을 수천 개의 달걀 꾸러미가 담긴 창고로 여기면 마음의 문을 여닫는 것도 이해가 됩니다. 마음 안에는 좋은 마음씨와 나쁜 마음씨들이 공존하고 있으니 어떤 마음씨를 꺼내 쓸 것인가를 선택할 수 있습니다.

그런데 큰일을 앞둔 상태에서 마음을 단단히 먹기란 쉽지 않은 일입니다. 실수할지 모른다는 불안감이 자꾸 엄습하고, 초조함에 속이 메스꺼워지고, 마치 상한 음식이라도 먹은 듯 구토증까지 올라오기도 하지요.

무언가를 새롭게 시작하기 위해 마음의 문을 연다는 것도 이와 마찬가지입니다. 그 문을 열고 싶어도 다시 상처를 받을까 두려워지지요. 한 번 다친 마음은 닫혀버리기 쉽기 때문입니다.

좋은 마음 씀씀이를 갖추고 싶은데 그것 역시 자꾸 망설이게 됩니다. '왜 나만 그래야 하는 걸까' '왜 내가 먼저 그래야 하나' 같은 생각이 들면서 어쩐지 밀지고 굴욕적인 듯해 불편하지요. 좋게 생각하고 양보하자 싶다가도 억울하고 분한 마음에 선뜻 그렇게 하지 못합니다.

이런 괴로움을 안고 상담에 온 분들이 자주 묻는 질문이 있습니다. "저는 왜 이렇게 부정성이 강하게 올라오는 걸까요?" "혹시 제가 비정상인가요?" "제가 너무 소심하거나 성격이 나쁜 건 아닐까요?" 등입니다. 하지만 여러분은 그런 것들이 이유가 아님을, 또 왜 우리 마음은 부정성에 쉽게 치우치는지를 곧 알게 될 것입니다.

먼저 마음은 생각과 감정으로 이루어져 있다는 사실을 알고 나면 이를 이해할 수 있습니다.

마음은 쉽게 상하지요. 생각이 아니라 감정이 상하는 것입니다.

마음은 쉽게 변하지요. 감정이 아니라 생각이 변하는 것입니다.

마음은 쉽게 찢어지지요. 마음씨를 이루고 있는 생각과 감정이 각자 다른 쪽으로 향하면서 서로 분리되기 때문입니다.

마음을 이해하고 다스릴 수 있으려면 감정과 생각에 대해서도 좀더 알아야 합니다. 우선은 감정의 특성을 살펴보기로 하지요.

감정의 특성① 시공간을 초월한다

큰 교통사고를 당해 트라우마를 경험한 사람은 이후 그 사고 장소만 지나도 당시의 체험이 기록되어 있는 나쁜 기억이 촉발됩니다. 과거의 사고 상황에 대한 기억을 자신도 모르게 생각으로만 떠올리는 게 아니라 그때 느꼈던 불안감과 공포감까지 고스란히 재경험하게 되는 것입니다. 오래전에 있었던 사고임에도 불안감과 공포감은 지금 막 그 일이 일어난 것처럼 생생합니다.

이런 현상은 우리의 생각이 현재와 미래, 과거를 구분할 수 있는데 반해 감정은 그럴 수 없기 때문에 발생합니다. '마음씨는 생각과 감정으로 이루어진다'고 앞서 말한 바 있는데, 과거의 사고에 대한 마음씨 속 감정은 그것이 예전의 일인지 지금의 일인지 구분하지 못합니다. 예전의 사고 지점을 지날 때 마음씨 속의 생각은 '그 사고는 과거의 일'이라 인지하지만, 감정은 지금 사고가 발생했다고 느껴지는 것이지요.

이처럼 감정에겐 시간과 공간을 초월한다는 특성이 있습니다. 10년 전 일을 회상하는데도 당시의 감정이 마치 지금 경험하고 있는 듯 생생히 느껴지고, 사랑하는 사람과 헤어져 크게 슬퍼하는 꿈을 꿀 때면 그것이 현실처럼 느껴져 펑펑 울고, 미래에 근사한 모습이 되어 있는 자신을 상상하면 설렘과 흥분이 느껴지는 것입니다.

실제 나이가 몇 살인지와 상관없이 우리 마음속엔 과거의 셀 수 없는 기억들, 현재의 다양한 경험들, 미래에 대한 여러 꿈들과 각각 연결된 마음씨들이 존재합니다. 현재 40대인 사람이라 해도 그의 마음에는 다섯 살 어린아이, 10대 청소년, 20~30대 청년, 50대 중년은 물론 80~90대 노인의 마음씨들 모두가 들어 있는 것이지요.

그 수많은 마음씨들 중 여러분은 어떤 것을 꺼내 느끼며 살고 싶으신가요? 또 어떤 마음씨를 여러분의 마음밭에 뿌려 자라나게 하고 싶으신가요? 이는 전적으로 각자의 선택에 달려 있습니다.

50대라도 20~30대 청년일 때의 마음씨를 꺼내 느끼고 뿌리고 가꿔나가면 얼마든지 그 마음씨 속의 감정으로 젊게 살 수 있고, 20대라도 70~80대 노인처럼 살 수 있는 것입니다. 착각하며 산다는 게아니라 실제로 그 나이대의 마음으로 산다는 뜻입니다.

어떤 마음으로 살 것인가는 스스로 선택할 수 있지만 그럼에도 살다 보면 여러 감정이 뒤범벅되어 마음이 번잡하거나 마냥 짜증만 나고 우울할 때가 생기곤 합니다. 이유를 명확히 알면 대책을 세울 수 있고, 방법을 알면 실행해 볼 수 있습니다. 하지만 이도저도 모르겠을 땐 무엇을 어떻게 해야 할지 알 수 없어 속수무책으로 그 상태에 머물러 있기 마련이지요. 답답함을 느끼면서 말입니다.

이런 경우엔 자신이 지금 정확히 어떤 감정들을 느끼고 있는지, 또 그것들이 무엇에서 비롯되었는지를 구체적으로 알아보는 게 방법이 될 수 있습니다. 특히 부정적 감정은 구체적으로 파악되면 잦아들기 때문입니다.

혼자 어두운 길을 걷던 중 느닷없이 정체를 알 수 없는 큰 소리가 들려온 상황을 상상해 볼까요? 우선은 너무 놀라 소리를 지르거나, 호흡이 가빠지거나, 온몸에 소름이 돋을 것입니다. 이는 우리가 본능적으로 보이는 반응이지요.

이런 반응 자체에 계속 매몰되어 있으면 마음을 진정시킬 방법을 찾기 어렵습니다. 하지만 아주 잠시 동안만이라도 생각해 보면 방금 자신이 어떤 감정을 느꼈기에 그런 반응을 보였는지 알 수 있습니다. 아마 그 감정은 두려움 혹은 섬뜩함이었겠지요. 더불어 그것들은 정체를 알 수 없는 소리가 들려온 데서 비롯되었다는 사실도 깨달을 것입니다.

그런 뒤엔 그 소리가 어디에서 난 것인지 알아보기 위해 주변을 찬찬히 살필 것입니다. 그 결과 지나가던 길고양이가 무언가를 건드려서, 혹은 바람에 무언가가 흔들려서 난 소리임을 알고 나면 어떻게 될까요? 방금 전 요동쳤던 감정들은 진정되고, 여러분은 더이상 그 소리에 신경쓰지 않은 채 다시 발걸음을 옮길 것입니다. 원인을 알게 되었으니 그에 맞는 대응 방식을 세우고 행동할 수 있게 된 것이지요.

아이들에게 "기분이 어때?" 하며 감정을 물어보면 흔히 "좋아요" 혹은 "나빠요"라고 간단하게만 대답합니다. 그러나 언제 어디서 누구와 무엇을 해서 그런 기분이 들었는지를 찬찬히 물으면 아이들은 "놀이터에서 친구와 놀아서 신났어요" "내일 시험이 있는데 좋은 점수를 받지 못할 것 같아 두려워요"와 같은 이야기를 합니다. 모호한 느낌의 '좋다' '나쁘다'가 '신나다' '두렵다' 등의 감정 단어를 통해 구체적으로 묘사되는 것입니다.

실제로 부정적 감정에 크게 휘말려 있던 아이들은 이렇게 자신의 감정을 들여다보고 구체화하여 이야기하는 과정에서 점차 안정을 되찾곤 합니다.

감정에겐 시간 개념이 없다는 것, 그리고 부정적 감정은 그 존재와 원인이 구체적으로 파악된 뒤엔 잠잠해진다는 것. 감정이 갖는 이러한 특성은 복잡하거나 심란한 마음을 차분히 정리하고자 할 때에도 효과적으로 활용할 수 있습니다.

중요한 시험을 앞두고 마음이 힘들다면 한번 찬찬히 살펴보세요. '나는 지금 이 시험에 대해 두려움이라는 감정을 느끼고 있구나' '이 두려움은 과거에 이 시험을 한 번 실패했던 경험에서 비롯된 것이구나' 또는 '시험을 못보면 엄마한테 혼날까봐 무섭구나' 하는 식으로 말이지요. 내 마음씨 안에 어떤 부정적 감정들이 저장되어 있는지, 그것이 지금 되살아나 나에게 어떻게 영향을 미치고 있는지를 파악하는 것, 그것이 '마음 정리'의 비결 중 하나입니다.

어떤 사람들은 예전의 부정적 감정이 너무 괴로워 감정을 아예 차단해 버리고 사는데 이는 매우 위험한 일입니다. 감정이 죽어버린 나머지 타인의 감정에 전혀 공감하지 못하는 지경에까지 이를 수 있기 때문입니다. 그 극단적인 예가 사이코패스입니다.

사이코패스들은 대개 아동기에 심한 폭력적 학대를 받은 경험이 있습니다. 그들은 비록 어릴 때 벌어진 일이지만 지금도 느껴지는 괴로운 감정에서 벗어나기 위해 자신의 감정을 단절시킨 채 살아온 터라 바로 눈앞에서 누군가 죽을 만큼 아파해도 전혀 개의치 않습니다. 그들의 마음은 병든 상태를 넘어 사망한 것이나 다름없습니다.

그래서 사이코패스는 심리상담으로 잘 치유되기 어렵습니다. 심리상담사는 마음의 병을 고쳐줄 순 있지만 죽어버린 마음을 환생시킬 순 없기 때문입니다. 이 또한 부정적 감정일수록, 그 정도가 심할수록 우리가 그것을 외면하지 않고 세심히 돌봐야 하는 이유입니다.

감정의 특성② 남녀노소, 동서고금을 뛰어넘는다

아이와 어른, 남자와 여자, 서양 사람과 동양 사람, 500년 전 사람과 지금 사람은 생각 면에서 꽤나 큰 차이를 보이지만 감정 면에선 그렇지 않습니다. 어른이 슬플 때 우는 모습은 아이가 울 때와 같고, 여성이 기뻐할 때의 모습은 남성이 기뻐할 때와 다를 바 없습니다. 유럽인이나 아프리카인이 화낼 때의 모습도 우리와 동일합니다.

어느 시대, 어떤 문화에서든 누군가 기뻐하거나 슬퍼하면 다른 이들도 그 감정이 무엇인지 알 수 있습니다. 생각과 달리 감정은 남녀노소, 동서고금을 구분하지 않는 것이지요.

그래서 저는 감정이 세계 공통어라고 생각합니다. 아기의 옹알이는 엄마가 전혀 이해하지 못하고, 엄마가 아기한테 하는 많은 말은 혼잣말이 되지만 실제로 둘은 엄청나게 소통합니다. 엄마와 아기는 감정으로, 즉 비구어적, 정서적 소통의 달인인 셈입니다.

소통의 문제는 오히려 어른들 사이에서 심각합니다. 논리를 앞세운 말을 들으면 숨이 턱 막히는 경우가 많습니다. 아무리 조리 있고 논리정연해도 말(생각)은 들으면 들을수록 상대와의 거리가 느껴지고 사이 또한 멀어집니다. 그저 반박하고 방어하고 반격하고 싶은 마음만 들 뿐이지요.

분석적인 생각은 차이를 부각시키는 반면 세계 공통어인 감정은 통합시키는 힘을 발휘합니다. 그래서 타인의 감정을 알아차리고 그 감정을 전달받아 스스로 느낄 수 있는 공감력이야말로 사람이 지닐 수 있는 최고의 실력이자 리더십입니다.

생각의 특성① 부정적인 쪽으로 쏠린다

감정의 이러한 특성들을 알게 되었으니 이제는 언제든 마음을 편안하게 만들 수 있을까요? 안타깝지만 그렇지 않습니다. 감정 외에도 마음씨를 구성하는 다른 한 부분, 즉 생각이 있으니까요.

마음이란 생각과 감정이 연결된 상태라고 앞서 이야기한 바 있습니다. 그렇기에 '마음이 편안하다'는 것은 곧 '생각과 감정이 갈등을 빚지 않고 서로 조화롭고 편안하게 연결된 상태에 있다'는 뜻입니다. 생각은 '이쪽으로 가라'고 하는데 감정이 '저쪽으로 가야 한다'며 맞서는 식으로 갈등이 빚어지면 우리의 마음은 찢어지고, 우리는 고민에 빠지게 됩니다.

일례로 결혼 상대를 정해야 하는 상황을 가정해 보겠습니다. 성격, 직업, 능력 등의 조건을 생각해 보면 A라는 사람을 선택하는 것이 맞는데 매력 면에선 B라는 사람이 앞선다면 이는 생각과 감정이 따로 노는 상황입니다. 어느 쪽으로 정해야 할지 중심을 잡지 못하고 좌우로 흔들리니 '갈대 같은 마음' 상태가 되는 것이지요(참고로 이런 경우 어느 한 가지 요소에만 치우쳐 결정을 내리면 나중에 후회할 확률이 높기 때문에 여러 면을 종합적으로 고려하는 것이 좋습니다).

이렇듯 감정과 생각이 빚는 갈등으로 마음이 어지러울 때도 있지만, 갈등보다는 부정적 생각 자체가 마음을 괴롭힐 때도 있습니다. 어쩌면 전자보다 후자의 경우가 훨씬 더 많다고 할 수 있습니다. 우리는 엄청나게 많은 생각을 하면서 살고 있으니까요.

혹시 사람이 하루에 평균 몇 번 생각하는지 아시나요? 600번? 8,000번? 30,000번? 2016년에 이루어진 한 연구에 따르면 정답은 대략 50,000번입니다(물론 생각의 단위를 어떻게 정하는가에 따라 수치는 달라지겠지만, 합리적 선에서 단위를 정해 연구한 뒤 이런 결론에 도달한 것입니다).[2] 수많은 생각이 들 때 우리는 흔히 '오만 가지 생각이 든다'는 표현을 쓰니 우연 치고는 놀랍고 재미있습니다.

그런데 마음에 대한 논의에 있어 생각의 횟수 자체보다 중요한 사실은 미국과학재단(NSF)의 연구결과에서 볼 수 있습니다.[3] 그 50,000가지 생각 중 적게는 70퍼센트, 많게는 80퍼센트가 부정적인 생각이라는 것, 그리고 부정적 생각의 95퍼센트는 어제도 했고 오늘도 하고 있으며 내일도 할 것이라는 사실입니다.

우리는 걱정거리가 하나 생기면 하루 종일 근심하고, 며칠 동안 밤새 고민하느라 잠도 설치곤 합니다. 그러면서 한편으론 '나는 현명하지 못해' '난 왜 이리 매사를 부정적으로만 볼까?' '이런 걸로 며칠씩 고민하다니 난 참 못났어' 하며 자신을 탓하기까지 하지요.

하지만 이젠 마음을 놓으세요. NSF의 연구결과에서 알 수 있듯 부정적인 쪽으로 생각이 치우치는 것은 지극히 정상적인 현상이니까요.

우리가 하루에 하는 전체 생각 중 70~80퍼센트가 부정적 생각이라 하니 긍정적 생각은 20~30퍼센트 정도를 차지할 것입니다. 약 4대 1의 비율인 셈인데, 인간이 이렇게 부정적 생각을 긍정적 생각보다 많이 하는 이유는 생존 때문입니다.

긍정적 생각은 떠올리고 즐기다가 언제든지 중단해도 괜찮지요. 하지만 부정적 생각은 무언가가 나에게 해로울 수 있다는 경계심에서 비롯되는 것이니, 그 대상이 갖는 불확실성[否定性]이 해결될 때까지 붙들고 있어야 합니다. 인간에게서 생각하는 능력이 발달한 가장 큰 이유는 바로 불확실성, 즉 문제를 해결하기 위해서입니다.

생각의 특성② 생각 자체는 우리를 괴롭히지 않는다

여러분께 초등학생 수학 문제를 내보겠습니다. 여기에 다섯 개의 사과가 있습니다. 영희가 한 개 먹고 철수가 두 개를 먹으면 몇 개가 남을까요?

우리는 학창 시절에 이런 식의 문제를 100만 개 이상 풀었습니다. 하지만 그때마다 실제로 눈앞에 다섯 개의 사과를 가져다놓고 누군가에게 한 개, 다른 누군가에게 두 개를 나눠준 뒤 남은 사과의 수를 세어 답을 적는 일은 하지 않았습니다. 문제를 푼다는 것은 문제에 제시된 상황을 실제로 재연해 실행해 보는 일이 아니라 결과를 예측하는 일이니까요.

우리의 생각 역시 이와 마찬가지입니다. 생각의 가장 중요한 기능 중 하나가 정보와 지식을 동원하여 분석, 계산 및 판단을 한 뒤

결과를 예측하는 것이니까요. 미래를 잘 예측할 수 있다면 생존 확률도 높아집니다. 원시 시대에는 미래를 예측하는 점술가나 예언자가 부족장으로 추대되었고 오늘날에는 비전을 제시하는 사람이 리더의 자리에 오르는 이유도 이것입니다.

이처럼 생각은 어떤 사물과 상황을 이미지로 떠올리는 일이지 무언가를 느끼는 일이 아닙니다. '괴롭다' '불행하다' 등은 생각이 아닌 감정을 나타내는 표현이지요. 따라서 흔히들 하는 '부정적 생각 때문에 괴롭다'는 말은 옳은 표현이 아닙니다. 정확히 말하자면 '부정적 생각에서 비롯되는 부정적 감정 때문에 괴롭다'라고 하는 편이 맞겠지요.

'수학이 어려워 괴롭다'는 말도 마찬가지입니다. 수학자들은 세상에서 가장 어려운 수학 문제들에 매달리지만 그것을 이유로 괴로워하거나 우울증에 빠지진 않습니다. 오히려 호기심과 도전의식, 재미를 느끼지요. 2022년에 '수학계의 노벨상'이라 불리는 필즈상을 수상한 프린스턴대학교 허준이 교수의 얼굴이 어린아이처럼 해맑은 것도 그 때문일 것입니다.

그렇기에 어떤 학생이 '수학이 어려워 괴롭다'고 말하는 경우에도 사실 문제는 수학 자체가 아닙니다. 수학 성적이 좋지 않으면 엄마의 질책과 아빠의 실망 및 또래 친구들의 무시 등을 받을 거란 두려움, 점점 낮아지는 자신감, 노력해도 안 된다는 무기력감, 자신의 수학 실력은 절대 나아지지 않을 거란 절망감 등으로 마음이 괴로운 것이니까요. 이는 물론 수학뿐 아니라 어떤 과목이 되었든 잘하지 못할 때 발생하는 현상입니다.

이렇게 우리는 마음의 정체, 마음을 이루는 감정과 생각의 특성, 그리고 그 둘이 어떻게 연결되어 마음으로 작용하는지를 조금이나마 알게 되었습니다. 어쩌면 지금쯤 여러분은 '좋아. 그렇다면 마음을 잘 활용하는 방법은 뭐지?' 하는 궁금증이 들지도 모르겠네요. 그 방법은 뒤에 이어지는 5장에서 소개하겠습니다.

- 마음은 '생각과 감정이 연결된 상태'다.
- 감정은 기억할 만한 가치가 있는 정보를 선별하기 위한 기준이자 기억창고의 문지기다.
- 마음은 수백, 수천 개의 크고 작은 마음씨들로 이루어져 있다.
- 마음에는 과거만 저장되어 있는 게 아니라 미래도 들어 있다.
- 감정은 시공간을 초월한다.
- 감정은 남녀노소와 동서고금을 구분하지 않는다.
- 생각이 부정성에 치우치는 것은 정상이다.
- 생각 자체는 우리를 괴롭힐 수 없다.

긍정의 닻을 내려라

무상무념은 최선책, 명상은 차선책

우리말에는 감정 상태를 표현하는 단어가 434개 있는데 그중 무려 72퍼센트가 부정적 감정을 표현하는 단어라고 합니다.[1] 앞서 사람이 하루에 하는 생각 중 70~80퍼센트가 부정적 생각이라 했던 NSF의 연구결과를 기억하시나요?

한국어에서 부정적 감정 단어가 차지하는 비중이 인간의 일반적인 부정적 생각의 비율과 거의 동일하다는 게 재미있습니다. 그만큼 모든 인간은 부정적 감정을 많이 만나고 그것을 머릿속에 떠올리며 이름을 붙이고 말로 표현해 온 것입니다.

물론 괴로움에서 벗어나는 최선의 비법도 이미 고대부터 전수되어 왔습니다. 무상무념(無想無念), 즉 마음을 비우는 것이지요. 그러나 이게 어디 쉬운 일입니까? 마음을 비우려면 생각을 내려놓고 감정을 차단해야 하는데, 성인(聖人)이라면 모를까 우리 같은 일반 사람들이 어떻게 이리 할 수 있겠습니까. 그래서 옛날부터 차선책이 권장되어 왔나 봅니다. 바로 명상(冥想/瞑想)입니다.

많은 분들이 명상의 '명'은 '밝을 명(明)'이라고 오해합니다. 하지만 그와 정반대인 '어두울 명(冥)', 혹은 '눈감을 명(瞑)'입니다. 명상이란 상념을 어둡게 만듦으로써, 혹은 자신의 눈을 감음으로써 마치 상념이 존재하지 않는 것처럼 느끼게 하는 기술입니다. 묵상(默想)도 비슷한 개념입니다. '잠잠할 묵(默)' 안에 '검을 흑(黑)'이 들어 있는 것을 보면 알 수 있지요.

이런 방법들은 사실 상념 자체들을 사라지게 하는 것이 아닙니다. 그러니 조금 나쁘게 말하자면 명상은 짝퉁 무상무념이고, 좋게 말하면 무상무념 상태에 가장 훌륭하게 근접한 차선책입니다.

사실 저는 명상을 시도하다 포기했습니다. 경험해 보신 분들은 잘 아시겠지만 명상을 하려 하면 생각이 사라지기는커녕 자꾸 잡념이 생기고 내 안을 비집고 들어와 헤집는 통에 마음이 더 괴로워지더군요. 물론 이 과도기를 잘 넘기고 수년간 수련한다면 도사가 될 수 있겠지요. 그러나 저는 그런 군자의 인내가 부족했나 봅니다.

괴로움에서 벗어날 수 있는 첫 번째 방책인 무상무념과 차선책인 명상도 하기 어려워진 저는 세 번째인 차차선책을 택했고, 여러분께도 이 방법을 권해드리려 합니다. 바로 호상호념(好想好念), 즉 좋은 마음을 많이 지니는 것입니다. 어차피 인간은 생각을 많이 하고 또 잘하는 존재이니, 그 능력을 자제하려 애쓰지 말고 오히려 반대로 적극 활용하자는 취지의 방법이 호상호념입니다.

물론 호상호념이란 명칭은 제가 만든 것이지만 이와 관련된 구체적인 방법들은 이미 다양한 이름으로 널리 사용되고 있습니다. 마인드 컨트롤(mind control), 비주얼리제이션(visualization), 마음챙김(mindfulness), 포지티브 마인드세트(positive mindset) 등이 그 예입니다. 이는 생각을 조정하여 마음을 움직이는 방법입니다.

솔직히 어떤 점에선 아쉽기도 합니다. 이런 방법들은 동양에서 이미 수천 년간 사용되어 왔는데, 서양에 전수된 뒤엔 새로운 이름표를 달고 다시 동양으로 역수출되고 있으니까요.[2]

하지만 서양이 잘하고 있는 것도 있습니다. 전통 비법들이 갖는 효과를 과학적 실험, 특히 첨단 뇌과학으로 입증해 낸다는 것입니다. 깊은 명상은 실제로 긍정적 변화를 가져다준다는 사실도 명상 중인 티베트 고승의 뇌파 및 신체변화를 관찰한 뇌과학 연구가 없었다면 과학적으로 증명될 수 없었겠지요. 명상뿐 아니라 앞서 언급한 다양한 명칭의 방법들이 갖는 효과 역시 현대 과학을 통해 입증되고 있습니다.

행복의 선순환을 위한 황금비율

그렇다면 호상호념을 얼마나 해야 행복해질까요? 그 답 역시 최근의 연구에서 밝혀졌습니다. 요즘 대세를 이루는 긍정심리학의 선구자인 바버라 프레드릭슨(Barbara Fredrickson) 교수는 '긍정적 생각을 부정적 생각보다 세 배 많이 하면 행복하게 살 수 있다'는 연구결과를 발표했습니다.[3] 호상호념에서의 황금비율은 1대 3이고, 이 비율을 유지하면 사는 게 시들해지는 악순환에서 생기 넘치는 행복의 선순환에 진입할 수 있다는 것이 프레드릭슨 교수의 결론입니다.

이 연구결과는 큰 인기를 끌었지만 아쉽게도 수학적 논쟁을 불러일으켰습니다. 프레드릭슨 교수 연구팀이 고등수학으로 풀어낸 비율을 2.9013이라고 발표한 게 발단이 되었지요. '약 1대 3'이라고 했다면 문제가 없었을 텐데 소수점 네 자리까지 밝히는 바람에 학문적 비판을 받게 된 것입니다. 그럼에도 긍정적 사고를 많이 해야 행복해질 수 있다는 이야기가 매우 상식적이기에 1대 3이라는 이 비율은 여전히 건재합니다.

행복의 선순환에 진입하는 비율이 존재한다는 사실은 우리에게 두 가지 점에서 위안을 줍니다. 첫째, 비율이라는 점이 좋습니다. 부정성을 싹 없애야 하는 게 아니라 긍정성을 늘리면 된다는 뜻이니까요. 적지 않은 세월을 살아오는 동안 우린 이미 부정적 일들을 여럿 경험했기에 마음속에도 불행의 씨앗(마음씨)들이 들어 있습니다.

그 모든 부정적 마음씨들을 반드시 모두 제거하거나 힐링해야 한다면 부담이 커질 수밖에 없지요. 하지만 부정적 마음씨들이 이미 많이 자리잡고 있는 상태라도 긍정적 마음씨들을 그보다 많이 축적하고 키워나가면 행복해질 수 있다는 이야기는 우리에게 희망을 품게 하고, 한번 시도해 볼 만한 방법이라 여겨지게 해줍니다.

둘째, 1대 3이 황금비율이라는 이야기는 곧 긍정적 생각이 부정적 생각보다 많으면 많을수록 좋은 것은 아니라는 뜻이기도 합니다. 프레드릭슨 교수에 따르면 이 비율이 1대 11을 넘어갈 경우엔 오히려 해롭다고 합니다. 세상은 녹록한 곳이 아닌데 모든 것을 그저 긍정적으로만 받아들이면 현실을 너무 왜곡해 버리는 것과 같으니까요. 온전치 못한 정신 상태가 되는 셈입니다.

반대로 크고 강한 부정적 마음씨들이 마음을 이미 지배하고 있는 경우라면 심리상담의 도움을 받아야 할 수 있습니다. 트라우마로 PTSD 후유증에 시달리고 있는 사람이라면 마음의 밭에 독이 많이 퍼져 있는 상태에 해당하지요. 이런 오염된 마음밭엔 긍정적 마음씨를 뿌려도 뿌리를 내리기가 어려울 것이기에 그 독을 없애는 디톡스 과정이 필요할 수 있습니다.

일상에서 쌓이는 소소한 부정성은 삶을 힘겨운 것으로 느끼게 합니다. 출퇴근길의 교통체증에서 비롯되는 짜증, 무더위로 느껴지는 찝찝함, 소음이 안겨주는 불쾌감, 얍삽한 후배에게 느끼는 미움, 마감에 대한 압박감, 고객의 불평불만에 밀려드는 서러움, 식사 준비와 설거지를 매일 몇 번이고 반복하는 데서 오는 지겨움 등 그 종류 또한 많지요.

하지만 다행스러운 사실도 있습니다. 스트레스 상황이 이렇게 소소할 경우에는 외부로부터의 도움 없이 스스로 긍정성을 쌓을 수 있다는 점입니다.

우리는 매일같이 다양한 긍정적 경험과 부정적 경험을 합니다. 좋은 경험은 좋은 감정과 함께 좋은 마음씨가 되어, 나쁜 경험은 나쁜 감정과 함께 나쁜 마음씨가 되어 마음에 담기지요. 앞서 마음씨는 달걀과 같다고 이야기했던 것을 기억하시나요? 여러 달걀 중 어떤 것을 먹을지 선택할 수 있는 것처럼, 우리는 여러 마음씨 중 어떤 것을 먹을지도 선택할 수 있습니다.

우리의 마음은 우리가 매일 어떤 마음씨를 먹는가에 따라 달라지니, 건강한 마음을 위해 좋은 마음씨를 많이 먹으시길 바랍니다.

긍정심을 상상하라

긍정적 생각은 어떤 기능을 하기에 우리를 행복하게 만드는 것일까요? 앞서 우리가 배운 내용, 즉 '마음은 곧 생각과 감정이 연결되어 있는 상태'라는 사실을 떠올려보면 답을 알 수 있습니다. 긍정적 생각은 긍정적 감정과 연결되고, 이 둘이 합쳐져 긍정적 마음, 즉 긍정심을 이루면 우리는 행복감을 느낍니다. 물론 부정적 생각은 이와 반대의 결과를 빚겠지요.

따라서 우리가 해야 할 일은 1대 3이라는 황금비율에 맞춰 긍정적 생각을 늘리고, 그것이 긍정적 감정과 함께 행복한 마음을 만들게끔 하는 것입니다. 부정적 생각을 마음에서 없애거나 내보내려 힘들게 애쓰지 않아도 되는 것이지요.

그런데 그 황금비율에 도달하려면 우선 긍정심을 확보하는 방법을 알아야 합니다. 이제 그 방법을 소개하고자 합니다.

긍정심을 확보하는 방법은 사실 간단합니다. 바로 긍정심을 상상하는 것입니다. 다만 여기에서 이야기하는 '상상하다'는 우리가 이미 알고 있는 것과 개념이 조금 다릅니다.[4]

표준국어대사전에서 '상상하다'를 찾아보면 '실제로 경험하지 않은 현상이나 사물에 대하여 마음속으로 그려보다'가 첫 번째 의미로 나옵니다. 하지만 이는 '상상'이라는 뜻의 영단어 'imagination'을 설명하는 사전 문구인 'the act or power of forming a mental image of something not present to the senses or never before wholly perceived in reality'를 거의 직역한 것입니다. 우리말 단어를 어느 영어 단어로 인위적으로 매칭시킨 뒤 그 정의를 그대로 번역해 우리말 단어의 정의로 둔갑시켜둔 점입니다.

다행스러운 사실은 표준국어대사전이 '상상하다'의 두 번째 뜻을 '[심리] 외부 자극에 의하지 않고 기억된 생각이나 새로운 심상을 떠올리다'로 설명해 두었다는 점입니다.

본래 상상(想像)의 의미는 마음(想)을 머릿속에 떠올리는 모양(像)입니다(왜 想을 '생각 상' 대신 '마음 상'이라고 부르는지에 대해선 '깊이 읽기_ 감정과 생각의 기원'에서 설명하겠습니다). 없는 것을 지어내는 게 아니라 이미 내 마음을 이루고 있는 많은 마음씨 중 하나를 고르는 작업인 것이지요. 다시 말해 '긍정심 상상하기'는 내 마음에 잔뜩 들어 있는 부정적 마음씨와 긍정적 마음씨 중 후자를 선택해 머릿속에 떠올리는 방법입니다.

이 '머릿속에 떠올리는', 즉 상상하는 방식에는 세 가지가 있습니다. '회상(回想)하기' '환상(幻想)하기' '예상(豫想)하기'입니다[이 세 가지 명칭 모두에 '마음 상(想)'이 들어 있는 건 당연한 일입니다]. 지금부터는 이 세 방법을 하나씩 소개하겠습니다.

회상하기: 행복했던 기억을 떠올려라

저희 집은 공간별로 일거리들이 제각각 쌓여 있습니다. 부엌에는 설거지해야 할 그릇들이, 뒷방에는 빨랫감이, 앞마당에는 뽑아줘야 하는 잡초들이 한가득이지요. 매일같이 쌓이고 부담스러운 일거리들이지만 이에 대한 선택의 여지는 저희에게 없습니다. 생활하다 보면, 또 자연의 이치상 어쩔 수 없이 생겨나는 것들이니까요.

하지만 거실만큼은 다릅니다. 이곳엔 저희가 좋아하는 물건들을 의식적으로 선택해 놓아둘 수 있기 때문입니다. 저희 집 거실에는 가족사진들, 어머니께서 그리신 그림, 아버지께서 쓰신 붓글씨 액자, 여행 기념품, 저희의 손때가 묻은 책들이 있습니다. 일터에서 힘든 하루를 보냈어도 거실에서 이런 것들을 둘러보면 마음이 편안하고 뿌듯해져 힐링이 됨과 동시에 하루 더 버틸 힘도 생겨납니다.

제가 근무하는 일터에도 거실의 일부를 옮겨놓았습니다. 실제 물건들이 아니라 이미지들이긴 하지만 말이지요. 제가 좋아하는 사진 100장을 제가 사용하는 컴퓨터에 배경화면용으로 넣어둔 것입니다. 한 장씩 수시로 바뀌며 화면에 뜨는 사진들을 볼 때마다 그와 관련된 추억들로 기분이 흐뭇해지고 좋아집니다. 일이 어렵고 괴로워 모두 다 접어버리고 싶을 때 큰 힘이 되어주기도 하고요.

이렇듯 사진은 과거의 추억을 떠올리게 할 뿐 아니라 자신의 감정과 만나게 하고 마음을 편하거나 기쁘게 만들어주는 수단입니다. 하지만 사진은 반드시 우리의 눈을 통해 실제로 봐야만 하는 대상이 아닙니다. 한 번 본 사진은 마음에도 저장되고, 그래서 눈을 감아도 그 이미지를 머릿속에 떠올릴 수 있으니까요. 이렇게 마음에 저장된 과거를 떠올리는 방법이 바로 '회상하기'입니다.

회상하기는 언제든, 어디에서든, 누구든 할 수 있습니다. 스트레스로 마음이 불편할 때 평정심을 확보하기에 좋은 방법이지요. 이 회상하기를 잘할 수 있는 팁을 소개하겠습니다.

첫째, 심호흡을 해서 부정적 감정이 더 커지지 않고 차단되게끔 하세요. 부정성을 없애지는 못하지만 점점 더 커지는 것은 막아야 합니다.

둘째, 편안했던 과거의 한때를 머릿속에 떠올려보세요. 이때 그 장면만 떠올리는 데 그치지 말고 시각, 촉각, 청각, 미각, 후각 등을 통해 당시 느꼈던 오감들도 모두 동원하면 더 좋습니다. 가족과 손 잡고 숲속을 거닐었던 때 들었던 새소리, 맡았던 풀 향기, 바라본 맑은 하늘, 따뜻하고 말랑말랑한 자녀의 손 등을 함께 회상하면 그 날 느꼈던 기분을 다시금 재생시킬 수 있을 것입니다.

오감 중 특히나 막강한 것은 후감(嗅感)입니다. 오감 중 후감을 제외한 네 가지의 정보들은 시상을 거쳐 각 담당 피질로 전달되지요. 하지만 후감의 경우엔 곧바로 후각 담당 피질로 전달되기에 기억에 강하게 각인됩니다. 한 번 맡은 향수는 잘 잊혀지지 않는 것도 이 이유에서입니다.

또 갓난아기를 품에 안고 냄새를 맡으면 기분이 참 좋아지는데, 어쩌면 그건 우리 모두 한때 아기였고 누군가의 품에 편히 안겨 있었던 때가 회상되어서일지도 모릅니다. 물론 그때의 기억은 우리의 의식에 없지만, 우리 몸에는 체화되어 있을 수 있으니까요. 흔히들 쓰는 '몸은 기억한다'는 표현처럼 말입니다.

셋째, 회상하고자 하는 시점을 찍은 동영상이 있다면 사진 대신 틀어보세요. 해 저무는 한적한 해변에서 가족과 함께 붉게 타오르는 노을을 바라보는 사진에선 시간이 멈춰 있습니다. 하지만 같은 상황을 기록한 것이라도 파도가 철썩이고, 하늘 저 멀리에선 새떼가 이동하고, 아이가 손뼉을 치며 즐거워하는 행동이 담긴 동영상에서는 시간이 흐릅니다.

호르몬은 소위 '느린 시스템'이라 시동이 걸리는 데 시간이 좀 필요하지만, 대신 한 번 시동이 걸리고 나면 오래 작동합니다. 그래서 사진 대신 동영상을 꺼내 보면 편안한 느낌에 좀더 오래 머물 수 있고, 그에 따라 회상하기의 효과를 극대화할 수 있습니다.

넷째, 여러 동영상을 시험 삼아 틀어보고 그중 마음을 가장 편안하게 만들어주는 게 발견되면 그것 하나를 지속적으로 회상할 때 활용하세요. 처음에는 몸과 마음이 이완되는 데 시간이 조금 걸리겠지만, 회상하기를 할 때마다 동일한 동영상을 계속 보면 그 시간도 점점 축소될 것입니다. 나중에는 동영상을 재생시키는 순간 마치 스스로 최면을 거는 것처럼 곧바로 이완될 수도 있습니다.

물론 심한 트라우마로 괴로울 때처럼 긍정심을 회상하기가 어려운 경우도 있습니다. 사실 트라우마 후유증의 세 가지 특징은 침투, 각성, 회피입니다. 침투란 트라우마에 대한 기억이 아무 때나 불쑥불쑥 올라와 그때 느꼈던 부정적 감정을 고스란히 재경험하는 것입니다. 그래서 과민반응을 하게 되고, 결국 그런 상태에서 도피하고 싶은 마음의 지배를 받게 되는 것이지요.

말하자면 트라우마 후유증은 '긍정심 회상하기'와 '부정심 회상하기' 싸움에서 후자가 이기는 경우라 할 수 있습니다. 이런 경우에는 회상하기를 일단 보류하고 상상하기의 두 번째 방법인 '환상하기'부터 시작하면 됩니다.

환상하기: 꿈을 품어라

긍정심은 과거에 있었던 좋은 추억만을 뜻하는 것이 아닙니다. 미래의 모습도 마음에 품을 수 있으니까요. 우리 모두 어릴 적엔 훗날에 대한 꿈을 가슴에 품지 않았던가요. 꿈을 지니는 것, 이것이 바로 '환상하기'입니다.

'환상'에는 헛된 생각이라는 부정적 어감이 있는가 하면 '환상적이다!(It's fantastic!)'라 할 때와 같은 긍정적 어감이 있는데, 여기서는 후자를 뜻합니다. 다시 말해 '판타지를 품으라'는 의미인 것입니다.

아이들은 "나는 훗날 거지가 될 거야" 혹은 "나는 쓸쓸하고 고독하게 살 거야" 하면서 불행한 미래를 꿈꾸지 않습니다. 다들 훌륭하고 멋지고 성공한 미래의 자기 모습을 머릿속에 그리면서 행복감을 맛보지요.

우리가 어렸을 때 생기발랄했던 이유는 비록 작고 힘이 없어 할 수 있는 것이 별로 없어도 꿈을 지녔기 때문입니다. 그러다가 어느 날 주변의 어른이 "얌마, 꿈 깨!" 하고 호통치는 바람에 꿈을 버렸고, 그 후로 시간이 지나면서 얼굴도 다른 어른들처럼 일그러지거나 무표정하게 되었습니다. 더 이상 내일이 기다려지거나 가슴이 설레지 않게 되어버린 것이지요.

언젠가 저는 "한국 과학 영재들 '의사·공무원 되고 싶다'"라는 제목의 기사를 보고 충격을 받았습니다.[5] 과연 아이들이 자신의 미래를 그리다가 갑자기 "내 꿈은 공무원!"이라고 결정하면서 감격했을까요?

물론 공무원은 사회가 잘 운영되는 데 꼭 필요한 일을 하고 신분이 보장되니 안정적입니다. 그러나 아이들은 공무원이 무엇을 하는지 잘 알지 못하지요. 그러니 "내 꿈은 공무원이야!"라 이야기하는 아이가 있다면 이는 분명 주변의 어른들이 "나중에 커서 공무원 해라. 공무원이 좋단다" 하고 부추겼기 때문일 것입니다.

이렇게 어른이 주입한 꿈은 아이에게 꿈이 아닌 악몽이 됩니다. 남이 억지로 넣어준 악몽을 꾸면 괴로워지고, 설사 그 꿈을 이루었다 해도 자신이 아닌 남의 인생을 사는 것만 같아 살맛이 나지 않게 됩니다. 악몽이 이루어지면 현실 자체가 오히려 깨어나고 벗어날 수 없는 악몽이 되는 셈입니다. 그래서 결국은 모든 게 시큰둥하고 시들해지는 상태에 이르지요.

우리는 아이들, 청소년들이 꿈을 가슴에 품도록 허락해야 합니다. 그래야 미래에 대한 막연한 두려움과 불안감을 이겨낼 힘이 생기니까요. 어차피 나이를 먹으며 점차 성숙해 지면 아이와 청소년들은 터무니없는 판타지를 스스로 버리고 책임 있는 비전으로 갈아타게 되어 있습니다. 하지만 이들이 꿈꾸기를 포기하면 비전마저 포기하게 된다는 점을 어른들은 반드시 기억해야 합니다.

예상하기: 미래의 청사진을 그려라

아이들이라면 어릴 때 판타지 같은 꿈을 꾸어야 하고, 어른이 되면 실현 가능한 미래에 대한 비전을 지녀야 합니다. 비전은 내가 예상하는 미래의 청사진을 그리는 작업입니다.

꿈과 비전 사이에는 실현 가능성보다 더 큰 차이점이 있습니다. 꿈은 내가 되고 싶거나 하고 싶은, 또는 갖고 싶은 무언가를 그리는 것인 데 반해 비전은 누군가가 해야 할 일에 대한 것이라는 게 그 차이점입니다.

나의 꿈이 부자가 되는 것, 많은 사람들로부터 사랑받는 유명 가수가 되어 세계를 돌아다니며 공연하는 것, 공무원이 되어 안정적인 생활을 영위하는 것이라면 다른 사람들이 내가 그 꿈을 이루는 과정에 도움을 줘야 할 이유가 없습니다. 하지만 자선사업가가 되거나, 노래로 많은 이들을 즐겁고 행복하게 만들거나, 나라의 경제를 살리는 일꾼이 되고 싶다는 비전을 품으면 당연히 다른 이들로부터 지지를 받을 수 있습니다.

누군가 해야 할 일을 내가 기쁜 마음으로 하고자 할 때 다른 사람들도 나를 도와줍니다. 정확히 말하자면 나를 도와주는 게 아니라 누군가 해야 하는 일을 하는 과정에 동참하는 것이지요. 비전을 공유하는 다른 사람을 돕는 일이 곧 자신을 위한 일이 되는 공생과 윈-윈의 이치입니다.

이와 관련해 저희가 경험한 사례를 소개하겠습니다. 저희는 '사는 게 힘든 아이들을 돕는 일을 하겠다'는 비전을 수십 년간 간직해 왔습니다. 불행한 아이들을 행복으로 안내하는 '행복 씨앗 심기' 일을 하고 싶었지요. 사회 초년생일 때는 사회봉사 활동을 틈틈이 했고, 그 후에도 활동 범위를 차츰 넓혀왔습니다. 더 시간이 흘러 직장에서 은퇴할 나이에 이르니 저희 비전과 활동에 동참하는 제자와 동료들이 많이 생겼더군요. 그래서 여기저기서 산발적으로 진행되던 상당 규모의 활동을 한곳에 모으기 위해 행복연구소 건물을 짓기로 결정했습니다.

운 좋게 저희는 서울 시내임에도 인왕산과 북악산, 북한산으로 둘러싸인 양지바른 대지를 확보할 수 있었습니다. 저희는 들어서는 순간 몸이 편안해지고 마음이 치유되며 정신이 맑아지는 체험장을 그곳에 만들고 싶었습니다.

1년이면 지을 수 있을 거라던 건물이 완공되기까지 무려 4년이 걸렸습니다. 그런데 건물 짓는 일은 평생에 처음이었던 터라 전혀 예기치 못했던 걸림돌과 마주하는가 하면 좋지 않은 상황들을 겪는 일도 생겼습니다. 대학이라는 안전한 울타리 안에서 단순하게 살던 저희에게는 난해하고 충격적인 고난의 과정이었지요. 너무 힘들어 건물 짓기를 포기하고 싶다는 마음까지 들 정도였으니까요.

하지만 저희에겐 비전이 있었습니다. 많은 방문객이 행복연구소에 와서 좋아하고 평온함을 느낄 모습을 떠올리면 힘든 와중에도 행복감이 차올랐고, 그 힘으로 4년이라는 긴 시간을 버텨냈습니다. 다행히 저희를 도와주는 은인들도 나타나 감사한 마음으로 연구소를 완공할 수 있었습니다.

여러분도 긍정심 상상으로 마음의 평정을 찾아보세요. 마치 흔들리는 배에 닻이 내려지듯 중심이 잡힌 상태가 될 것입니다. 웬만한 외부 충격에도 끄떡없는 견고함과 안정감을 느끼게 되고, 불안감과 조바심이 사라질 것이며, 누구를 대하더라도 여유 있는 느긋한 사람이 될 수 있다는 뜻입니다.

걸림돌과 징검돌, 어느 쪽을 선택할 것인가

성형수술한 사람들 중 수술 전 사진을 수시로 꺼내보는 이가 있을까요? 있다면 일부러 자신에게 고통을 가하는 마조히스트일 것입니다. 또 자기가 싫어하는 이의 사진을 일부러 컴퓨터 배경화면에 포함시켜 수시로 뜨게 한다면 스스로를 자학하는 사람일 테지요.

실제로는 이런 식의 자학을 하는 사람들은 많습니다. 컴퓨터 배경화면의 사진이 아닌 마음속 사진으로 말입니다. 이런 이들은 마음속으로 자기가 미워하는 사람을 떠올리거나 수치스러운 일을 곰곰이 되씹습니다. "나 괴로워. 정말 우울하고 짜증나" 하면서 증오, 원한 등 흉한 것들을 수시로 꺼내 보지요. 망상(妄想)에 빠지는 것입니다.

사진첩에는 좋고 곱고 행복한 사진들만 챙겨 넣고 틈틈이 꺼내보며 좋아하는데, 왜 마음속 사진첩에는 나쁘고 밉고 불행한 것만 담아놓고 계속 꺼내 볼까요? 누가 그리 하라고 시키지도 않았는데 스스로 선택해 그리 하면서 사람들은 "어쩔 수 없어"라 말합니다.

하지만 그렇지 않습니다. '어쩔 수 없다'는 생각부터 바꾸세요. 마음속에 저장되어 있는 많은 사진 중 자신이 좋아하는 것들을 골라 사진첩에 보관해 두고 수시로 꺼내서 보세요. 마음속의 긍정적인 추억거리를 수시로 떠올려보는 것입니다. 이 일만큼은 각자가 선택할 수 있고 아무도 막지 못합니다.

이와 반대로, 아무리 사진 속 자신의 모습을 보는 걸 좋아한다 해도 수시로 자신을 찍어 그 사진을 보고 또 보는 것은 건강하지 못한 모습입니다. 도가 지나치면 흉한 자아도취, 나르시시즘에 빠져버립니다. 자학도 피해야 하지만 그와 정반대인 자애(自愛) 또한 우리가 피해야 할 대상입니다. 지나친 자애는 타인에게 베푸는 사랑인 자애(慈愛)의 걸림돌이고, 망상과도 같기 때문입니다.

저는 스트레스로부터 벗어나기 위해 빠져드는 추억이나 공상을 '망상'이라고 일컫습니다. 앞에서 '회상하기'나 '환상하기'는 스트레스를 받거나 마음이 어지러울 때 행복감을 찾게 해주는 바람직한 대처법이라고 말해 놓고선 이제 '스트레스로부터 벗어나기 위해 빠져드는 추억이나 공상'은 망상이라 좋지 않다고 하니 헷갈리시는 분들도 계실 수 있습니다. 이름만 다를 뿐 똑같은 것 아니냐고 생각하실 수도 있고요.

맞습니다. 추억이나 공상이 수단이란 점은 같으니까요. 그러나 그것들이 사용되는 목적은 다르기 때문에 차이점이 있습니다.

집에서 자동차를 몰고 나간 두 사람에 비유하여 이 차이점을 설명해 보겠습니다. 한 사람은 홧김에 무턱대고 차를 몰며 동네를 뱅뱅 돌고, 다른 한 사람은 차를 몰고 일터로 향합니다. 자동차를 운전하고 있다는 사실은 같지만 목적지라는 면에선 두 사람이 전혀 다르지요. 첫 번째 사람은 목적지가 없지만 두 번째 사람에겐 목적지가 있으니까요. 두 번째 사람에게 있어 자동차는 자신이 가야 하는 곳에 이르기 위한 수단이 됩니다.

망상을 설명하기에 좋은 또 한 가지 비유를 들겠습니다. 저기 멀리 있는 강 한가운데 같은 위치에 두 사람이 있습니다. 자세히 보니 한 명은 물속에 들어가 있고 또다른 한 명은 물 위에 떠 있네요. 동일한 지점에 위치하지만 물속의 사람은 아무 데도 가지 않고 물놀이를 하고 있는 데 반해 물 위의 사람은 건너편 목적지에 도달하기 위해 강을 건너다 잠시 쉬고 있는 중입니다.

망상이 추억이나 환상, 공상과 어떤 점에서 다른지 조금 이해가 되시나요? 망상이 도달하고자 하는 목적지는 쾌감입니다. 즉, 쾌감을 목적으로 하는 수단이 망상인 것이지요. 그와 달리 좋은 추억(회상), 환상(꿈), 예상(비전)은 평정심이라는 목적을 이루기 위한 수단이 됩니다.

망상하기는 불행감을 피해 쾌감을 얻을 수 있는 곳에 머무는 것이지만, 회상하기와 환상하기는 불행감에서 행복감으로 가는 길의 중간 지점에 잠시 머무는 것입니다. 성공적인 인생을 추구하는 데 있어 망상은 걸림돌이 되는 데 반해 좋은 추억과 환상, 공상은 징검돌이 되어줍니다.

걸림돌과 징검돌 중 어느 것을 밟을지는 우리가 자유롭게 선택할 수 있습니다. 저희는 여러분이 부디 좋은 돌을 선택하시길 진심으로 바랍니다.

- 행복의 선순환을 위한 황금비율은 1(부정적 생각)대 3(긍정적 생각)이다.
- 긍정심을 떠올리는 세 가지 방법은 '회상하기' '환상하기' '예상하기'다.
- 어른이 주입한 꿈은 아이에게 꿈이 아니라 악몽이다.
- 비전이 있으면 아무리 현실이 힘들고 어려워도 행복하다.
- 자학과 정반대인 자애(自愛)도 피해야 한다.

감정과 생각의 기원

▶ 감정과 표정의 존재 이유는 무엇일까?

『종의 기원』의 저자 찰스 다윈이 발견하고, 훗날 폴 에크먼(Paul Ekman)이 체계적으로 연구한 결과 중에는 인류 보편적인 '기본 감정'이 있습니다.[1] 에크먼은 기본 감정을 '기쁨, 슬픔, 놀람, 분노, 공포, 혐오(역겨움)'이라 했습니다.

어떤 사람들은 기본 감정이라는 개념을 싫어하고 존재를 부인하는가 하면, 여섯 가지의 기본 감정 리스트에 경멸을 추가해 일곱 가지라 주장하는 사람들, 동양에서 이야기하는 일곱 가지 기본 감정인 희노애구애오욕(喜怒哀懼愛惡慾)과 에크먼의 기본 감정이 갖는 유사성을 분석하는 이들도 있습니다.

하지만 에크먼의 연구 대상은 감정이 아닌 표정입니다. 문화권은 서로 달라도 사람들의 얼굴에 표출되는 감정 중 예닐곱 가지는 동일하다는 것입니다. 그러니 이는 기본 감정이 아닌 '기본 표정'이라 해야 옳습니다. 그런 면에서 보면 동양의 일곱 가지 '기본 감정'을 에크먼의 여섯 가지 '기본 표정'과 비교하는 일 자체가 잘못된 것입니다.

기본 표정은 인류진화론적으로 해석이 가능합니다. 놀람, 분노, 공포, 혐오는 비구어적 소통을 했던 원시인들의 생존과 직결되어 있습니다. 입술이 얇아지고 눈을 부라리는 분노 표정은 '내가 너를 공격할 수도 있다'는 메시지, 눈썹이 올라가고 입이 벌어지는 공포 표정은 '위협이 들이닥치니 도망갈 준비를 하라'는 메시지, 콧등을 위쪽으로 끌어올리며 윗입술이 올라가는 혐오 표정은 '앞에 있는 음식이 썩었으니 먹지 말라'는 메시지입니다. 이 모두는 살기 위해 취해야 하는 행동을 나타냅니다.

기쁨과 슬픔은 인간의 성장 모드와 연관됩니다. 음식이 풍부할 때나 짝짓기 또는 서식 및 번식을 할 때 원시인들은 기쁜 표정을 지으며 상대방에게 호의를 베풀거나 호감을 샀을 것입니다. 소중한 관계를 잃었을 때는 슬픈 표정을 짓고 상실의 고통을 서로 나누며 결속력을 다졌을 테고요.

이렇듯 표정은 언어로 구어적 소통을 하지 못한 원시인들이 생존 및 성장과 직결된 상태를 부족에게 알리는 비구어적 소통 수단이었습니다. 의사소통을 정확히 하려면 모든 구성원들이 동일한 상황에서 매번 똑같은 표정을 지음으로써 그 표정의 의미가 그들 사이에서 사전에 공유되게끔 해야 합니다. 같은 상황인데 각자 다른 표정을 짓거나 동일한 표정을 서로 다르게 해석하면 큰일이 날 테니까요. 또한 표정의 의미가 공유되면 의사소통에서의 착오를 줄이고 곧장 행동을 취할 수 있다는 장점도 있습니다.

그렇기에 소통의 관점에서 보자면 원시 시대의 표정은 곧 지금의 단어에 해당됩니다. 어학사전에는 단어의 의미가 정확히 정립, 기록되어 있어야 하듯 원시인들의 머릿속에는 생존에 절대적으로 필요한 표정의 의미가 정확히 기억되어 있어야 했던 것입니다. 에크먼이 말한 여섯 가지 표정은 어쩌면 인류 생존에 필요한 감정들만큼은 명확히 소통되어야 하는 필요성 때문에 글로벌 스탠더드로 자리잡게 된 것일 수도 있습니다.

본래 원시인의 턱과 구강구조는 언어 구사에 적합한 모양새가 아니었습니다. 질긴 생고기나 딱딱한 곡물을 씹어 먹기에 좋도록 크고 우악스러웠으니까요. 하지만 불에 구운 음식을 먹을 수 있게 되자 턱이 작아지고 구강구조가 유연해졌고, 그에 따라 말을 하는 것도 가능해졌습니다.

이것이 지금으로부터 불과 10만 년 전의 이야기입니다. 인류 역사의 97퍼센트 이상인 300만 년 동안의 원시인들은 표정과 억양, 몸짓 등 비구어적인 수단으로 소통하며 집단생활을 했다는 뜻이지요. 인간의 얼굴에 무려 43개의 근육이 자리하는 것 또한 섬세한 표정을 짓는 게 가능하게끔 진화한 결과일 것입니다.

감정을 표현하고자 하는 인간의 특징은 현대인들이 SNS를 할 때에도 나타납니다. 문자만 보내려니 아쉽고 자신의 의도를 충분히 표현하지 못한 듯해 이모티콘을 덧붙이거나, 어떤 경우엔 이모티콘만 전송하기도 합니다. 그렇게 감정을 메시지에 포함시키면 자신이 전달하고자 하는 내용이 비로소 제대로 전달된 것 같아 만족스럽기 때문입니다.

▶ 감정과 생각은 왜 잘 구분되지 않을까?

기본 표정과 연관된 감정은 외부 자극에 순간적으로 반응하는 감정이지만 이미 마음에 저장된 감정도 있습니다. 운전 중 갑자기 끼어든 차 때문에 느껴지는 놀람, 공포감, 분노 같은 감정은 반응 감정에 해당하지만 몇 년 전 겪은 교통사고 기억을 떠올릴 때 느껴지는 불안감은 마음에 저장된 감정이지요.

흔히 감정을 '강하다' 또는 '깊다'고 표현합니다. 강한 감정의 의미는 쉽게 이해가 됩니다. 어떤 한 가지 감정이 약할 때와 강할 때의 차이는 누구나 느껴본 적이 있으니까요. 정도가 약한 슬픔을 느낄 땐 기분이 조금 처지는 데 그치지만 강한 슬픔을 느낄 땐 얼굴이 일그러지고 가슴이 미어지며 눈물도 나고 엉엉 소리까지 나옵니다. 이 차이는 누구나 보고 듣고 느낄 수 있습니다. 강약은 구분이 아닌 스펙트럼입니다.

그런데 '깊은 슬픔에 잠기다' 혹은 '슬픔이 깊다'는 것은 무슨 뜻이며 어떤 모습일까요? 깊은 우물 안이 보이지 않듯 슬픔이 너무 깊으면 그게 어떤 형태인지 정확히 보이지 않아 감을 잡기 어렵습니다. 과연 슬픔이 깊을 때 나타나는 모습은 슬픔이 강할 때의 모습과 다를까요?

'강한 감정'이란 표현의 '강한'은 감정의 대소와 강약 등 크기와 성질을 나타내는 형용사입니다. 그와 달리 '깊은 감정'이란 표현의 '깊은'은 형용사의 형태지만 의미 면에서 보자면 감정이 발생하는 기점을 나타내는 부사와 같습니다. 위치를 가리키는 '깊은'이라는 단어엔 '곳', 즉 장소를 뜻하는 단어가 함께 따라줘야 합니다. 비록 숨어 있긴 하지만 아마도 '깊은 슬픔'이란 표현 안에는 '마음'이라는 곳이 함께 따라붙어 있을 것입니다.

다시 말해 '깊은 감정'은 '표면이 아닌 마음속 깊은 곳에서 우러나오는 감정'을 줄인 표현인 게지요. 그리고 마음속에서 '우러나온다'는 그것이 이미 마음이라는 곳에 저장되어 존재하고 있음을 전제로 합니다.

우리의 마음속에 저장된 감정의 종류는 많습니다. 억울함, 죄책감, 원망, 우울함, 불안감, 배신감, 미움, 고독감, 실망감, 지루함, 절망감, 무력감 같은 부정적 감정이 있는가 하면 환희, 즐거움, 재미, 신남, 보람, 자부심, 고마움, 희망, 사랑스러움, 자랑스러움 등의 긍정적 감정도 있지요.

이러한 감정들은 생각과 함께 저장됩니다. 가령 죄책감은 감정이긴 하되 '죄'라는 생각이 없으면 존재하지 않습니다. 고독감은 '세상에 나 혼자'라는 의식(생각)이 있어야 느껴지는 감정이고, 미움이나 사랑은 대상을 머릿속에 떠올릴 때, 배신감과 자랑스러움은 어떤 행동의 결과를 인식한 감정입니다.

저장된 감정이 마음을 이룹니다. 이는 여태껏 감정과 생각과 마음을 헷갈려한 이유입니다. 하지만 이제는 우리가 본래 감정 단어라 여기고 있던 것들이 실은 생각이 포함된 '마음'을 뜻한다는 점, 감정이란 것은 분명 존재하지만 그것에는 생각도 동반된다는 점을 알게 되었습니다. 그리고 마음은 그 감정과 생각이 연결된 상태라는 점도요.

에크먼이 이야기한 여섯 가지 기본 표정은 300만 년이나 인류 사회에서 지속되어 왔으니 여기에는 동서고금, 남녀노소의 차이가 없습니다. 그러나 생각이 동반된 감정들의 경우엔 그렇지 않습니다. 문화가 발달하면서 각 문화권의 사람들은 자신들만의 독특하고 다양한 감정을 마음에 저장해 왔으니까요. 그래서 배신감, 죄책감, 보람, 자랑스러움 등과 같이 생각이 동반된 감정은 표정만으론 정확히 알 수 없습니다. 표정뿐 아니라 맥락까지 알아야만 제대로 포착할 수 있지요.

▶ 생각은 네 가지 '상'으로 나뉜다

이제는 생각에 대해 살펴볼 차례입니다. 감정이 반응 감정과 저장된 감정의 두 종류로만 나뉘는 데 반해 생각은 '상'에 따라 네 종류로 나뉘기에 관련 내용들도 다소 복잡합니다.

현상, 형상, 영상, 상상, 회상, 환상, 예상, 상념, 인상 등 생각 혹은 이미지란 의미가 포함된 단어에는 '상'이라는 글자가 공통적으로 사용됩니다. 하지만 이 '상'에 네 종류의 한자가 사용되고 있다는 사실은 사람들이 잘 모릅니다. 자신이 사용하는 단어가 어떤 뜻을 지니는지 정확히 모른다면 글이나 상황을 이해하거나 누군가와 의사소통을 할 때 혼란이 빚어질 수밖에 없겠지요. 그러니 조금 귀찮더라도 이번 기회에 이런 단어들의 한자를 구분하여 그 뜻을 파악하고 정리해 두면 좋겠습니다.

• 상(象): 우리가 나비를 생전 처음 보고 있다고 가정해 봅시다. 나비는 우리 외부에 실제로 존재하는 형상(象)이자 날아다니는 현상(象)입니다. 여기서 사용되는 상(象)은 흔히 '코끼리 상'이라 불리지만 모양이라는 의미도 갖습니다. 여기서는 '모양 상'이라고 부르겠습니다.

• 상(像): 나비를 보면 나비의 모양이 내 머릿속에 들어와 저장되는데, 이 저장된 모습을 영상(映像)이라 합니다. 그리고 이때는 이미지라는 의미를 갖는 '형상 상(像)'을 사용합니다. 외부의 실체가 아닌 이미지가 사람의 머릿속에 들어왔기 때문에 '코끼리 상(象)'에 '사람 인(人)'이

변(亻)으로 추가된 것이지요. 여기서는 '이미지 상'이라고 부르겠습니다.

우리는 나비를 보는 순간 "아, 좋다!"라 느낍니다. 이 감정(心)은 심장에서 느껴집니다. 좋다는 느낌은 신기함, 예쁨, 사랑스러움 등 여러 감정의 복합체이기에, 감(感)이라는 한자는 여러 가지 느낌이 모두(咸) 심장(心)에 모인 상태를 나타낸 글자입니다. 여기서는 '감정 심'이라고 부르겠습니다.

• **상(相)**: 이제 우리는 '나비는 좋은 것'이라는 결론에 도달하게 됩니다. 나비에 대해 지니게 된 생각은 '상(相)'입니다. '서로 상'이라 일컬어지지만 이 글자에는 모양, 형상, 또는 생각이라는 의미도 포함되어 있습니다. 불교에서 이 글자가 특히 생각과 관련되어 광범위하게 사용되는 것도 이런 이유 때문입니다. 그러므로 이 책에서도 이 글자는 '서로 상'이 아닌 '생각 상'이라 칭하겠습니다.

• **상(想)**: 나비에 대한 생각(相)과 나비에 대한 감정(心)이 결합하면

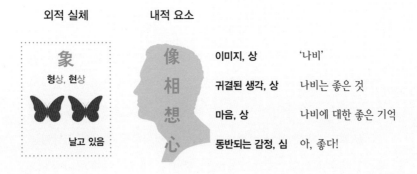

네 가지 '상'과 마음

나비에 대한 좋은 마음(想)이 생겨나 우리 안의 기억창고에 저장됩니다. 여기에서의 한자 '상(想)'은 흔히 '생각 상'이라 불리지요. 하지만 이 글자의 모양을 보면 생각(相)과 감정(心)이 합쳐진 것이니 마음을 뜻하는 것으로 이해해야 합니다. 여기서는 '생각 상' 대신 '마음 상'이라고 부르겠습니다.

이제 네 가지 '상'이 어떻게 다른지 조금 알게 되셨나요? 똑같은 발음의 '상'이라도 이렇게 한자를 구분하여 파악해 두면 마음과 관련된 많은 개념을 쉽게 이해할 수 있습니다.

더불어 마음과 관련하여 자주 사용되고, 우리가 흔히 '생각 념(念)'이라 지칭하는, 그러나 여기에선 '마음 념'이라 일컬을 한자의 실제 의미에 대해서도 알아두시면 좋겠습니다. 상(想)은 앞서 설명되었듯 생각과 감정이 결합된 일반적인 마음을, 념(念)은 트라우마나 신앙심처럼 한번 저장되면 떨쳐내기 어려운 마음을 뜻합니다. 념(念)이 포함된 단어 신념(信念), 관념(觀念), 이념(理念), 집념(執念) 등을 보시면 이해가 되실 것입니다.

이제 신념이나 이념이 강한 사람과 소통하기 왜 어려운지 아시겠지요? 생각은 서로 이성적으로 논의하면 이해가 가능해지고 때에 따라선 달라지기도 합니다. 감정은 누군가 공감해 주면 수그러들지요.

하지만 신념과 이념은 생각과 감정이 동시에 작동하는 마음이잖아요. 그래서 강한 신념이나 이념을 지닌 사람은 강한 논리와 강한 감정(열정)을 동시에 갖고 있습니다. 그들에게 이성적 논리로만 접근하거나 감정에만 호소해서 설득하기란 거의 불가능합니다.

▶ 왜 사람들은 서로 자신이 맞다고 주장하며 싸우는 걸까?

한 중년 부부가 있습니다. 이들은 전날 모임에서 벌어진 일을 두고 다투는 중입니다. 아내는 "어제 그 모임에서 젊은 여자가 당신한테 눈 짓을 하던데 왜 그런 거냐"며 따지고, 남편은 "그 여자는 나한테 눈짓을 한 게 아니라 눈에 뭔가 들어가서 끔뻑거렸던 것"이라 주장합니다. 서로 자신이 본 게 옳다며 맞서는 것이지요. 하지만 앞서 설명한 네 가지 '상'을 대비하면 이 부부 모두가 틀렸다는 사실을 알 수 있습니다.

어느 젊은 여자가 눈을 깜빡인 현상(象)은 객관적 사실입니다. 그리고 이 현상(象)은 부부의 머릿속으로 전달되는 순간 현상(像)이 되었습니다. 내면화된 현상(像)은 사람(人)이 개입된 주관적 요소지요. 이 부부가 지금 다투고 있는 것은 각자 자신이 기억하는 현상(像)이 바로 객관적 현상(象)이라고 우기기 때문입니다.

이는 마치 장님들이 코끼리의 꼬리만을, 또 다리만을 만져 보고선 "코끼리는 뱀처럼 길다" "아니다. 코끼리는 기둥처럼 생겼다" 하며 싸우는 모양새와 같습니다.

현상(像)은 현상(象)이 아닙니다. 이 간단한 이치만 깨달아도 세상 사람들은 서로 겸손해지고, 세상에선 많은 분쟁이 사라질 것입니다. 자신이 본 것은 사실이 아닐 수 있다고 여기세요. 그러면 마음은 여유를 갖게 되고, 넓어지고, 너그러워집니다. 속 좁은 사람이 아니라 포용력이 큰 대인, 상대방의 입장을 고려할 줄 아는 아량 있는 사람이 되는 것입니다.

▶ 외부가 아닌 내면의 '상'을 바꿔야 한다

영애 씨는 남편 지석 씨가 밉습니다. 제발 몸 좀 씻으라고 떠밀지 않으면 며칠씩 샤워를 하지 않기 때문입니다. 여름철이 되면 남편의 퀴퀴한 땀 냄새가 코를 찌릅니다. 결혼하면서 '이제부터 아들 하나 키우는 셈 치라'는 말은 들었지만, 남편이 몸 씻는 일에까지 신경을 써야 할 줄은 몰랐습니다. 처음에는 잔소리하는 게 지겨웠지만 지금은 고작 이런 문제로 부부싸움을 하는 지경에 이르렀다는 게 절망적입니다.

영애 씨의 입장이 이해되지 않는 것은 아닙니다. 시큼한 땀 냄새를 맡으면 당연히 불쾌해지니까요. 그런데 좀 이상합니다. 전혀 모르는 남의 땀 냄새가 풍겨온다면 코 한 번 찡그리고 고개 돌리는 것으로 끝날 텐데, 그게 남편일 경우엔 왜 그 사람을 미워하는 것으로도 모자라 절망감까지 느껴지는 걸까요?

영애 씨는 남편의 악취가 불쾌합니다. 또 남편의 직장 동료들이 그 악취를 맡을 거라 예상되니 창피할 뿐 아니라 '아내가 남편을 저 지경까지 내버려두다니' 하며 자신을 얼마나 욕할지 두렵습니다. 그러다 보니 자신이 어렸을 때 서로의 옷차림을 두고 늘 싸우셨던 부모님이 떠오르고, 그때마다 느꼈던 슬픔과 무기력감이 올라옵니다. 자신은 이렇게 괴로운데 왜 남편은 달래봐도, 소리를 지르며 화를 내봐도 바뀌지 않는지 너무나 원망스러워집니다. 남자라는 건 다 그런 모양이다 싶으니 결혼한 것마저 후회됩니다.

악취를 맡았을 때 불쾌해지는 것은 당연합니다. 누구나 그럴 테니까요. 하지만 그것을 시작으로 하여 이어지는 생각과 감정은 남편이 아닌 아내의 머리와 마음에서 벌어지는 일입니다. 악취라는 객관적인 현상(象)이 불쾌감(感)을 유발하고, 그에 따라 온갖 생각과 감정이 꼬리를 물고 일어나는 것입니다. 영애 씨는 남편의 땀 냄새에 대한 남들의 반응이 예상(像)되었고, 창피함과 두려운 마음(想)이 생겨났으며, 떨쳐 내지 못한 과거의 마음(想念)이 떠올랐고, 남편 또는 남자에 대한 부정적 결론(相)이 강화되면서 절망과 무력감을 만났지요. 이 모든 것은 주관적인 것들입니다.

우리는 내면의 상(像, 相, 想)을 바꾸기보다는 외부의 상(象)을 바꾸려 합니다. 정작 자신이 바꿀 수 있는 것은 내버려둔 채 그럴 수 없는 것을 바꾸려 애쓰는 것이지요. 이렇게 불가능한 것을 시도하니 힘만 들고 효과를 거두지 못하는 것입니다. 그러니 쉽고 효과적인 방법, 자기 내면의 상(像, 相, 想)을 바꾸는 방법을 익혀 스트레스나 갈등 요소를 줄이는 편이 좋습니다.

그런데 이야기를 하다 보니 문득 제 마음에 걸리는 점이 생겼습니다. 바로 여러분 중에 제가 영애 씨의 사례에 대해 언급한 것을 두고 '이 저자는 여성을 비하하고 있네. 잘못은 남편이 했는데 왜 굳이 아내가 마음을 바꿔 먹어야 하는 거지?'라고 생각하는 분이 계실 수도 있겠다는 점입니다.

아내가 마음을 바꿔야 한다는 사례를 언급한 것은 객관적 사실(象)입니다. 그러나 틀렸습니다. 여성을 비하하려는 마음은 제 마음이 아니었기 때문입니다. 그런 생각으로 마음이 불편해진 것은 그 독자의 생각(像, 相)이고 마음(想)입니다. 그러나 제 잘못이 전혀 없다는 뜻은 아닙니다. 굳이 한 가지 사례만 선택해야 했다면 남편이 아내에 대한 자신의 반응을 바꾸는 사례를 들 수도 있었던 것이니까요.

이제 아내가 남편에게 설거지를 요청하는 상황을 생각해 보겠습니다. 요청을 받은 남편은 아내가 자신을 부려먹는다고 생각하며 기분이 상합니다. 그러다 문득 중학생 때 못된 선배로부터 빵셔틀을 당했을 때 느꼈던 모욕감이 올라옵니다.

자, 이 이야기가 어떻게 흘러갈지 여러분은 아시겠지요? 설거지 요청은 객관적 사실이고 그에 따르는 부담감은 당연히 느낄 수 있는 반응 감정이지만, 그 뒤로 이어지는 수많은 생각과 감정은 남편 스스로 써내려가는 내면의 드라마입니다. 여기서 남편이 마음껏 바꿀 수 있는 것은 자신의 상(像, 相, 想)입니다.

이렇게 두 가지 사례가 모두 언급되어 남녀가 평등해졌으니 이제 제 마음이 편해졌습니다. 제가 무의식적으로 구시대의 관념에 젖어 있었던 탓에 두 번째 사례 대신 첫 번째 사례를 들었을 가능성을 완전히 배제할 수는 없습니다. 그래서 우리는 항상 자신을 성찰해야 합니다. 그 성찰의 결과 자신이 잘못했을지 모르는 무언가가 짚인다면 그것을 바로잡는 쪽을 선택해 행함으로써 마음을 편안하게 만들면 됩니다.

▌ 인상도 표정일까?

'인상(人相)'과 '표정'은 같은 의미를 지닌 단어일까요? 인상은 몸, 특히 얼굴에 그려진 모습이니 표정과 같을 것 같지만 이 둘 사이에는 차이가 있습니다. 표정은 겉으로 표출된 내적 감정 상태인 반면 인상은 감정이 아니라 생각으로 그려진 모습입니다.

가령 우리가 정말로 화났을 때는 그 감정이 우리 얼굴의 근육을 일그러뜨립니다. 그러나 '지금 나는 화가 많이 나 있다'는 점을 강조하고

자 할 때나 화난 척을 하고자 할 때 우리는 일부러 자신의 얼굴을 험상 궂게 만들 수 있지요.

감정의 결과로 얼굴에 나타나는 것은 표정이고, 생각의 결과는 인상 입니다. 표정은 자동적이고 자연스러운 데 반해 인상은 의도적이고 인 위적이라는 점에서 차이가 있습니다.

'인상'이란 단어는 다른 뜻으로도 사용됩니다. 일정한 감정과 생각 이 오래 지속되어 얼굴에 그 상태가 각인된 모습도 '인상'이라 일컬어 지니까요. 말하자면 인상은 그 사람이 살아온 마음과 정신 상태를 잘 보여주는 것이라 할 수 있습니다.

표정과 인상 사이에는 또 한 가지 차이점이 있습니다. 표정에는 우 리가 느끼는 미세한 감정까지 나타나지만 인상은 그렇지 않다는 것입 니다. 어떤 표정을 일부러 지으면 왠지 모르게 어색해 보이는 것 또한 같은 이유에서입니다. 일례로 우리가 미소를 지을 때는 열일곱 개의 크고 작은 얼굴 근육이 움직인다고 하지요. 하지만 우리가 그 근육들 을 의도적으로 제어하진 못하기 때문에 억지 미소는 부자연스러워 보 이는 것입니다.

▶ 상식도 바뀌는 것인가?

흔히 우리는 이성과 감성이 분리되어 있다고 여깁니다. 그래서 둘 중 무엇이 더 나은지, 둘의 우열 관계가 어떻게 되는지를 놓고 논쟁을 벌이기도 하지요. 과학에 기반을 둔 이공계 분야에선 이성이, 예술 분 야에선 감성이 중요하다고 확신하기도 합니다. 그러나 과연 그럴까요?

음악이 사람의 마음을 단 1~2분 만에 움직이는 이유는 이성과 감성이 훌륭한 조화를 이루고 있기 때문입니다. 음악의 기본인 리듬, 멜로디, 화음은 수학만큼 엄격한 규칙에 의해 이루어지기에 한치라도 어긋나면 듣기 거북해집니다. 그 위에 감정을 담는 음색이 흐르고 떨림이 진동합니다. 시적인 가사는 일반 문법에서 탈피해도 되고, 음색은 음악가 각자의 개성을 반영하기에 특별함이 돋보이게 됩니다. 음악뿐 아니라 어느 분야에도 창의력이 중요한 일에는 이성과 감성이 조화를 이룹니다.

2018년에 하버드대학교, 존스홉킨스대학교, 듀크대학교 의대의 연구팀은 인간의 뇌 구조에 대해 공동 연구한 결과를 발표했습니다.[2] 이는 이성과 감성에 대한 현대인의 상식이 달라져야 함을 알려주었습니다. 이 내용을 이해하려면 우선 뇌 구조의 분류에 대한 기존 상식은 어떠했는지를 먼저 알아야 합니다.

기존 상식에 따르면 뇌는 기능 면에서 세 개의 층으로 분류됩니다. 앞서 잠시 설명했듯 가장 안쪽의 뇌간은 생명을, 그 위에 있는 변연계는 간단히 말해 감정을 관리하지요. 그리고 그 위에는 인간에게만 있는, 그래서 인간답게 생각하게 해주는 전두엽이 자리합니다. 전두엽 중에서도 고등사고력을 관리하는 전전두엽은 이마 쪽의 피질을 뜻하고, 머리꼭지 쪽의 피질인 두정엽에는 몸의 움직임을 관리하는 체감신경과 운동신경이 몰려 있습니다.

인간 두뇌의 세 개층은 평소 수직으로 연결되어 대기하고 있습니다. 뇌간 ― 변연계 ― 두정엽의 연결축은 곧 생존 ― 감정 ― 움직임의 축인데, 이렇게 미리 연결된 이유는 위기가 발생했을 때 생존 반응을 즉각 이행하기 위해서입니다. 놀람과 공포감 등의 감정이 파충류 반응을 유발하고, 그 결과 공격 또는 도피 행동으로 몸을 움직여야만 생존 가능성을 높일 수 있으니까요.

여기까지가 심리학 교과서에 나오는 일반 상식인데, 2018년의 공동연구에서는 이 세 개층이 연결되는 방식에 대한 새로운 사실이 밝혀졌습니다. 일반 모드(default mode)와 창의적 모드(creative mode)에서의 연결 방식은 다르다는 것입니다. 일반 모드는 생존 모드이며, 창의적 모드는 성장 모드라고 할 수 있습니다.

기존 상식에 따르면 창의적 활동이나 깊은 생각을 할 때 뇌에서 활성화되는 곳은 앞이마 부분, 즉 전두엽이어야 했습니다. 이 부위가 고등사고를 담당하니까요(앞이마가 동그랗게 튀어나온 아이를 보고 예전부터 아이들이 '총명하다' '공부 잘하겠다'라 예측했던 것이 근거 없는 이야기는 아닌 셈입니다). 그러나 공동연구팀은 이런 활동을 할 때는 전두엽뿐 아니라 변연계까지도 크게 활성된다는 사실을 밝혀냈습니다. 더 놀라운 것은

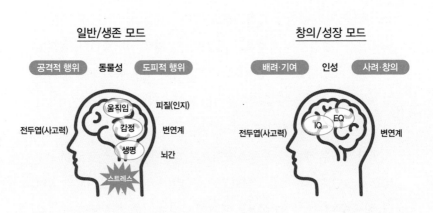

일반/생존 모드와 창의/성장모드

전두엽과 변연계가 엄청나게 연계되어 있다는 점입니다.

기계적 암기나 계산을 할 때와 달리 창의적 활동이나 깊은 사고를 할 때에는 감정이 깊숙이 개입합니다. 사고력은 IQ(인지지능)로만 측정할 수 있지만 창의력은 EQ(정서지능)도 측정해야 합니다. 창의적 활동에 IQ와 EQ가 함께 연결되어 작동하는 능력, 이것을 저는 마음지능(MQ, mind quotient)이라 칭합니다[참고로 '정서지능'은 사실 감정(emotion)이 아닌 마음(mind)을 들여다보는 능력이기에 '마음지능'이라 해야 옳습니다].

▶ **마음지능은 실제로 존재할까?**

수학 문제를 풀 때 우리 머릿속은 많은 숫자와 기호(이미지, 像)를 떠올립니다. 생각은 이런 이미지들을 떠올리고 조합하고 연결하고, 계산하고 분석하고 평가하고 판단하는 일입니다. 이 일을 얼마나 정확하고 빨리 수행하는지를 측정하는 게 IQ 테스트이고요.

그러나 마음 상(想)에는 감정 요소가 포함되어 있습니다. 즉, 자신이나 남의 마음을 살피고 헤아리는 일에는 EQ가 반드시 요구됩니다. IQ가 아무리 높다 해도 그것만으로 마음을 이해하기란 불가능한 일인 것이지요.

우리는 여태껏 생각을 우선시하는 시대에 살아왔고, 그 탓에 자신도 모르는 사이에 인지적 능력을 최고로 여기며 IQ 신봉자가 되었습니다. 그에 더해 과학기술의 발달로 세상은 인공지능(AI)이 인간 대신 많은 일들을 해결하는 곳이 되었습니다. 소위 '4차산업혁명 시대'라 하는 지금은 의사나 변호사가 해왔던 일마저도 로봇이 대체하고 있지요. 인간의 IQ는 AI를 결코 이길 수 없기에 이런 환경에서는 IQ가 큰 능력이나 무기가 되기 어렵습니다.

이제는 IQ가 아닌 EQ와 MQ가 높은 게 훨씬 중요한 시대입니다. IQ는 타고 나는 것이지만 EQ나 MQ는 후천적으로 개발 가능한 능력이지요. 자신의 중심을 머리에서 좀더 아래로 내려오게끔 노력하면 우리는 누구나 높은 MQ를 지닌 능력자가 될 수 있습니다. 저희는 여러분 모두가 생각과 감정이 서로 조화를 이루게 해서, 다시 말해 마음을 잘 써서 성공하고 행복한 삶을 사시기를 진심으로 바랍니다.

행복을 위해 무엇에
집중할 것인가

대체 정신이란 무엇일까?

지금까지 살펴본 것처럼 마음은 성공과 행복에 있어 중요한 요소입니다. 그러나 마음만으론 해낼 수 없는 중요한 일들도 세상엔 많지요. 목표한 것을 꼭 해내겠다는 마음이 굴뚝같았는데 결국 작심삼일이 되어버린 경험은 누구나 있을 것입니다.

작심삼일의 경우는 아니지만 이와 동일한 맥락의 예가 있습니다. 최경주 선수는 PGA 프로골프 투어에서 아홉 번이나 우승한 월드클래스 골퍼입니다. 그런데 최 선수가 어떤 경기에서 컷오프 탈락을 하면 '정신집중이 덜 되었다'는 이야기가 뉴스 면을 장식하는 반면, 우승을 거둘 땐 '흔들림 없는 정신력 탱크' '우승의 기적을 만든 도전 정신'이라며 대서특필되지요.

그만큼 정신력은 승패를 결정짓는 중요 요소란 뜻입니다. 더불어 성공하고 행복해지는 것은 마음 하나만으론 부족하고 정신까지 함께 개입될 때 가능하다는 의미이기도 하고요.

우리나라에는 '호랑이한테 물려 가도 정신만 차리면 산다'라는 속담이 있습니다. 또 시험이나 중요한 프레젠테이션이 코앞에 닥쳤는데 딴짓만 하거나 책상 앞에 멍하니 앉아 있는 사람을 보면 "정신 차려!"라 하지요. 그런데 '정신 차린다'는 말은 무엇을 뜻할까요?

이제는 마음과 더불어 정신에 대해서도 좀더 구체적으로 알아야 합니다. 정신이 무엇이고 어디에 있는지조차 모르면 정신을 차리고 싶어도 차릴 수 없을 테니까요. 음식을 한 상 차리려면 상을 꺼내 닦고 준비된 음식을 올려놓아야 하듯, 정신을 차리려면 정신이 무엇인지부터 찾아야 합니다. 하지만 정신이란 것은 오락가락하고 들락날락하고 왔다갔다 하니 손에 잡기가 참 어렵습니다.

순우리말로 '얼'이라고도 하는 정신은 '정(精)'과 '신(神)'이 연결된 상태를 뜻합니다. 정(精)은 정액이란 말에서 알 수 있듯이 신체의 에센스, '신(神)'은 귀신, 신령, 신성 등 영성((靈性)의 에센스를 의미합니다. 이 둘이 연결된 상태가 정신이라 하니 정신에 대해 제대로 이해하려면 그에 앞서 영성을 이해해야 하겠지요. 그러나 영성에 관한 내용은 뒤에서 깊게 다루기로 하고 여기에선 일단 이 정도만 이야기하겠습니다.

그렇다면 '정신을 차린다'는 '정신을 집중한다'와 같은 말일까요? 그럴 수도 있고 아닐 수도 있습니다. 컴퓨터 게임에 중독된 아이들은 게임에 정신을 매우 잘 집중합니다. 하지만 정신이 완전히 게임에 팔려 있는 탓에 어떻게 보면 정신 나간 사람 같기도 합니다. 이름을 부르거나 옆에서 소리를 질러도 전혀 알아차리지 못하니까요.

그럼 정신을 차리는 것은 곧 알아차리는 것과 같을까요? 여기에서도 답은 '예'와 '아니오'입니다. 정신을 차리려면 알아차림이 필요하지만 알아차린 상태가 모두 정신을 차린 상태는 아니기 때문입니다. 이처럼 정신도 마음처럼 종잡기 어려운 대상이라 이를 이해하는 데는 설명이 필요합니다. 우선은 정신의 다섯 가지 특성부터 소개하겠습니다.

정신의 특성① 정보의 극히 일부만을 알아차린다

칠흑 같은 깜깜한 밤길을 손전등 하나 달랑 들고 걷는 상황을 떠올려볼까요? 이럴 때 우리는 전등이 비춘 곳만 봅니다. 그곳이 바로 정신이 집중하는 곳입니다. 주변에는 분명 무언가가 많이 있겠지만 전혀 보이지 않으니 알아차릴 수 없습니다. 오로지 우리가 불빛을 비춘 곳만 볼 수 있고, 그곳에 무엇이 있는지를 알아차릴 수 있지요.

여러분의 상태에 빗댄 또다른 비유도 가능합니다. 여러분은 지금 이 책을 읽고 있습니다. 그런데 글자만 보고 있는 것이 아니지요. 글자와 동시에 책 전체가 보이고, 책 너머에 있는 방 안 혹은 거실에 있는 것들도 보입니다. 하지만 책 읽기에 집중하고 있다면 코앞에 있는 글자 몇 개만 눈에 들어올 뿐 그 외의 것들은 잘 의식하지 못할 것입니다.

사람은 혀를 통한 미감, 코를 통한 후감, 귀를 통한 청감, 피부를 통한 촉감 등 오감을 통해 세상을 접합니다. 알아차린다는 것은 이 감각 기관들이 보내는 정보를 인지하는 일이지요.

그렇다면 인간은 평균 어느 정도를 알아차리며 살고 있을까요?

즉, 밤길에서 손전등이 비춘 곳은 전체 공간의 몇 퍼센트를 차지할까요? 많은 사람들은 약 50퍼센트 정도라고 답합니다. 조금 겸손한 분들은 5퍼센트 정도라고 낮추고요. 하지만 둘 다 턱도 없는 수치입니다. 정답은 0.0005퍼센트이니까요. 물론 이 수치엔 과학적 근거가 있습니다.

다섯 가지 감각 기관들은 각각 자신이 감지한 정보들을 두뇌로 보냅니다. 그 양은 초당 1,120만 비트로 어마어마하지요. 하지만 두뇌가 의식적으로 처리할 수 있는 정보량은 초당 50비트에 불과합니다.[1] 다시 말해 우리는 알아차림이 없어도 너무 없는 상태에서 살고 있는 것입니다. 우리의 정신은 우리가 세상에서 접하는 정보들의 극히 일부만을 알아차릴 수 있다는 것, 이것이 바로 정신의 첫 번째 특징입니다.

밤길을 걸을 때 손전등이 비치는 곳만이 전부가 아님을 알아야 하듯, 자신이 정신을 집중시킨 곳만이 세상의 전부가 아님을 알아야 합니다. 저마다 다른 위치에서 코끼리를 만져본 장님들처럼, 대상의 지극히 작은 일부만 보고선 그것이 전부일 거라 착각하는 오류를 범하지 않아야 한다는 뜻입니다.

정신의 특성② 왔다갔다, 오락가락한다

밤길을 걸어갈 때 손전등 불빛이 우리의 발 앞만 비추면 너무나 답답하겠지요? 그래서 우리는 주변의 좀더 많은 것을 보기 위해 손전등을 이리저리 흔듭니다.

정신도 이와 똑같습니다. 다만 정신은 공간만 휘젓는 게 아니라 과거로 향했다 미래로 뛰어가는 등 시간도 돌아다니지요. 왔다갔다, 들락날락, 오락가락한다는 것이 정신이 지닌 두 번째 특징입니다.

이처럼 한 곳에 잘 집중하지 못하니 우리는 정신을 어디엔가 붙들어 매야 합니다. 그런데 사람들은 흔히 정신을 과거에 붙들어 둡니다. 미움, 원한, 후회는 이미 떠나버리고 없는 과거에 정신을 집중하는 것이지요. 그러니 정신이 얼마나 피곤하겠습니까. 과거는 흘러가고 있는데 그것에 매달린 채 질질 끌려 뒷걸음질하고 있으니 말입니다. 미래로 나아갈 채비는 과거를 떠나 보낼 때 가능해집니다. 그제야 정신을 차린 상태가 되는 것입니다.

반대로 아직 오지 않은 미래에 정신을 집중하는 사람들도 있습니다. 몸은 지금 여기에 있는데 정신은 미래에 먼저 가버린 것이지요. 이런 경우엔 걱정근심과 불안감, 초조함과 조바심으로 정신이 산란해집니다. 이곳저곳으로 정신이 흩어지는 바람에 어지럽고 어수선한 상태가 되는 것입니다.

참고로 이럴 때 심호흡을 하면서 정신을 집중하면 도움이 됩니다. 호흡에 정신을 집중하는 것은 곧 몸에 집중하는 것이고, 또 정신을 지금 여기에 머물게끔 하는 것입니다. 이곳저곳으로 순간이동을 하는 정신과 달리(물론 몸도 그리 할 수 있다고 주장하는 사람들이 간혹 있긴 합니다만……) 몸은 항상 지금 여기에만 존재하니까요.

정신의 특성③ 비정상적인 것을 의식한다

정신의 세 번째 특성은 오락가락 들락날락하다가도 갑자기 자동으로 멈추고 집중하는 곳이 있다는 점입니다. 정신은 좋거나 친숙한 것보다는 별나거나 부정적이거나 비정상적인 것에 집중합니다.

사실 우리는 이 특성을 매일 경험합니다. 지금 여러분은 편하게 책을 읽고 있지만 어디에선가 큰 소리가 나면 자동으로 고개가 들리고 소리가 나는 방향을 쳐다볼 것입니다. 또 평소엔 위장에 관심을 두지 않지만 배가 아프거나 고프면 그제야 위장을 의식하게 되지요. 공기에 대해서도 마찬가지라, 미세먼지로 공기가 탁해지면 그제야 공기의 질을 의식합니다.

이는 생존을 위한 장치와도 같습니다. 모든 게 정상이면 신경쓸 필요가 전혀 없지만 평소와 다른 비정상적 상황이라면 생존이 위험해질 수 있지요. 그렇기에 그 상태를 의식하고 알아차려 필요한 조치를 취할 수 있게끔 정신이 자동으로 집중되는 것입니다.

정신의 이러한 특성을 가장 잘 활용하는 것이 뉴스입니다. TV 뉴스에서 나쁜 소식이 차지하는 비중은 좋은 소식에 비해 압도적으로 큽니다.

물론 내게 필요한 소식이라면 당연히 뉴스를 봐야 합니다. 하지만 TV 뉴스에선 국내 사건만 아니라 내 삶과 별 관계가 없는 전 세계의 모든 재난과 사고 소식이 보도됩니다. 하나같이 별나거나 비정상이거나 부정적인 소식들입니다. 그래야 사람들의 눈길을 끌고, 시청률이 높아져 광고비를 확보할 수 있으니까요. 인간의 정신적 특성을 교묘하게 돈벌이 수단으로 이용하는 것입니다.

좋은 소식이든 나쁜 소식이든 세상 돌아가는 이야기를 더 많이 아는 것은 무지한 것보다 낫다고 할 수 있습니다. 그러나 이에 따르는 부작용을 간과할 수 없습니다.

부정적인 무언가에 정신이 자동적으로 집중하는 동안에는 그 외의 것에 대한 알아차림이 사라집니다. 집중하고 있는 그것만이 세상의 전부인 양 착각하게 되는 것이지요. 그래서 뉴스를 켜놓고 지내면 세상은 살기 너무 험악한 곳이라 느껴지고, 이것이 계속되면 결국 우울해지는 부작용이 발생합니다.

뉴스뿐 아니라 부모가 자녀를 대할 때도 같은 현상이 벌어집니다. 자녀가 공부를 잘하고 있을 때는 아무 말 없다가 한 번 점수가 나쁘게 나오면 깜짝 놀라며 야단을 치지요. 그런 일이 몇 번 반복되면 마치 그 모습이 아이의 전부인 양 단정해 버리며 아이가 게을러 터졌다느니, 무책임하다느니, 정신줄을 놓았다느니 하며 걱정합니다. 이런 경우는 오히려 부모가 정신줄 놓은 상태라 할 수 있습니다. 열심히 노력하고 공부하는 아이의 평소 모습을 보지 못하거나 잊어버린 채 '나쁜 점수'에만 정신이 집중된 상태니까요.

패션도 같은 이치입니다. 패션쇼는 디자인이 매우 독특한 옷을 선보여 많은 사람의 시선을 집중시키는 효과를 거둡니다. 하지만 몇 달 뒤 새로운 시즌의 쇼에선 또다른 디자인을 무대 위에 올리지요. 이전의 패션은 잠깐 새롭긴 했으나 사람들에게 익숙해짐에 따라 더 이상 눈길을 끌지 못해 퇴출되는 것입니다.

어찌 보면 새로운 패션이란 건 대개 전보다 더 멋진 게 아니라 그저 다른 것이 아닐까 싶기도 합니다. 진정 멋있는 옷이었다면 오래 유행할 텐데 실제로는 그렇지 않으니 생명이 길지 않은 것이겠지요. 이런 패션 산업의 상술을 알아채지 못하고 새로운 패션이라는 희귀한 것들만 따라가다 보면 필요하지 않은 새 옷들을 사는 데 돈을 쓰고 맙니다. 옷장도 터지고 복장도 터지는 셈이지요.

정신의 특성④ 쾌락에 집중한다

정신의 네 번째 특징은 '소비적 행위에 집중되기 쉽다'는 것입니다. 험악한 세상, 스트레스 등 부정적인 것에 정신이 온종일 저절로 집중하는 상황에 처하면 마음이 답답해집니다. 그래서 어떤 사람들은 자신을 기분 좋게 만들어주는 것에 의도적으로, 선택적으로 정신을 집중시킵니다. 게임, 드라마, 도박, 수다, SNS 등이 그 예입니다.

하지만 이런 것들에서 얻는 쾌감은 오래가지 않습니다. 때문에 쾌감을 지속적으로 느끼려면 계속해서 그것들에 정신을 집중시키고 그 행동을 지속할 수밖에 없습니다. 중독이 되어버리는 것입니다.

이런 상황을 두고 우리말에는 '(게임, 도박 등에) 정신이 팔렸다'라는 표현이 있습니다. 게임을 하든 드라마를 보든 SNS를 하든 이것들은 모두 소비적인 행위입니다. 짧은 쾌감을 얻기 위해 값을 치르는 것, 이것이 바로 '정신을 팔아넘기는' 것입니다. 참으로 비싼 대가를 치르는 일이지요.

제가 운영하는 HD가족클리닉에는 ADHD 판정을 받아 약을 복용 중인 아이들이 많이 옵니다. 이 아이들은 한시도 가만히 앉아 있지 못하는 데다 정신도 산만합니다. 한쪽에 있는 장난감을 잠시 만지다가 곧바로 다른 쪽에 있는 악기를 두들기고, 그러다 갑자기 발을 동동 구르거나 하는 식입니다.

이런 아이들과 차분히 상담하는 것은 어려운 일입니다. 검사를 해야 이 아이의 심리상태를 분석하고 진단할 수 있을 텐데 아이가 가만히 있지 않으니까요. 이럴 때 저는 가장 먼저 아이와 함께 보드게임을 합니다. 근데 놀랍게도 대부분의 아이는 게임에 대단한 집중력을 발휘합니다. 이런 경우에는 ADHD가 아닐 확률이 매우 높습니다.

ADHD란 뇌에 이상이 생겨 집중할 수 없는 상태를 말합니다. 그러나 공부할 때만 어수선하고 게임을 할 땐 집중한다면 뇌에 이상이 생긴 상태가 아니지요. 다시 말해 이런 아이들은 내면이 불안감이나 분노 등 부정적 감정으로 꽉 차 있고, 그것이 부정적 행동으로 이어진 것입니다. 하지만 게임에 정신을 집중할 때는 평소에 지닌 불안감, 분노, 짜증 등이 느껴지지 않습니다. 공부는 게임만큼 매력적이지(쾌감을 주지) 않으니 아이의 정신은 자연히 유별나거나 새로운 것을 계속 찾아다니고, 이는 산만한 행동으로 나타나는 것이지요.

앞서 이야기했던 '어느 한 곳에 정신을 집중하면 그 외는 지각하지 못한다'는 정신의 특성은 여기에서도 확인됩니다. 『삼국지』에는 관우에 대한 유명한 일화가 나옵니다. 관우의 상처를 치료하기 위해 의원 화타(華陀)가 칼로 살을 째고 썩은 살점을 도려내는 동안 관우는 태연히 장기를 두었다는 이야기입니다. 장기에 정신을 집중한 나머지 살을 쩨는 아픔을 전혀 알아차리지 못한 것입니다. 사실인지 아닌지는 확인할 수 없지만 정신의 특성과 힘을 생각해 보면 충분히 가능했을 이야기 같습니다.

정신과 마음은 별개이지만 서로 영향을 주고받습니다. 마음이 안정되면 좋은 것들에 정신을 집중할 수 있습니다. 물론 반대의 경우도 가능합니다. 정신을 좋은 것들에 집중하면 마음이 차분히 안정되니까요.

정신의 특성⑤ 생산적인 활동에도 중독될 수 있다

소비적 대상들이 아닌 생산적 활동에 정신을 집중시키는 사람들도 있습니다. 일, 명예, 권력 등을 선택해 정신을 의식적으로 그것에 집중시키는 경우입니다. 그래서 이들은 사회적으로나 경제적으로 많은 것을 성취해 내지요. 하지만 저는 이들을 어리석은 사람이라 여깁니다.

'어리석다'는 '얼이 썩었다'는 뜻입니다. '석다'는 '썩다'의 옛말이고, '얼'은 정신을 뜻하는 순우리말입니다.[2] 그래서 '얼차려'는 '정신차려'와 같은 뜻으로 사용되지요.

돈, 명예, 권력에 정신을 집중하는 사람은 고달픈 인생을 살게 되어 있습니다. 그런 것들엔 상한선이란 게 없기 때문입니다. 돈이 없을 때는 1억 원만 있어도 행복할 것 같지만 막상 그 돈이 생기면 '그래도 10억 원 정도는 있어야지' 하고, 이후에 또 그 돈이 생겨도 여전히 부족하다고 느끼지요. 그러나 '기본 의식주가 해결되기 전까지는 돈(수입)과 행복이 상관관계를 보이지만 그 이후에는 상관관계가 전혀 없다'는 연구결과에서도 알 수 있듯, 돈이 많을수록 행복이 커지는 것은 아닙니다.[3]

권력도 마찬가지입니다. 위로 올라가면 올라갈수록 더 높은 자리에 오르고 싶다는 욕망이 커지니까요. 일이나 권력은 게임이나 도박보다 생산적이라 할 수 있지만 중독성을 갖는다는 점에선 같습니다. 그렇기에 일 중독자 혹은 권력에 굶주린 과대망상 환자를 낳기도 합니다. 최고의 권력을 손에 넣은 후에도 위로 더 올라가겠다며 아둥바둥거리다 인생이 망가진 이들의 이야기는 역사책에 차고 넘칩니다.

이러한 사례들을 통해 우리는 권력자가 될 만큼 머리도 똑똑하고 집중력과 실행력이 대단한 사람이어도 정신은 썩어버릴 수 있다는 교훈을 얻을 수 있습니다.

썩은 것은 부패한 것입니다. 적정선에서 멈추지 않고 계속해서 추구되는 돈과 권력, 명예는 필연적으로 부패하기 마련입니다. 부패하는 것들은 좋지 않은 냄새를 풍깁니다. '돈 냄새를 맡고 돈을 좇는다'(자리나 이득을 위해) 모종의 뒷거래가 오갔던 냄새가 풍긴다' 등의 표현만 봐도 알 수 있습니다.

돈이나 권력 등이 건강하고 아름다운 것이라면 '냄새'가 아닌 '향기'가 난다고 표현했겠지요. 하지만 그런 생활을 오래 하면 그 냄새가 좋지 않다는 생각을 못하게 됩니다. 어쩌면 향기라 여길 수도 있습니다.

이런 것들에 정신이 집중되면 정신 또한 부패합니다. '얼이 썩는' 것이지요. 인간의 정신은 그 힘이 막강하지만, 안타깝게도 자신이 집중하는 대상이 좋은 것인지 나쁜 것인지, 건강한 것인지 썩은 것인지는 스스로 판단하지 못합니다. 때문에 우리는 의식적으로 정신을 좋은 것에, 건강한 것에, 아름다운 것에 집중시켜야 합니다.

그럼 정신을 어디에 집중해야 우리의 삶이 썩은 냄새 대신 향기를 풍길 수 있을까요? 또 구체적으로 어떤 것에 정신을 집중시켜야 행복해지고 세상이 살 만한 곳이라 여기게 될까요?

이 모든 것은 정신을 차릴 때 가능해집니다. 정신의 여섯 번째 특성을 이야기할 7장에서 이 방법들을 알아보겠습니다.

- 정신은 신체와 영성이 연결된 상태다.
- 정신이 알아차리는 지극히 작은 일부가 전체인 양 착각하는 오류를 범하지 말아야 한다.
- 정신은 시공간을 왔다갔다, 들락날락, 오락가락한다. 정신줄을 놓으면 흐트러지기 때문에 정신을 붙잡거나 붙들어 매야 한다.
- 정신은 별나거나 이상하거나 부정적인 것에 자동으로 쏠린다. 이는 생존을 위한 반응이긴 하나, 그 순간엔 얼(정신)이 빠진 상태가 된다.
- 정신은 생산적인 것에도 집중될 수 있다. 이는 성장을 위해 필요하지만 너무 쉽게 정도를 넘어버려 얼이 썩게끔 만든다.

소중한 것의 가치를
알아차리기

정신 차리고 산다는 것

이제 정신이 지닌 여섯 번째 특성에 대해 이야기하고자 합니다. 6장에서 정리한 정신의 다섯 가지 특성을 보면 '정신을 집중하는 것'과 '정신을 차리고 사는 것'은 같은 게 아닙니다. 둘은 연관되어 있지만 차이점도 있습니다.

정신을 칼에 비유해 보겠습니다. 날이 예리한 칼은 무뎌진 칼보다 쓸모가 많듯, 정신도 집중을 잘 시키면 많은 일을 잘 해낼 수 있습니다. 그러나 무엇을 향해 사용하느냐에 따라 칼은 흉측한 무기가 되는가 하면 근사한 요리도구가 될 수도 있지요. 마찬가지로 정신을 어디에 집중하느냐에 따라 우리의 인생은 흉해질 수도, 행복해질 수도 있습니다.

정신을 집중하는 것은 정신을 어느 한 대상에 모으는 능력이고, 정신을 차리는 것은 정신이 올바른 방향으로 향하게끔 잡아주는 것입니다. 정신의 여섯 번째 특성은 바로 정신을 집중해야 하는 대상 및 방향과 관련이 있습니다.

정신 차리고 살려면 정신을 'ㅇㅇㅇ 것'에 집중해야 합니다. 이때의 '○○○'은 무엇일까요? 이것은 매우 소중한 개념이지만 너무 흔한 단어라 많은 사람이 그 가치를 모릅니다. 앞서 이야기했듯 인간은 별난 것, 희귀한 것에 정신을 자동으로 집중한다고 했지요. 그러니 흔한 개념인 '○○○ 것'을 소중하게 다룰 리가 없습니다. 혹시 답을 눈치채셨나요? ○○○에 들어갈 단어는 '소중한'입니다.

'정신 차리고 산다'는 것은 '소중한 것에 정신을 집중시키며 산다'는 뜻입니다. 소중함을 망각한 채로 인생을 사는 사례는 주변에서 흔히 볼 수 있습니다. 너무 흔하다 못해 약간 식상하기까지 하지만 몇 가지 나열해 보겠습니다.

우선 일 중독자가 되어버린 사람들이 하는 실수를 들 수 있습니다. 이들은 자녀의 미래를 경제적으로 보장해 주기 위해 밤낮으로 일하는 탓에 아이의 곁에 잘 있어 주지 못합니다. 아이가 성장한 후에야 조금 여유가 생겨 함께 좋은 시간을 가지려 하지요. 그러나 그때가 되면 아이는 부모와 시간을 보내려 하지 않습니다. 그저 돈만 달라고 할 뿐입니다.

'아이가 어릴 때 필요한 것은 돈이 아닌 부모이고, 아이가 커서 필요한 것은 부모가 아닌 돈'이라는 촌철살인의 말이 있습니다. 하지만 일 중독자인 부모들은 언제 무엇이 더 소중한지를 모른 채 살고 있습니다.

그뿐 아니라 우리는 물과 공기를 흔한 것이라 여겨 그 소중함을 망각하곤 합니다. 그래서 온갖 쓰레기를 배출하면서 물과 공기를 오염시키지요. 굳이 지구온난화나 이상기후 등을 언급할 필요도 없이, 집집마다 내놓은 쓰레기가 산더미인 것만 봐도 알 수 있습니다.

일부에서 친환경 개념을 들먹이고 있지만 아직 인간은 정신을 덜 차린 것 같습니다.

뻔한 말이지만, 소중한 것을 잃고서 뒤늦게 후회하는 일은 참으로 어리석습니다. 그러니 지금부터라도 소중한 것을 챙기고, 소중한 것에 정신을 집중시키며 살아야 합니다.

'고맙고 감사합니다'

어릴 때부터 많이 들은 단어는 그 의미가 자동으로 습득되기 때문에 굳이 사전에서 찾아보지 않게 됩니다. 그러나 찾아보아야 할 때도 있습니다. 어떤 것을 두고 소통, 대화, 논의를 할 때가 그렇지요. 통일된 정의를 바탕으로 해야 혼란이 줄어들 테니까요. 따라서 소중한 것에 대한 이야기를 본격적으로 하기에 앞서 '소중하다'라는 말의 의미를 좀더 정확히 공유하겠습니다.

국어사전에선 '소중하다'를 '매우 귀중하다'로 설명하고 있습니다. 하지만 이것은 설명이 아닌 유의어라 할 수 있습니다. 그렇다면 소중(所重)은 한자 단어이니 한자사전에선 답을 얻을 수 있지 않을까요? 그런데 막상 찾아보니 '바 소(所)'에 '무거울 중(重)'이라 나오네요. 풀이하기가 더 난해해집니다.

한영사전에서는 '소중하다'를 'valuable'이라 설명하고, 이 영단어를 영한사전에서 찾아보면 '큰 가치가 있는'으로 설명되어 있습니다. 반의어는 '쓸모없는, 하찮은'이라는 뜻의 'worthless'라는군요.

우리말 연구에 따르면 '소중하다'의 정확한 뜻은 '높은 가치가 있다고 인식하는 것'이고, '높은 가치'라는 뜻을 지닌 순우리말은 '고마'라 합니다.[1] 이 단어의 어원적 의미는 '신처럼 높은 것이고, 훗날 신에게 감사한다'입니다.[2] '고마ㅎ다'는 곰과 관련되어 고조선부터 내려온 단어일 뿐 아니라 조선 시대에도 사용된 표현이라 합니다. 더 깊은 어원적 풀이는 전문가에게 맡기기로 하고, 여러 사전적 의미와 연구를 종합적으로 생각해 보면 '소중하다'는 '높은(큰) 가치' 및 '감사하다'와 연결점을 지닌 단어임을 알 수 있습니다.

이젠 좀더 상식적인 선에서 이야기해 볼까 합니다. 우리는 흔히 "고맙습니다"와 "감사합니다"를 동의어처럼 사용하는데 이 둘은 과연 같은 뜻일까요? 저는 두 단어 사이에 차이가 있다고 생각합니다. 단순히 고유어와 한자어의 차이만이 아닙니다. '고맙다'는 형용사, '감사하다'는 동사니까요.[3]

우리는 "고맙고 감사합니다"라는 인사도 자주 사용합니다. 그런데 저는 이런 인사가 "Thank you"를 두 번 반복하며 강조하는, 다시 말해 "Thank you and thank you"의 뜻은 아니라고 생각합니다. 그보다는 "I appreciate it and thank you"라는 영어 표현이 우리말의 "고맙고 감사합니다"와 일치하지요. '(당신이 내게 준 것을) 나는 높은 가치라고 인식합니다. (그래서) 감사합니다'라는 뜻이니까요. 즉, 고마움은 '높은 가치에 대한 알아차림'인 것입니다.

소중한 것에 정신을 집중시킨다는 것은 세상에서 가장 가치 있는 무언가를 알아차린다는 뜻입니다. 소중한 것이 가치 있고 고마운 것인 줄 모른 채 그것을 하찮게 대하면 결국 그 소중한 것은 내

곁을 떠나고 맙니다. 그 결과로 내 옆에는 별 볼 일 없는 것이나 쓰레기만 남겠지요.

아무리 돈을 많이 벌어도 그 사이에 소중한 존재들을 하대했다면 훗날 그 돈의 쓰임새는 별로 없을 것입니다. 아무리 높은 명예를 쌓았다 해도 그 와중에 고마워할 줄 아는 겸손함을 잃는다면 고독한 노후를 맞이할 테고요.

급한 것 대신 소중한 것을 먼저 챙겨야 합니다. 죽고 사는 일이 아니라면 여러분이 생각하는 '급한 것'은 조금 미루어도 됩니다. 어차피 중요한 게 아니니까요. 무엇이 소중한지를 알고 나면 급하다 여겨졌던 것도 그리 급해 보이지 않게 됩니다. 정신적 여유가 생기는 게지요.

당신은 베풂을 받은 존재

HD가족클리닉에 오시는 분들 중엔 심한 우울증을 앓는 분들이 있습니다. 그분들은 세상에 고마운 게 없다고 이야기합니다. 아무도 자신에게 따뜻한 배려를 해주거나 좋은 것을 베풀어주지 않았다는 뜻입니다. 그러니 당연히 자신이 외롭고, 버림받고, 무가치하다고 여겨질 수밖에 없습니다. 그렇게나 무정하고 야박한 세상에서 혼자 버텨왔으니 얼마나 힘겨웠을까요.

누군가 자살을 결심하거나 시도하는 것은 사는 게 힘들어서가 아니라 고독하기 때문이라고 합니다. 고독은 세상에 자기 혼자만

있다고 인식할 때의 느낌입니다. 삶이 아무리 힘들어도 자신의 이
야기를 경청해 주고, 공감해 주고, 지지해 주고, 자신을 향해 도움
의 손길을 내밀어줄 사람이 한 명이라도 있다고 믿는 사람은 자살
까지 가지 않는다고 합니다.

아쉽게도 고독은 경제적으로 부유한 나라의 가장 큰 사회적 이
슈입니다. 일본에서는 고독해서 자살하는 현상을 일컫는 '고독
사(孤獨死)'라는 신조어가 등장했고 내각에는 고독·고립대책담
당실이 설치되어 있습니다. 영국은 2018년에 '고독부(Ministry of
Loneliness)'라는 부처를 설립하고 장관을 임명했지요. 일본이나 영
국처럼 고령화가 급속도로 진행되는 나라에서는 아무래도 사회적
으로 고립되는 노인들이 많이 생겨나기에 나타난 변화입니다.

그러나 사실 고독은 청년층 사이에서도 급속도로 증가하고 있
습니다. 혼밥과 혼술로 시작된 사회적 풍토는 홀로 사는 1인가구의
급증으로 이어지고 있으니까요. 여러 사회·경제적 요인이 복합적
으로 작용한 결과로 나타난 현상이겠지만 일부는 그럴 수밖에 없
는 상황에 처해 있어서, 일부는 그러한 라이프 스타일을 선호해서
혼자 사는 삶을 택했을 것입니다. 원인이야 무엇이 됐든, 이런 현상
으로 결국은 더 많은 사람들이 고독감에 빠질 것이란 점이 심히 걱
정스럽습니다.

고독은 왜 위험할까요? 여태껏 아무도 나를 배려하거나 내게 좋
은 것을 베풀지 않았고, 그런 상황이 앞으로도 계속될 거라 여기면
자부심과 자존감도 땅에 떨어집니다. 자신은 다른 존재한테서 배려
와 베풂을 받을 만큼 소중한 존재가 아니라고 믿게 되기 때문이지

요. 타인만이 아니라 하느님과 부처님에게서까지 버림받았다는 생각이 들면 더는 살아갈 힘을 얻을 수 없습니다.

그런데 그런 인식은 사실일까요? 과연 우리가 누군가의 배려와 베풂 없이 혼자서만 살아왔을까요? 다른 존재의 도움이 없었다면 생존과 성장도 불가능했을 텐데 말입니다. 비록 우리가 원하는 만큼까진 아니었다 해도 분명 수많은 사람의 베풂이 있었을 것입니다.

이러한 이치를 모르는 사람은 고맙다는 말을 하지 못합니다. 그렇게 하면 상대에게 밀지거나 빚이 생기는 것처럼 여겨지고, 그래서 그 말을 하기가 꺼려진 끝에 입을 다물어버리나 봅니다. 아직 정신이 덜 깬 상태인 것이지요.

반대로 고마움을 많이 보는 사람은 더욱 고귀한 존재가 됩니다. 고마움을 본다는 것은 많은 존재가 나에게 베풀었음을 인식하는 것이고, 역설적으로 보자면 나는 그런 베풂을 받을 만한 소중한 존재가 되는 것이니까요. 그래서 저희 상담센터에선 회복 과정의 하나로 '감사일기'를 매일 작성해 오도록 합니다. 고마움을 느낀다는 것은 곧 스스로 세상을 살아갈 힘을 얻는다는 증거이기 때문입니다.

고독을 만날 것인가 행복을 만날 것인가

조그마한 흑백 사진 한 장이 제 앞에 놓여 있습니다. 어느 젊은 여성이 겨우 돌을 갓 지난 아들과 함께 있는 사진입니다. 지나가는 사람들에게 이 사진을 사라고 하면 1,000원도 아까워하겠지만 저는 1,000만 원이라도 내겠습니다. 제 어머니가 저를 안고 찍으신 사진 중 딱 한 장 남은 사진이라 제게는 엄청나게 높은 가치가 있으니까요. 저는 그 사진을 죽는 날까지 애지중지 아끼겠지만 다른 사람에게는 별 가치 없는 사진일 것입니다.

가치에는 두 종류가 있습니다. 하나는 시중 물건의 상품가격과 같은 객관적 가치, 다른 하나는 주관적 가치입니다. 주관적 가치는 오로지 우리 각자가 저마다 매기는 것입니다. 하나의 물품이 1,000원이 되기도 하고 1,000만 원이 되기도 하는 이유입니다.

누가 제게 5,000원짜리 커피 한 잔을 건네줍니다. 저는 그 커피를 받고 그저 "감사합니다"라는 말 한마디로 사례를 할 수 있습니다. 하지만 만약 제가 그 커피의 객관적 가치뿐 아니라 그걸 건네준 사람의 마음 씀씀이까지 본다면 훨씬 더 큰 고마움을 느낄 것입니다. 저를 생각해서, 제가 좋아할 것이라 느껴져서, 굳이 카페에 들러서, 한 손에 커피를 든 채로, 행여나 식을까 종종걸음으로 와서 제게 그것을 전해준 그 마음이 얼마나 고마운가요.

이처럼 고마움은 '발견(發見)'하는 것입니다. 시선가는 대로 그냥 뭔가를 보는 일이 아니라 정신을 집중하고 노력할 때 무언가가 눈에 들어오는 일이 발견이지요. 발견은 없는 것을 꾸며내는 게 아닙니다. '콜럼버스가 미 대륙을 발견했다'라는 말은 그가 세상에 없었던 미 대륙을 만든 게 아니라 이미 존재하고 있던 대륙을 고생 끝에 보게 되었다는 뜻인 것처럼 말입니다(물론 정확히 표현하자면 미 대륙의 원주민들이 길 잃은 콜럼버스를 봤다고 하는 게 맞습니다. 그때부터 그들의 대재앙이 시작되었고요).

거대하고 끝없는 바다를 긴 세월 항해하는 동안 콜럼버스에게는 실망과 절망에 빠진 순간들이 많았을 것입니다. 그런 순간마다 자신이 이미 지나온 허허바다로 고개가 향하고 시선을 고정했다면 항해를 포기했겠지요. 그러나 그는 고개를 돌려 앞을 응시했습니다.

고마움을 발견한다는 것은 곧 고마움을 향해, 고마움을 찾아 고개를 돌리는 것과 같습니다. 나의 고개가 무엇을 향할지는 나의 선택에 달려 있습니다. 고독을 향할지, 고마를 향할지는 내가 스스로 선택할 수 있다는 뜻입니다.

정신은 자동으로 부정적인 곳에 집중합니다. 하지만 우리가 원하는 곳에 선택적으로 집중시킬 수도 있습니다. 정신을 부정적인 곳에 집중하면 고독감과 만나고, 고마움에 집중하면 행복감을 만납니다.

부정성에 집중하면 우리의 시야가 좁아집니다. 생존 모드가 발동되면 눈은 자연스럽게 공격 대상이나 도망갈 곳에 집중하기 마련이지요. 전쟁터에선 동물처럼 생존만을 위해 싸우거나 도망가는 것 외의 다른 방도가 없습니다. 그래서 현대 사회를 전쟁터에 비유하는 사람들이 많은 것이겠지만, 저희는 그런 이들이 불쌍합니다. 전쟁터 같은 면이 다분히 있긴 하나 그것만이 현대 사회의 전부는 아니니까요.

고마움에 집중하면 시야가 확 트입니다. 마치 손전등을 들고 발앞만 보며 어두운 밤길을 걷던 중 갑자기 수많은 가로등이 모두 환히 켜져 주변 전체가 눈에 들어오는 것과 같습니다. 시야가 밝아지면 전에는 보이지 않았던 소중한 것들이 내 주변에 지천으로 널려 있음을 알게 됩니다. 고마움을 많이 발견하면 할수록 자신이 소중한 존재들에 둘러싸여 살고 있음을 깊이 느끼겠지요. 그렇다면 세상살이가 힘들어도 꽤 살 만하다고 여겨지지 않을까요.

이처럼 내 주위의 불을 환히 켜는 일은 곧 깨달음을 얻는 것입니다. 깨달음은 새로운 시각을 갖게 해주고, 높은 가치를 발견하게 하고, 나아가야 할 방향을 설정해 줍니다. 이처럼 중요한 고마움의 발견이 각자의 선택에 달려 있습니다.

미안함까지도 고마움으로

사람은 정신 나간 짓을 많이 합니다. 잠시 엉뚱한 것에 정신을 팔거나 어리석은 짓을 하는 등 정신이 오락가락하는 순간이 많지요. 모두 소중한 것에 집중하지 못한 결과입니다. 물론 이는 우리가 인간이기 때문에, 정신이 지닌 특성 때문에 벌어지는 일이니 너무 자책하지 않아도 됩니다.

하지만 우리의 잘못과 실수로 의도치 않게 피해자가 생겨날 때도 있습니다. 시간이 지나면 후회하게 되고, 또 그들에게 미안해지지요. 더 챙겨드리지 못한 부모님께 미안하고, 종일 일하느라 보다 많은 시간을 함께해주지 못한 자녀에게도 미안합니다. 친구의 생일에 좋은 선물을 해주지 못한 것도 미안하고요.

그러나 그들에게 미안하다고 말하지는 마세요. 자식한테 미안하다는 말을 들을 때 기뻐할 부모, 부모한테 미안하다는 말을 듣고 뿌듯할 아이는 없습니다. 친구끼리도 마찬가지겠지요. 그렇게 말하면 아마 다들 "괜찮아"라고 대답할 것입니다. 이는 정말 괜찮아서가 아니라 그렇게 말해야 한다는 부담을 느끼기 때문입니다. 미안함은 '아직 편안하지 않은' 부정적 감정입니다. 이런 감정을 전달하면서 상대방 기분이 좋아지리라 기대하진 말아야 합니다.

물론 미안하다는 말을 통해 '나는 내 잘못을 알아차리고 인정한다'는 뜻을 상대에게 전달하는 것도 중요하지요. 그러나 이건 어디까지나 생각입니다. 생각을 전달받은 상대방이 '거봐, 내가 옳았잖아' '그러니까 난 피해자다' 등의 결론을 내릴 수도 있지만 이 역시 그 사람의 생각일 뿐이고요. 그러니 미안함을 전하고 싶은 경우엔 그 말을 다음의 예들과 같이 고마움으로 끝내세요.

"오늘 엄마가 너와 함께 많이 놀아주지 못해서 미안해. 그래도 네가 씩씩하게 하루를 잘 보내줘서 참 고마워."

"내가 엄마를 잘 챙겨드리지 못하고 있지만 그래도 엄마가 늘 건강하게 지내주셔서 고마워요."

"영희야, 이번에는 내가 선물 못 샀어. 미안해. 그래도 내 친구가 돼줘서 정말 고마워."

고마움은 또다른 고마움으로 이어집니다. 고마움은 가장 긍정적인 정서이기 때문에 내가 전하는 고마움은 상대의 마음까지 좋아지게 합니다. 그래서 고맙다고 이야기할 때 돌아오는 대답은 그저 "괜찮아"가 아닌 "나도 고마워"입니다. 엄마와 많이 놀지 못한 아이는 조금 서운했을 수도 있지만 엄마가 자신의 내면의 씩씩함을 봐줘서 고맙습니다. 부모는 안부를 물어주는 자녀의 마음이, 친구는 자신의 마음을 진솔하게 터놓아주는 친구가 고맙게 느껴지는 것이지요.

정신이 깨어 있을 때 비로소 보이는 것들

고마움은 가치판단을 통해서가 아니라 조금 노력하면 누구나 볼 수 있습니다. 하지만 그에 앞서 알아차림이 필요합니다. 고마운 무언가는 항상 자신 앞에 있지만 정신을 차리고 정신이 깨어 있을 때에야 비로소 보이기 때문입니다. 정신이 팔리거나, 얼이 썩었거나, 넋이 나간 상태에서는 코앞에 있어도 보이지 않지요.

일례로 부모님은 참 고마운 존재인데 우리는 그것을 일반적으로 잘 알아차리지 못하고 지냅니다. 그 소중함을 망각하고 살다가 부모님이 돌아가신 후에야 비로소 그 가치를 깨닫고선 생전에 고맙다는 말 한마디 못 한 후회감에 비통해하며 가슴을 치고 웁니다. 불효자식뿐 아니라 저희를 포함한 보통의 많은 사람들이 이토록 어리석습니다.

어릴 때 엄마가 밥을 차려주면 그게 얼마나 맛있는지 느끼면서 먹었나요? 아마 그저 밥이 앞에 놓여 있으니 먹었을 테고, 그래서 그 밥을 해준 엄마에 대한 고마움을 만나지 못했을 것입니다. 그게 전부가 아닙니다. 집을 떠나 부모님과 따로 살기 전에 엄마나 아빠는 과연 몇 번이나 밥을 해줬을까요? 고 3때까지만 같이 살았다 치더라도 그 횟수는 무려 2만 번이나 됩니다. 그런데 우리는 그 2만 번 중 몇 번이나 고마움을 느꼈을까요? 아마 거의 없었을 테지요.

또 부모님은 밥을 해주신 횟수만큼의 설거지도 해주셨고, 방도 쓸고 닦아주셨고, 빨래도 하셨습니다. 이 모든 베풂을 헤아리고 나면 '부모님이 이렇게 저렇게 해줘서 고맙다'가 아니라 그냥 부모라는 존재 자체가 고맙게 느껴집니다. 존재에 대한 알아차림은 인지가 아닌 영성의 영역입니다. 정신, 얼, 넋, 혼은 영성과 연관된 개념들이지요.

이것저것 따져보고 고마움을 알게 되는 것은 '생각'입니다. 하지만 영성이 깃들기 시작하면 무조건 고맙게 다가오지요. 비록 밥을 해주진 않았어도, 매일 집에서 날 반겨주진 않았어도, 나와 많은 시간을 보내주진 않았어도, 심지어는 오래전에 헤어졌거나 지금 옆에 계신지의 여부와 상관없이 엄마라는 존재가 고맙게 느껴집니다.

엄마만이 아닙니다. 아버지도 고맙고, 누나도 고맙고, 형도 고맙고, 동생도 고맙고, 선생님도 고맙고, 이웃도 고맙고, 농부도 고맙습니다. 이 모든 고마운 존재를 보내주신 하느님도 고맙고, 이 깨달음을 준 부처님도 고맙고, 심지어 대자연도 고마워 보입니다. 이처럼 한 번 고마운 존재를 알아차리고 나면 줄지어 보입니다.

고마움을 발견하는 일에는 그다지 많은 노력이 필요하지 않습니다. 머리로 힘들게 따지지 않고 이것저것 눈에 보이는 모두를 고맙게 여기면 되니까요.

영어권에서는 무언가에 영감을 받아 벅참, 황홀함, 환희, 사랑을 느낄 때 흔히 'bliss'라는 표현을 씁니다. 사전적 의미는 'a state of spiritual blessedness', 즉 '정신적으로 축복받은 상태'입니다.

그리스도교에서 이야기하는 최고의 축복은 신의 은총을 입는 것이지요. 성은(聖恩)을 입고 천당에 갈 수 있게 된 인간은 매주 하느님께 감사를 드립니다. 우리나라의 유교와 민족 신앙에서는 제사를 통해 조상에게서 받은 은덕(恩德)에 감사를 드립니다. 또한 불교에서는 '은혜에 보답하는 감사함'의 개념인 보은(報恩)을 중시하고 이에 시주와 공양을 올립니다.

은(恩)의 사전적 의미는 '은혜'지만 보다 근원적 뜻은 '고맙게 여기다'이지요. 이렇듯 감사함을 표하는 것은 영성적 차원에서 가장 근본적이고 구체적인 행위라 할 수 있습니다.

우리의 정신은 무한대로 뻗어나갑니다. 누군가를 증오하거나 미워하는 데는 한계치라는 게 없지요. 원한의 깊이엔 바닥이 없는 탓에 스스로 미궁에 빠지고 자멸로 치달으면 지옥이 따로 없습니다. 그러나 그와 반대의 경우도 성립합니다. 누군가에 대한 고마움과 사랑 역시 한계가 없어 무한할 수 있는 것이지요. 그 고마움과 사랑을 느끼며 살면 어디에서 살든 그곳이 곧 천국입니다. 우리의 천국은 우리가 발견하고 키워나갈 수 있는 것입니다.

* 정신을 차린다는 것은 소중한 것에 정신을 집중하고 산다는 뜻이다.
* 고마움은 높은 가치에 대한 알아차림이다.
* 고마움을 많이 보면 볼수록 나는 더 고귀한 존재가 된다.
* 고독과 고마 중 무엇을 볼 것인지는 나의 선택에 달렸다.
* 미안함을 전하더라도 고마움으로 끝내는 것이 좋다.
* 고마움은 또다른 고마움으로 이어진다.
* 이것저것 따져보고 고마움을 알게 되는 것은 생각이다.
* 보이는 것 모두를 고맙게 여겨야 한다.

인간을 구성하는 네 가지 영역

▶ **마인드와 마음은 어떻게 다른 걸까?**

여기까지 읽으신 독자 중 어떤 분들은 평소 자신이 이해하고 있던 마음이나 정신의 개념이 저희가 이야기한 내용과 아귀가 좀 맞지 않는 듯해 다소 불편하셨을 수도 있습니다. 특히 심리학과 관련된 책과 정보를 많이 접하신 분들이 그렇게 느끼실 수도 있을 듯합니다. 이제 아귀를 맞춰보겠습니다.

앞서 몸, 마음, 정신에 대해 설명할 때 저희는 두 가지를 활용했습니다. 하나는 우리 문화와 말, 대화에 녹아 있는 상식적 개념이고, 다른 하나는 최신 과학에서 발견하고 있는 첨단의 과학적 지식입니다. 이제 저희는 이 두 가지를 현대 심리학에 연결하고자 합니다. 다만 우리의 전통문화는 한자로, 현대 심리학과 첨단과학은 주로 영어로 기록되어 있기에 이 이야기에는 한자와 영어가 상당히 많이 등장하니 미리 양해를 구합니다.

심리학은 서양의 지적 전통을 이어받은 학문입니다. 서양에선 고대부터 몸과 마음을 심오하게 고찰해 왔지요. 그중 대표적인 것은 '몸과 마음은 과연 서로 다른 것인가, 아니면 결국 하나인가?'를 둘러싼 논쟁입니다. 그리스 시대의 아리스토텔레스에서 시작된 이 논쟁은 17세기의 데카르트를 거쳐 현재까지 진행 중입니다.

우리의 지적 전통에도 이와 유사한 논쟁이 있습니다. 고대의 「역경(易經)」과 춘추전국 시대의 공자 철학이 15세기의 율곡과 퇴계를 거쳐 조선 시대 내내 이어진 사단칠정(四端七情) 논쟁이 그것이지요. 조선의 학자들은 이(理)와 기(氣)의 관계가 횡인가 종인가를 놓고 설왕설래했습니다. 마음의 작용과 행실 사이의 연관성에 대한 사단칠정은 어떤 면에서 보자면 몸과 마음에 대한 논쟁이라 할 수 있습니다.

하지만 (정말로 중요한 '하지만'입니다) 서양의 지적 전통과 심리학에서 사용되는 개념인 마인드(mind)와 우리의 지적 전통에서 이야기되는 마음은 다른 개념입니다. 이 영단어가 우리나라에 처음 들어올 때 '마음'으로 번역되는 바람에 지금의 우리는 이 두 개념이 동일하다고 믿고 있습니다. 그래서 서양 심리학에 근간을 두는 책에 등장하는 'mind'를 읽을 때면 우리 나름대로 이해하고 있는 '마음'을 연상하지요.

그러나 이 둘은 엄연히 다릅니다. 물론 영한사전에서의 'mind'는 '마음, 정신'으로 풀이되어 있습니다. 한영사전에서는 '정신'을 'mind, spirit, soul'이라 설명하고, 'spirit'이나 'soul'을 다시 영한사전에서 찾아보면 '정신, 영혼, 혼'이라고 나와 있습니다. 한마디로 'mind'의 뜻이 '마음, 정신, 영혼' 등으로 뒤죽박죽인 것이지요. 그러니 독자들은 현대 심리학 관련 도서를 읽을 때 각자 나름대로 이해할 수밖에 없습니다.

비록 마음과 정신과 영혼을 학문적으로 정확히 설명하진 못해도 우리는 평소 이것들을 직관적으로, 매우 자연스럽게 구분해 사용하고 있습니다. 굳이 애쓰지 않아도 무의식적으로 이 두 개념이 구분 가능한 것은 우리의 지적 전통이고 이미 우리 몸에 녹아들어 있기 때문입니다. 다만 머릿속에선 이것들이 서양의 개념과 뒤죽박죽 섞여 있으니 이를 잘 정리할 필요가 있습니다. 지금부터 그 정리를 해보겠습니다.

▶ 심리학의 ABC

현대 심리학은 ABC로 약칭되는 세 가지 영역을 다룹니다. 바로 '정서/감정(affect)' '행동/신체(behavior)' '인지/생각(cognition)'입니다.

과학에 기반을 두고 시작한 현대 심리학은 B_C_A의 순서로 발전되어 왔습니다. 과학의 기본은 객관적으로 관찰할 수 있는 대상을 다루는 것이지요. 그래서 객관적 관찰에 기초한 행동주의 심리학이 1900년 초에 심리학의 주류가 되었고, 인지발달심리학은 겨우 1960년대에 들어서야 컴퓨터의 등장과 함께 발전할 수 있었습니다.

이때까지만 해도 감정은 지극히 주관적 요소로 치부되어 심리학에 발을 붙일 수 없었습니다. 하지만 뇌과학의 눈부신 발전으로 인간의 감정 상태를 객관적으로 관찰, 측정하는 것이 가능해졌지요. 그 덕분에 정서에 기반을 둔 긍정심리학이 2000년에 시작되었고 현재 대세를 이루고 있습니다

이러한 ABC 외에도 저는 네 번째 영역인 영성(divinity)이 심리학에 편입되어 심리학의 ABCD를 이룰 것이라고 내다봅니다. 인간이 살고 죽는 이치를 깨닫고, 인간의 존재성 및 인간이 사는 동안 추구해야 하

는 가치관(방향성)을 알아차리는 데는 영성이라는 요소가 꼭 필요하기 때문입니다.

영성은 인간을 초월한 영역이라 일반 사람들은 직접 체험할 수 없습니다. 그래서 영을 체험한 사람을 특별히 성인(聖人)이라 일컫지요. 보통의 사람인 우리는 『성경(聖經)』『불경(佛經)』『도덕경(道德經)』 등 영험(靈驗)을 기록한 경전을 통해 영성에 대해 간접적으로나마 알 수 있습니다. 그리고 그 과정을 '경험(經驗)'이라고 부릅니다. '책을 통해 알게 된다'는 뜻입니다. 이렇듯 경(經)을 통해 겨우 접할 수 있는 영성 영역이 교리와 윤리입니다.

이러한 영성에 대한 과학연구도 현재 활발히 진행 중입니다. 최근에는 영성과 관련된 뇌 부위가 발견되기도 했지요.[1]

하지만 영성이 현대 심리학에 편입되는 과정은 현대 심리학에 큰 도전이 될 것입니다. 전통적으로 ABC는 인간의 영역이었고 D(영성)는 하느님의 영역이었으니까요. 그간 과학은 종교가 수천 년 동안 지배해 온 서양 문화에 계속해서 도전장을 내밀었습니다. 하지만 그것은 마치 천동설을 믿었던 시대에 지동설을 주장했던 갈릴레오 갈릴레이처럼 목숨을 건 과정이었지요. 그런 역사를 갖는 서양에서 심리학자들이 종교로부터 D 영역을 빼앗아 오기는 어려울 것입니다.

하지만 한국의 지적 전통은 다릅니다. 우리는 인간의 영역과 신의 영역을 건너 다녔으니까요. 유학은 영성을 도덕으로 다루었고, 그 전통상 사후 세계관보다는 인간이 살아가는 동안에 추구해야 하는 방식과 방향성(가치관)에 초점을 맞췄습니다. 그래서 저희는 한국이 서양보다 심리학에 D 영역을 포함시키고 ABCD를 포괄적으로 다루는 연구를 더 잘 할 수 있을 것이라 믿습니다.

이미 한국에는 인간과 우주를 ABC가 아니라 ABCD로 이루어진 것이라고 보는 지적 전통이 있습니다. 유학은 인간의 네 근간, 사단(四端)을 인의예지(仁義禮智)로 보았습니다. 「주역(周易)」은 우주의 네 원리를 원형이정(元亨利貞)이라 하였습니다. 조선 성리학은 인간에게도 우주의 이치가 반영되어 있다고 믿었기 때문에 인의예지와 원형이정을 연계했습니다. 특히 300년에 걸친 사단칠정 논쟁은 이 네 가지 영역에 대한 많은 학문적 업적을 이루어냈습니다.

아쉽게도 그러한 지적 전통의 맥이 현재의 한국에선 끊겨 있습니다. 과학을 등한시하고 지나치게 철학적 고찰에만 국한하는 바람에 현대인의 관심에서 멀어진 것입니다. 그래서 조금 전 제가 언급한 사단과 원형이정 등이 도대체 무슨 말인지 전혀 알 수 없는 외계어처럼 되었습니다. 바로 뒤에서 좀더 상세히 이야기하겠지만, 특히 일제시대를 거치는 동안에는 엉뚱한 개념들이 본래의 개념을 왜곡시키고 탁하게 만들어 우리의 지적 전통은 죽도 아니고 밥도 아닌, 정체 모를 잡탕밥이 되었습니다.

▶ 교육의 ABC는 어떻게 교육을 망치는가?

정체 모를 잡탕밥이 얼마나 큰 문제로 이어졌는지 설명하겠습니다. 예비교사는 대학교에서 교육학 개론을 배웁니다. 교육학의 근간은 심리학이고, 그래서 현대 심리학의 ABC와 교육학의 ABC는 닮은꼴입니다.

교육 목적은 인지적 영역, 정의(情意)적 영역, 신체적 영역으로 나뉩니다. 이때의 인지, 정의, 신체는 각각 현대 심리학에서의 C, A, B에 해당하지요(참고로 '정의적 영역'은 영어로 'affective domain'이라 하고, 심리학에서는 Affect를 정서로 번역합니다. 그러니 교육학에서 정의는 정서와 동일 개념으로 사용된 것입니다).

교사는 교육학의 ABC로 무장을 하고 학교에 출근합니다. 그러나 학교 현장은 BCD를 강조합니다. 수많은 학교들이 '지덕체'를 교육 목표로 명시하고 있음을 생각해 보면 이 말의 뜻을 이해할 수 있습니다. 지(智)는 '인지'라는 뜻이니 C, 체(體)는 신체를 움직이는 것을 뜻하니 B, 그리고 덕(德)은 D와 연결되니까요.

다시 말해 예비교사가 준비한 A(정서) 영역은 학교 현장에 없고, 반대로 현장에서 중시하는 D(덕) 영역은 교사에게 준비된 바가 없어 실현이 불가능합니다. 그리고 우리나라의 교과 과정은 학생들로 하여금 생각을 하게 하는 C 영역에만 중점을 두고 디자인되었지요.

이와 같이 교사의 전문성은 ABC에, 교육 현장의 초점은 BCD에 맞

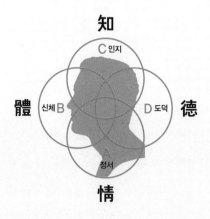

한국 지적 전통에서 다룬 인간의 네 가지 영역

쳐져 있는 미스매치로 초래되는 결과는 심각합니다.

첫째, A(정서) 영역이 빠지는 바람에 우리의 교육 과정에선 정서지능 개발과 관련된 내용이 제대로 발전하지 못한 채 축소되었습니다. 이러한 교육 환경에서 공부하는 학생들은 반응 감정인 짜증, 분노, 슬픔, 혐오감을 느끼고 쾌감을 주는 쾌락을 추구합니다. 배양해야 하는 고마움, 자부심, 행복감 같은 감정들은 별로 체험하지 못하는 것이지요.

둘째, 한때 모두가 못 먹어 부실했던 시절에는 체육 시간뿐 아니라 조례 시간에도 기본 체조를 할 정도로 B(신체) 영역이 매일 챙겨졌습니다. 하지만 오늘날엔 우리 아이들의 체형이 이미 서양 아이들을 따라잡았기 때문인지 학교 현장에서의 체육 시간도 점점 줄어들었지요. 결과적으로 학생들의 몸집은 커졌지만 비만이 급증하고 근육량도 감소했지요. 비실비실한 몸이 장기적으로 마음과 정신을 얼마만큼 담아낼 수 있을지 걱정됩니다.

셋째, 교과 과정이 C(인지) 중심으로 만들어진 덕에 학생들이 생각을 많이 하게 된 것은 사실입니다. 그러나 아쉬운 점이 있습니다. 암기, 분석, 계산 등의 저차원적 사고 면에서는 세계 최고 수준이지만 상상, 창작, 직관 등과 같은 고차원적 사고 능력은 상당히 부족합니다.

넷째, 가장 큰 문제는 D(영성, 도덕) 영역의 부재입니다. 교과 과정에 이 영역이 포함되어 있지 않다 보니 학생들은 존재성과 방향성(가치관)과 관련하여 자신을 성찰할 기회도 갖지 못하고 있습니다. 나는 누구일까? 나는 왜 사는 걸까? 나는 어떻게 살아야 할까? 나는 무엇을 위해 살아야 할까? 이런 질문들에 대한 답을 찾는 일은 100세 인생의 시대를 살아가는 데 꼭 필요하지만, 대입 수능에만 초점이 맞춰진 학교 교육 목표는 학생들의 20세 이후를 고려하고 있지 않습니다.

교육 현장에서의 이러한 미스매치는 인재양성에 차질을 빚을 뿐 아니라 국가의 미래도 암울하게 만듭니다. 감정 조절에 실패하여 저지르는 갑질, 도덕성이 결여된 사회 리더층의 부정부패가 심해지니까요. 이처럼 심리학·교육학 이론과 현장 사이의 불일치는 개인의 몸, 마음, 정신 건강은 물론 국가의 건강에도 해로울 수 있다는 취지로 말씀드렸습니다.

지덕체를 강조하는 현재의 학교들과 달리 한국의 지적 전통에서는 성리학이 들어오기도 전부터 정(감정)의 중요성이 부각되었습니다. 우리는 '정(情)'이라는 단어를 '한(恨)'과 더불어 한국을 대표하는 특별한 개념처럼 여길 정도로 중시하며 폭넓게 사용하고 있지요. '정이 있다/없다' '정이 오간다' '정든다' '정 떨어진다' '정을 붙이다/떼다' '정을 나누다' '정겹다' 등의 말에서 볼 수 있듯 정은 양과 질로 존재하며 사람 사이에서 유통되는 실체입니다.

또한 우리는 사람뿐 아니라 사물과 일에도 정이 있다고 여겨 '인정(人情)'과 더불어 '물정(物情)' '사정(事情)'이라는 단어도 사용했습니다. '인정머리 없는' '인정사정 볼 것 없는' '세상 물정 모르는' '실정(實情)에 어둡고' 등의 표현에는 만물에 정이 스며들어 있다 믿었던 우리의 지적 전통이 남아 있지요. 이렇듯 우리 문화에서는 사람이 지닐 수 있는 최고의 요소가 정이라 생각했기에 사물과 실물에도 있는 정을 갖지 않은 사람, 즉 무정하거나 냉정한 사람을 싫어했던 모양입니다.

이제는 이런 전통을 우리의 교육 현장에도 적용해야 합니다. 정서(감정)와 영성(도덕)을 교육의 중심에 놓고, 그럼으로써 교육학의

ABCD를 이루어 온전한 교육 체계와 인재양성 체계를 갖춰야 한다는 뜻입니다. 미래 한국의 희망은 우리의 학교들이 이렇게 바뀔 때 비로소 보일 것입니다.

▶ 심리학의 ABCD와 사단은 일치한다?

사단(四端)은 인(仁)·의(義)·예(禮)·지(智)라는 인간의 착한 본성에서 우러나오는 네 가지 마음인 측은지심(惻隱之心), 수오지심(羞惡之心), 사양지심(辭讓之心), 시비지심(是非之心)을 지칭합니다. 그리고 칠정(七情)은 인간의 일곱 가지 감정인 희노애구애오욕을 이르지요. 이러한 칠정이 어떻게 발현되는지를 두고 벌어진 학문적 논쟁이 바로 사단칠정 논쟁입니다. 한마디로 사단칠정은 세상에 유례가 없는 정서 기반의 심리학 논쟁인 것입니다. 저는 한국이 감정에 대한 연구가 가장 눈부시게 발전한 나라라고 말해도 무방하다고 믿습니다.

놀랍게도 성리학에서의 '사단'은 인간 구성의 네 가지 영역, 즉 정서(情緒), 영성(靈聖), 신체(身體), 인지(認知)와 그 내용이 일치합니다. 이를 구체적으로 살펴보기에 앞서 우리말에서 사용되는 한자 단어의 구성적 특징을 조금 설명하겠습니다.

한국어의 한자 단어들 중 일부는 동일한 의미를 갖는 단절음 한자가 병렬되어 있다는 특징을 갖습니다. 이는 단절음 단어 하나만으로는 여러 의미를 구분하기 어렵기 때문에 생겨난 특징입니다. '신령 영(靈)'과 '성인 성(聖)'이 합쳐진 '영성', '몸 신(身)'과 '몸 체(體)'가 합쳐진 '신체', '알 인(認)'과 '알 지(知)'가 합쳐진 '인지'가 좋은 예입니다. '감'이라는 단어의 소리만 들으면 그것이 먹는 감을 지칭하는지 아니면 '느낄 감

(感)'을 말하는 건지 알 수 없기에, 후자인 경우엔 그와 의미가 대등한 '뜻 정(情)'을 더해 '감정(感情)'이라 하는 것도 좋은 예입니다.

인간 구성의 네 영역인 감정(정서), 영성, 신체, 인지라는 두 음절 단어들에서 한 글자씩만 뽑으면 '정영체지'가 되지요. 그런데 이는 사단에서의 '인의예지'와 정확히 일치합니다. 어떻게 그러한지 지금부터 하나씩 살펴보겠습니다.

지(知)는 당연히 지(智)와 연결됩니다. 앎에서 지혜가 나오는 법이니까요. 이 두 글자도 '지(知)'를 공통적으로 갖고 있습니다.

체(體)는 예(禮)와 연관됩니다. 예는 몸을 처신하는 방법과 바람직한 행동(몸의 움직임)에 대한 규범입니다. 이 두 글자 모두에는 '풍(豊)'이

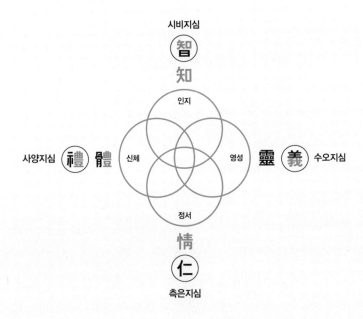

인간의 네 가지 영역과 성리학의 사단

들어있습니다. 예와 체가 서로 연관되어 있음을 암시하는 것이지요.

정(情)은 인(仁)으로 연결됩니다. 우리는 '어질 인'이라 칭하지만 사실 이 글자에는 '감각이 있다, 민감하다' 등 감정과 직결된 개념도 들어 있습니다.

영(靈)은 의(義)와 연결됩니다. 이번에는 한자 뜻풀이가 조금 필요합니다. 형성문자인 의(義)는 자기(我)를 순한 양(羊)처럼 착하고 의리 있게 만든다는 뜻이 있습니다. 앞서 이야기했듯 영성은 '자기(我) 초월성' 및 '자기(我) 존재성'에 대한 개념입니다. 즉, 자기를 초월하여 어떻게 모두에게 의로운 존재가 될 것인가와 관련된 것이지요. 이런 점에서 영과 의는 일맥상통하는 개념입니다.

무리한 뜻풀이라고 여겨질 수도 있습니다. 하지만 이 정도의 해석만으로 '인의예지'와 '정영체지'를 연계하려는 것은 아닙니다.

조선 성리학에서 인은 측은지심, 의는 수오지심, 예는 사양지심, 지는 시비지심으로 연계됩니다. 측은지심은 연민과 공감력이니 당연히 감정의 영역이고 수오지심은 악과 선을 구분하는 영성의 영역입니다. 또 사양지심은 자신의 물욕을 자제하고 행동을 절제하는 신체의 영역이며 시비지심은 옳고 그름을 가리고 판단하는 인지의 영역입니다. 인간 구성의 네 가지 영역과 성리학의 사단이 척척 맞아떨어지는 것입니다.

▶ 합리성은 어떻게 형성될까?

우리는 이미 마음이란 생각과 감정이 연결된 상태임을 알고 있습니다. 마음은 옳고 그름을 구분하는 지혜, 그리고 연민을 느끼는 인자함으로 이루어져 있지요. 시비지심과 측은지심은 생각과 감정의 다음과 같은 상반된 특성들이 작용함으로써 발현됩니다.

　첫째, 생각은 세상을 구분하고 감정은 세상을 통합합니다. 앞서 생각은 분석적이어서 차이를 발견하고 분별하고 결론에 도달하는 것을 목표로 삼는다고 했던 것을 기억하시나요? 때문에 생각은 시간을 과거, 현재, 미래로, 공간을 동서남북 사방팔방으로 나눕니다. 남녀의 생각, 노소의 생각, 동서의 생각, 각 시대별 생각들이 다른 이유지요. 그러니 동시대의 같은 공간에 산다 해서 서로 생각도 같을 거라 기대하거나 같아야 한다고 요구하는 것은 어리석은 일입니다.

　반대로 감정은 시공간을 초월하기에 남녀노소와 동서고금에 공유됩니다. 감정은 세상 모든 사람이 공유할 수 있는 유일한 세계어인 셈이지요. 그런 뜻에서 감정은 세상을 통합하는 기능을 지녔다고 말할 수 있습니다.

　둘째, 생각은 디지털이고 감정은 아날로그입니다. 생각은 이미지로 이루어진 것이기에 각각 개별적으로 존재하는 개체이고, 시작과 끝도 있어 매듭을 지을 수 있습니다. 그러나 감정은 마치 색깔처럼 스펙트럼을 이룹니다. 우리가 파란색이라 부르는 색채가 존재하긴 하나 푸르스름함과 새파람 등의 여러 파란색을 딱 잘라 구분할 수 없듯 감정도 그러하기에 매듭짓기 어려운 것이지요.

　가령 슬픔이라는 감정 안에는 서러움, 서글픔, 구슬픔, 서운함, 비애감, 아련함, 애석함, 비탄함, 처량함, 침울함 등 다양한 감정들이 포함되어 있습니다. 이것들은 하나씩 독립적으로 느껴질 때도 있지만 여러 가지가 함께 뭉쳐져 느껴질 때도 있지요. 서러움과 서운함, 처량함이 모두 밀려드는 식으로 말입니다.

셋째, 생각은 혼자 하는 것이고 감정은 타인과 나누는 것입니다. 혼자 하는 생각은 얼마든지 무한하고 독창적일 수 있습니다. 때문에 생각을 틀에 가두거나 질문을 하지 못하게 하는 건 비극이지요. 타인의 생각을 감찰하고 통제하는 '생각 경찰(thought police)'이나 자신의 이념과 가치관과 어휘가 옳다는 강한 신념으로 남의 생각을 옳지 않은 것으로 규정, 억압하는 '정치적 올바름(political correctness)'이라는 전체주의적 횡포가 위험한 이유입니다.

이와 반대로 감정은 공유되는 매개체입니다. 측은지심, 공감, 인자함 등은 타인의 존재를 염두에 둔 개념들이지요. 정(情) 영역에 나타나는 측은지심의 원천인 '인(仁)'이 '두 사람(人+二)'을 표시하고 있는 것도 이 때문인가 봅니다. 이렇게 감정은 타인과의 공유를 전제하는 개념이기에 그것이 뻗어나갈 수 있는 범위는 생각의 경우보다 제한적입니다.

편안한 마음은 생각과 감정의 조화가 이루어져야 가능합니다. 하지만 이 둘의 조화는 깨지는 경우가 많습니다.

논리와 이성으로 시비만 따지는 법치는 인정사정을 고려하지 않습니다. 매정하다 못해 무정하지요. 반대로 온정주의는 사리를 옳게 분별하지 못하고 두루뭉술하게 넘어가는 과오를 낳을 수 있습니다.

두 가지 모두 사려 깊지 못합니다. 사려 깊은 행동은 생각과 감정이 잘 조율된 상태에서 이행되는 행동입니다. '사려'에서의 '생각 사(思)'는 '밭 전(田)'에 '마음 심(心)'이 합쳐진 글자입니다. 예전에는 '밭 전(田)'이 두뇌를 뜻하기도 했고, '마음 심(心)'은 감정을 나타냅니다. 따라서 이 글자는 두뇌(이성)와 감정(감성)이 조화를 이룬 상태를 표현한 것이라고 봐야 합니다. 사려 깊은 행동이란 곧 이성과 감성이 조화를 이룬 인간성을 발휘하는 행동인 것이지요.

흔히 누군가 혹은 무언가를 칭찬할 때 '합리적'이란 단어를 사용하곤 합니다. "그분은 참 합리적이야" "이번 결정은 매우 합리적이었어"와 같은 식으로 말이지요. '합리(合理)'는 '이론이나 이치에 합당함'을 뜻합니다. 그러나 이때의 '이론이나 이치'는 '논리와 이성'만을 지칭하는 것이 아닙니다. 그보다는 머리(생각)의 이치인 논리와 심장(감정)의 이치인 심리가 합쳐져 조화를 이룬 상태지요.

이렇듯 이성과 감성, 논리와 심리, 이 둘의 조화는 마음의 평안과 사려 깊음, 합리성을 갖는 데 핵심이 됩니다. 이 모두를 갖춘다면 행복한 삶과 인간관계가 가능해짐은 물론 지혜도 깊어질 것입니다.

▶ **예절과 예의는 다른 걸까?**

몸은 네 가지 영역 중 당연히 신체 영역에 해당합니다. '몸 체(體)'는 여러 골(骨, 뼈)이 풍요롭게(豊) 갖춰진 상태를 나타내지요. 우리의 몸은 이 뼈들을 서로 연결하는 절(節), 즉 관절 뼈마디가 잘 작동하고 제 역할을 할 때 행동을 취할 수 있습니다.

화가 났다고 욱하는 사람은 절제(節制)하는, 다시 말해 관절을 제어하는 능력이 없습니다. 몸에 제동을 걸지 못할 뿐 아니라 행동도 마구 하지요. 그러나 몸을 다스리는 능력을 지닌 사람에겐 본인의 니즈와 욕구를 사양하는 힘이 있습니다. 그래서 저희는 사양지심이 절제력을 나타내는 표현이라고 해석합니다.

몸은 바람직한 행동과 바람직하지 않은 행동을 두루 할 수 있습니다. 옳은 행동은 시비지심을 다루는 인지(생각) 영역이 개입되어야 가능합니다. 남들과 공감대를 이룰 수 있는 행동은 측은지심이 나오는 정서(감정) 영역의 개입을 필요로 하지요. 이 두 가지가 잘 조화되면 타인의 마음을 얻는 행동이 나옵니다.

사람의 행실이 올바르면 '절도가 있다'고 합니다. 절도(節度)는 관절이 아무렇게나 제멋대로가 아니라 법도(度)에 의해 움직인다는 뜻입니다. 그리고 법도에 의해 몸을 움직이는 것을 일컬어 '예절(禮節)을 갖추었다'고 하지요. 그러나 절차(節次)만 지키고 무엇 때문에 그리 하는지에 대한 의미나 철학은 모른 채 겉으로만 번드르르하게 꾸미면 허례허식이 됩니다. 그래서 예절에 의미(義)를 담은 것은 '예의(例義)'라 합니다.

의(義)는 영성의 영역입니다. 행실이 올바르다는 것, 즉 옳을 뿐 아니라 바르기까지 하다는 것은 몸의 움직임에 마음과 더불어 정신도 개입된 상태이기 때문입니다. 이에 대해서는 이제부터 설명하겠습니다.

▌ 정신줄은 성장하는 인간의 비결?

'정신줄을 놓다' '정신이 나가다'는 우리가 일상에서 자주 쓰는 표현입니다. 정신줄은 '정(精)'과 '신(神)'을 연결하는 줄이지요. 평소 우리는 이 정신줄을 잘 잡고 살지만, 이것을 놓는 순간 정신이 나가고 얼이 빠진 상태가 됩니다. 정과 신이 서로 떨어져 나가니 그렇게 될 수밖에요.

무언가에 놀랐을 땐 얼떨떨해지고 어리벙벙(얼이 벙벙)해집니다. 그런데 너무나 크게 놀라면 '혼비백산(魂飛魄散)'의 상태가 됩니다. 백(魄)은 몸을 의미하고 혼(魂)은 우리말로 넋입니다. 그러니 혼비백산은 혼이 날아가고 몸이 흩어질 정도로 크게 놀랐다는 표현이지요.

이런 상태에 이르면 사람은 이상한 소리를 지르거나 팔딱팔딱 뛰기도 합니다. 예(禮)와 의(義)도 서로 떨어져 나가 예의가 없어지는 것입니다. 이럴 땐 '정신을 차린' 상태가 되어 다시 예의를 갖출 수 있게끔 정신을 모아야 합니다.

누군가 충격을 받아 정신이 나가면 우리는 어떻게 할까요? 그 사람이 정신을 차리게끔 돕기 위해 그의 몸을 흔들거나 심지어는 뺨까지 때리곤 할 것입니다. 이렇게 하는 이유는 무엇일까요?

앞서 이야기했듯 정신은 신체와 영성으로 이루어져 있는데, 영성은 인간의 직접적 개입이 불가능한 영역입니다. 다시 말해 정신으로 들어갈 수 있는 유일한 통로는 신체인 것이지요. 그래서 신체에 강한 자극을 주어 정신을 차리게끔 하는 것입니다.

한때는 누군가를 정신 차리게 해주겠다는 명목의 '얼차려'가 상습적으로 이뤄지곤 했습니다. 얼차려를 받던 사람이 실신해 버리는 사고들도 신문에 심심치 않게 보도되었지요. 이는 얼차려를 잘못 이해한 탓에 발생한 비극입니다. 얼차려는 정신을 차리거나 들게 하는 게 아니라 오히려 '혼내는', 즉 정신이 나가게 만드는 방법입니다. 그러니 당연히 실신할 수밖에요.

어쨌든 모든 정신 수양은 수천 년 전부터 신체에 자극을 주는 방식으로 진행되어 왔습니다. 죽비로 등을 내리치는 불교 수양, 바늘 침대에 누워서 하는 힌두 명상, 몸에 채찍질을 가하는 회교 의식, 하루 종일 무릎을 꿇고 하는 기독교 기도, 맨발로 칼날을 딛는 무교식 굿 등 영성과 접속하는 방법은 이처럼 한결같이 몸을 자극합니다.

그러나 죽음이나 이별과 같은 상실(喪失)의 상황을 맞아 넋이 나간 사람에겐 이러한 방식으로 정신을 차리게 하는 것이 어렵지요. 넋 나간 상태의 이에겐 의(義)를 전혀 기대할 수 없습니다만, 그렇다 하여 바람직하지 않은 행동을 하게 내버려둘 수도 없습니다. 그래서 우리 조상들은 설사 '의'는 잃더라도 몸과 행실의 '예'는 지킬 수 있게 해주는 예절을 미리 정해 두었습니다. 이것이 바로 상례(喪禮)입니다. 그 명칭이 상례의(喪禮義)가 아닌 상례(喪禮)인 이유는 이제 여러분이 짐작하실 수 있을 것입니다.

상례는 정신이 없는 상황에서 무엇이 옳고 그른지에 대한 논쟁을 하지 않고 모두가 따를 수 있게 하는 것을 목적으로 하는 예절입니다. 그렇기에 몸의 움직임에 대한 절도가 명시되어 있지요. 고인에게는 절을 두 번 올리고, 애도하는 곡소리도 직계 가족들은 "아이고 아이고", 조문객은 "어이 어이"로 해야 한다는 식으로 말입니다.

상례는 옷차림에도 적용됩니다. 비정상적인 상황에 처해 있는 이에겐 정상적인 상태와 행동을 기대하는 것이 비정상이지요. 그래서 상중인 사람에겐 몸에 작은 삼베 조각을 붙이게 합니다. 일상적 상황에 있지 않은 이임을 알림으로써 주변 사람들이 그를 특별히 배려할 수 있게 하려는 방책인 것이지요. 다만 현재 우리의 예절과 예복에는 우리 전통에 서양식과 일본식이 마구 섞여 있다는 점이 아쉽습니다.

다행스럽게 우리 언어에는 여전히 정신에 대한 개념이 남아 있습니다. 충분한 정신 수양으로 얼에 이르면 '어른'으로, 그 상태에 아직 이르지 못한 이는 '어린이'로, 이것도 저것도 아닌 이는 '얼치기'라 하는 데서 알 수 있습니다.

마음이 상반된 개념들의 조합이듯 정신도 상반된 영역의 결합 상태입니다. 정신은 지금 여기에만 머무는 몸과 시공간을 오가는 영혼의 연결임과 동시에 예와 의, 사양지심과 수오지심이 만나는 지점이기도 합니다. 그렇기에 우리가 살아가야 하는 목표와 실제로 행해야 하는 방법은 물론, 경우에 따라 상대적으로 달라야 하는 몸 처신법 및 선과 악에 대한 절대적인 시각도 제공해 줍니다. 정신줄을 놓지 않으면 현실감각과 이상 사이의 균형을 지닌 현명한 사람으로 성장할 수 있습니다.

▶ 감각과 지각은 어떻게 다를까?

이제 조금 주제를 바꿔 정신에 대한 이야기를 할 때 자주 등장한 단어 '시각(視角)'에 대한 이야기를 해보려 합니다. 우선은 이 단어에 어떤 의미가 있는지, 시각은 어떻게 형성되는지를 살펴보겠습니다.

'보다'라는 뜻을 가진 한자에는 '볼/보일 견(見)'과 '볼 시(視)' 두 가지가 있습니다. 이 둘의 의미는 조금 다릅니다. '견(見)'은 눈으로 보는 것, '시(視)'는 영혼으로 보는 것을 뜻하기 때문입니다. 이 둘을 구분할 수 있어야 우리가 흔히 사용하는 시각이 어떤 점에서 얼마만큼 중요한지도 이해할 수 있습니다.

귀, 입, 코, 피부, 눈 등 오관을 통해 몸(體, 체)으로 들어오는 자극들은 정(情)의 영역에서 체감을 일으킵니다. 체감은 청감, 미감, 후감, 촉감, 견감 등의 오감입니다(눈을 통해 들어오는 자극은 '시감' 대신 '견감'이라 해야 일관성이 있습니다).

정(情)의 영역에서 발생하는 감(感)을 현재 우리는 감정(感情)이라고 일컫습니다. 감정은 메시지이기에 전달되어야 하고, 감이 충분히 각성되어 신경을 타고 뇌로 전달 및 접수되면 그 결과를 감각(感覺)이라 하지요. 감각에는 청각, 미각, 후각, 촉각, 견각이 있습니다(여기서도

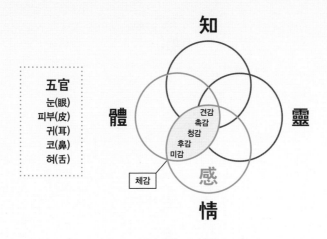

오관을 통해 들어오는 오감

'시각' 대신 '견각'이라고 해야 일관성이 있습니다).

지(知) 영역에서 알아차리는 감은 '지각(知覺)'이라 합니다. 이때 사용되는 '깨달을 각(覺)'에는 '볼/보일 견(見)'이 들어 있지요. 감각은 눈, 코, 입, 혀, 피부 등 다섯 통로를 통해 들어오지만 그중 눈으로 들어오는 것이 80퍼센트 이상을 차지합니다.[2] 즉, 다섯 가지 감각 중 가장 큰 비중을 갖는 것은 눈에 '보이는 감'이기 때문에 '볼/보일 견(見)'이 감각의 대표성을 띠고 '깨달을 각(覺)'에 들어간 것입니다.

눈에 보임에도 못 본 체하는 것을 '무시(無視)'라 하지요? 그런데 귀에 들림에도 못 들은 체하는 것 역시 이 표현으로 일컫습니다. 듣는 것과 관련되었으니 '무청(無聽)'이라 지칭해야 할 것 같지만 그렇게 하지 않는 것도 '보이는 것'이 감각들의 대표성을 갖는 예입니다.

알아차림이 없는 사람은 어떤 문제가 발생하면 "난 몰랐어"라 합니

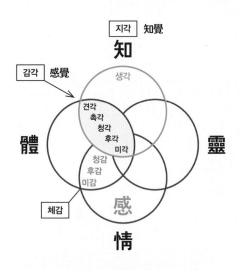

오감이 느껴지면 감각, 감각을 알아차리면 지각

다. 몰랐으니 자기 잘못이 없다는 식으로 당당하게 이야기하지요. 그러나 말을 해도 듣지 못하고 눈앞에 있어도 보지 못하는 것은 무지한 상태와 같습니다. 무지(無知)하다는 것은 곧 지식이 없다는 뜻이니 결과적으론 무식한 사람이 되는 셈이지요. 무식하다 해서 책임에서 자유로울 수 없습니다. 그러니 몰랐다면 알아야 합니다.

무시는 물체가 눈에 보이지만 내가 보지 않는 것입니다. 무의식적으로 알아차리지 못하거나 의식적으로 알아차리지 않는 것이지요. 즉, 볼(見) 수 있지만 보(視)지 않는 것입니다. 알아차림이 없고 상대 존재가 무시되었다는 점에서 이 둘은 같습니다.

예를 들어, 여기 아이와 아빠가 있습니다. 아이는 혼자 심심해하고 있는데 아빠는 그런 아이 옆에서 TV를 보고 있네요. 옆에 있는 아이는

174

아빠 눈에 안 보일 리 없습니다. 그러나 아빠의 눈에는 아빠와 함께 놀고 싶어 하는 아이, 혼자 무료함을 느끼고 있는 아이가 보이지 않을 수 있습니다. 혹은 그런 아이가 보여도 TV가 더 재미있어 보이니 아빠가 못 본 척할 수도 있고요. 이런 경우 아빠는 무의식적으로든 의식적으로든 아이를 무시하고 있는 것입니다.

누군가로부터 무시를 당하면 기분이 상합니다. 존재 자체가 거부당하는 듯 느껴지기 때문이지요. 이렇듯 시(視)는 존재성과 직결되어 있습니다.

▶ 시각은 왜 방향성과 관련이 있을까?

그럼 다시 '시각(視角)'에 대한 이야기로 돌아오겠습니다. 시각(視角)은 청각, 후각, 미각, 촉각과 동일 선상에서 사용되는 '시각(視覺)'과는 다른 단어입니다. 감각과는 관계가 없는, '관점'이라는 의미를 지녔지요.

시각은 정신(精神)과 행복(幸福)에 직결된 개념입니다. '볼 시(視)'에 들어 있는 '보일 시(示)'는 정신, 영성, 조상, 제사와 연결된 단어들에서 흔히 사용됩니다.

영성 영역은 인간을 초월한 신의 세상입니다. 그 신이 어떤 신이든 이 영역은 인간이 넘볼 수도 넘나들 수도 없지요. 하지만 제사(祭祀)상을 차려놓고 돌아가신 조상(祖上)님을 맞이할 때나 무당이 제단(祭壇)을 차려놓고 접신할 때, 혹은 하느님에게 기도(祈禱)할 때 인간은 영성을 조금 엿볼 수 있습니다. 신의 영역인 영성과 인간이 알 수 있는 인지 영역이 겹치는 곳들이 바로 '보일 시(示)'가 작동하는 공간입니다. 인간은 영성 영역에서는 신(神)이 보여주는 것만 보고 인지할 수 있습니다.

화복(禍福)은 우리가 무엇을 보느냐에 따라 정해집니다. 우리가 보는 것에 의해 복(福)을 받을 수도 있고 화(禍)를 입을 수도 있다는 뜻입니다. 생사화복(生死禍福)을 미리 알면 살아 있을 때 재앙을 피해 행복하게 살 수 있고, 죽은 뒤엔 지옥이 아닌 천당에 갈 수 있습니다. 하지만 우리는 신이 아닌 인간이기에 생사화복을 내다볼 수 없고, 무엇을 보고 살아야 복을 받을지도 알지 못합니다. 신이 우리를 직접 찾아와 일러주는 것 또한 불가능한 일이고요. 그럼에도 우리는 '어떻게 살아야 하는가' '무엇을 위해 살아야 하는가'에 대한 안내를 필요로 하지요. 이 안내를 해주는 것이 바로 종교(宗敎)입니다.

인간이 살아가야 하는 방향에 대해 모세가 제시한 십계명은 하느님의 계시(啓示)이며, 부처님이 보리수나무 아래에서 얻은 깨달음은 선(禪)입

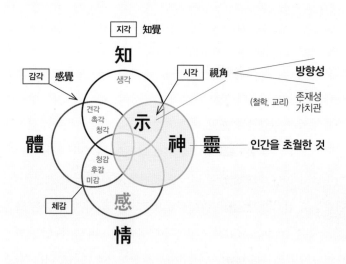

영성 영역과 관련된 개념들 중 가치관과 방향성에 대한 시각

니다. 종교는 인간의 존재성과 가치관을 알려주지요. 성인(聖人)들이 제시한 가치를 믿고 그 방향을 주시하는 게 인간이 지녀야 하는 올곧은 시각입니다.

비록 성인은 아니지만 군자의 철학도 충분히 좋은 나침반이 되어줄 수 있습니다. 철학 또한 존재성, 윤리(가치)와 깨달음에 관한 영역이니까요. 따라서 철학이나 종교를 가진 사람들은 삶에 대한 올곧고 바르며 일관된 시각을 지니게 됩니다.

'정신을 똑바로 차리라'는 말은 '정신을 똑바른 방향으로 향하게 하고 올곧게 살라'는 뜻입니다. 의미를 정확히 알게 된 만큼, 지금부터는 여러분의 정신과 삶이 보다 올곧아지기를 진심으로 바랍니다.

나를 알고
우리로 나아가기

내 문제들 안에는 내가 있다

흔히 '어리석다'고 일컫는 사람들은 '혜안이 없는' 사람입니다. 슬기로움을 볼 수 있는 눈이 없으면 그저 부와 명예와 권력만을 좇다 자신을 망각하고 잃어버립니다. 자기가 무엇을 원하는지, 심지어 누구인지도 모르게 되는 것입니다. 그러니 어리석은 사람은 자각이 없는 사람에 해당합니다.

아리스토텔레스는 "자각이 지혜의 시작이다"라고 말한 바 있습니다. 소크라테스는 이보다 더 간결한 "자신을 알라"라는 명언을 남겼지요(참고로 영어 'wisdom'은 일반적으로 '지혜'라 번역하지만 저는 '혜안'으로 여깁니다).

인간은 자신에 대해 자각하지 못하고 착각합니다. 사실 자신을 안다는 것은 어려운 일입니다. 우리의 눈은 둘 다 앞을 향하고 있기 때문입니다. 자기 주변은 볼 수 있지만 정작 자기 자신은 바라보지 못하는 것입니다.

힌두교에선 정신의 가장 높은 차원에 도달하면 차크라(chakra), 즉 '제3의 눈'을 얻는다고 믿습니다. 제3의 눈은 마치 자기 밖에서 자신을 볼 수 있는 눈으로 표현합니다. 또 부처님을 일컫는 붓다(Budh)의 어원은 자각(自覺)입니다.[1] 이처럼 서양이나 동양이나 예로부터 자신을 알아차리고 스스로 바라볼 수 있는 시각을 지니게 되는 것을 중요하게 여겼습니다. 자각은 곧 문제해결의 실마리이기 때문입니다.

우리는 고질적 문제를 많이 끌어안고 삽니다. 문제가 해결되지 않으면 수일간 끙끙대며 잠을 설치곤 하지요. 수주, 수개월은 물론 수년 동안 달고 사는 문제가 적지 않을 뿐 아니라 어떤 문제는 평생을 함께하기까지 합니다. 지겹도록 달라붙어 있는 문제를 해결해 보겠다며 이런저런 방법들을 취해보지만 도저히 풀리지 않는다는 것, 이것마저 또다른 문제가 되어 우리를 괴롭힙니다.

실제로 문제가 풀리지 않는 가장 큰 이유는 우리에게 있습니다. 우리 자신을 바라보는 시각이 우리에게 없기 때문이니까요. 가령 부부가 다툴 땐 자신보다 서로를 탓하고, 자녀가 말썽을 부리면 자녀를 고치려 하며, 직장이 마음에 안 들면 직장을 바꾸고 싶습니다. 하지만 자신의 모습을 보지 못하는 한 이런 것들은 전혀 해결책이 되지 못합니다.

내가 안고 있는 모든 문제에는 내가 개입되어 있다는 사실을 망각해선 안 됩니다. 부부 싸움이 나는 데 내가 미친 영향은 절반까지야 아니라 해도 최소한 10퍼센트쯤은 될 것입니다. 자녀가 말썽을 일으키게 되기까지 부모가 끼친 영향은 절반을 훌쩍 넘겨 90퍼센트가량에 이르지 않을까 싶습니다. 직장 또한 내가 포함된 곳임을, 그래서 직장에서의 문제엔 분명 내가 영향을 미친 바도 있을 거란 점을 알아야 합니다.

　내 문제에서 나를 제외하면 해결의 실마리를 얻지 못합니다. 비록 문제의 원인에서 내가 차지하는 바는 1퍼센트에 불과하다 해도, 그 1퍼센트를 바꾸지 않으면 나머지 99퍼센트가 달라질 확률 또한 낮아집니다.

지식이 아닌 혜안으로 판단하기

　우리가 무언가를 깨닫는 방법에는 우리 몸의 오감을 통해 지각하는 것만 있는 게 아닙니다. 어떻게 오는지는 알 수 없지만 가물가물하게 느껴지는 직감과 영감이라는 것도 존재하니까요. 흔히 '여섯 번째 감'이라고도 하는 직감과 영감은 인간이 설명할 수 없습니다.

　'혜안'이란 논리와 이성을 초월한 직관을 포함해 이러한 직감과 영감으로 얻은 결론을 의미합니다. 다시 말해 초인지적 지식인 것이지요. 윤리학자이자 신학자인 라인홀드 니부어(Reinhold Niebuhr)의 명언이 혜안의 정곡을 찌릅니다.

　"신이시여, 제가 어찌할 수 없는 것을 받아들일 평온함, 바꿀 수 있는 것을 바꿀 용기, 그리고 둘을 감별하는 혜안을 주소서."

　이는 우리가 어디로 나아가야 할지를 판단하는 데는 혜안이 필요하고, 혜안은 신의 도움이 필요한 영성의 영역이라는 뜻입니다. 이것은 그저 추상적인 이야기가 아닙니다. 실제 우리의 일상생활에서도 너무나 흔히 적용되고 있으니까요.

부부 싸움의 예를 다시 한 번 들어보겠습니다. 아내와 남편이 서로 옳다고 지겹게 싸웁니다. 둘 다 기고만장할 뿐 아니라 한 치도 양보할 기색이 보이지 않습니다. 아내는 남편에게 잘못을 인정하라고 다그치고, 남편은 "잘못한 게 없는데 대체 뭘 인정하라는 거냐, 정신이 나갔냐"라며 펄펄 뜁니다. 남편은 아내가 성질을 고쳐야 한다고 주장하고, 아내는 남편에게 나쁜 습관을 버리라고 요구하면서 두 사람은 끝없이 서로를 공격하고 방어하고 반격합니다.

문제는 사람의 성격, 사람의 습성이 잘 바뀌지 않는다는 것입니다. 바꿀 수 없는 것을 바꾸려 하니 얼마나 힘들겠습니까. 그러나 포기하고 받아들이자니 마음이 불편하고 열불 나겠지요.

이런 부부에게 저희는 '진정으로 원하는 게 무엇이냐'고 묻습니다. 싸워서 내가 이기는 것이냐, 아니면 둘이 함께 행복하게 사는 것이냐.

이 간단한 질문에 부부가 정신을 차립니다. 저희는 이 질문에 '나는 배우자를 제압하고, 굴복시키고, 바꾸는 것을 원한다'고 답하는 부부를 본 적이 없습니다. 열이면 열, 백이면 백 모두 '둘이 함께 행복하게 사는 것'이라 말하지요. 그렇게 말해야 할 것 같아서가 아니라 자신들이 진심으로 원하는 게 그것이라 확신하기 때문이라고 말입니다.

너무나 당연한 답이 코앞에 있었지만 서로 싸울 때는 보지 못했나 봅니다. 아무리 거친 싸움닭 같았던 부부라도 이런 답을 한 직후에는 정말 거짓말처럼 순한 양이 된 듯 차분하고 부드럽게 변합니다.

싸울 때는 스트레스로 인해 몸에 소음이 가득 찹니다. 어떻게 살아야 하는가에 대한 혜안은 부드러운 내면의 음악이지요. 하지만 소음과 음악을 동시에 틀어놓으면 소음만 들릴 뿐입니다. 내면의 음악은 주위가 조용해졌을 때, 우리의 마음이 편안해졌을 때에야 비로소 들려옵니다.

지혜 또는 혜안은 생각도, 마음도 아닙니다. 혜안은 맑고 선한 정신으로 세상을 바라보는 시각에서 비롯합니다. 선한 정신은 옳고 그름을 슬기롭게 판단하도록 해줍니다. 슬기로운 판단은 앞으로 나아갈 길을 잘 선택하게 해줍니다. 그 길을 가면 우리는 성공을 거두고 행복하게 살 수 있습니다.

혜안은 순간적으로 반짝이는 한 줄기 빛처럼 다가옵니다. 그 빛은 가물가물한 등대 빛일 수 있는가 하면 북극성의 별빛일 수도 있습니다. 그곳을 향한 시각을 지니면 모진 풍파도 이겨낼 힘을 얻게 됩니다.

의미를 추구하면 자유를 얻을 수 있다

북극성이나 등대는 내가 항해에 나서기 전부터 이미 존재하고 있습니다. 내가 허허바다에서 풍파에 시달릴 때에야 비로소 허겁지겁 만드는 것들이 아니지요. 그 불빛은 나뿐만 아니라 누구라도 필요하면 볼 수 있게끔 늘 반짝이고 있습니다.

북극성이나 등대는 우리가 도달하는 목표물이나 달성하는 결과물이 아닙니다. 북극성은 아무리 우리가 가까이 다가가려 해도 여전히 멀리 있어 도달할 수 없고, 등대는 우리가 도달할 순 있지만 머물 곳이 아닙니다. 이 둘은 그냥 방향이 되어주는 빛입니다. 칠흑 같은 어둠 속에서 헤매고 있다 해도 북극성이나 등대 빛을 발견하면 희망이 생기고 방향을 잡을 수 있습니다. 내가 그것들을 좇는 게 아니라 그것들이 날 이끌어주는 것입니다.

산다는 것도 이와 같아야 합니다. 그러나 이미 보물섬이 표시된 지도를 들고 길을 나서는 사람들이 너무 많습니다. 이들은 '나는 명문대에 입학할 거야' '나는 의사가 될 거야' '나는 창업해서 CEO가 될 거야' '나는 아이돌 가수가 될 거야' 등 자신이 이루고 싶은 꿈을 추구합니다.

그렇게 보물을 찾는 데 혈안이 되어 있다가 풍파를 만나면 그제야 북극성과 등대를 찾습니다. 그 빛들이 눈에 들어오면 불나방처럼 그쪽으로 무조건 달립니다. 북극성과 등대 자체는 목적지가 아님에도 말입니다. 이런 내달림은 의미가 없습니다.

그렇기에 의미를 지니고 사는 것은 매우 중요합니다. 그것이 '나는 어떻게 살 것인가'를 결정하기 때문입니다. 철학자인 프리드리히 니체는 한밤중에 곰곰이 생각에 잠겨 있다가 이런 명언을 남겼습니다. "왜 살아야 하는지 그 의미를 발견하면 어떠한 고난도 견뎌낼 수 있다."

실제로 집단학살이라는 최악의 고난을 묵묵히 견뎌낸 정신과 의사 빅터 프랭클(Victor Frankl)은 말합니다. "삶의 의미는 우리가 삶에 부여하는 것"이라고요. 여기에서 그가 강조하는 것은 '삶의 의미(meaning of life)'가 아닌 '삶에서의 의미(meaning in life)'입니다. 이러한 프랭클 박사의 철학은 훗날 '의미 만들기(meaning making)'로 발전해 교육학에도 큰 영향을 미쳤습니다.

제2차 세계대전과 홀로코스트가 한창이던 때, 아우슈비츠에 끌려간 빅터 프랭클 박사는 수용소에서 살아남을 수 있는 비결을 찾았습니다. 나치가 모든 재산과 소지품, 가족을 빼앗아가고 온갖 고통을 가해도 그에 어떻게 반응할 것인지는 각자의 선택임을 깨달은 것입니다. 그래서 다음과 같은 명언도 남겼지요.

"자극과 반응 사이에는 여지가 있다. 그곳은 반응을 선택할 수 있는 우리의 능력이 존재하는 곳이다. 우리의 성장과 자유는 그 능력에 달려 있다."

프랭클 박사의 정신 승리는 훗날 의미치료, 즉 로고테라피(logotherapy)로 발전했습니다. 그는 이 명칭의 '로고(logo)'가 어원으로 하는 그리스어 '로고스(logos)'에는 '의미'뿐 아니라 '영성'이란 뜻도 있음을 저서 『죽음의 수용소에서』에서 밝혔습니다.[2]

영성과 철학은 난해할 때가 종종 있습니다. 하지만 의미의 중요성을 이와 관련된 개념인 영성, 시각, 가치관, 방향성, 정신차림 등과 대비해 보면 좀더 이해하기가 쉽습니다.

자아실현을 넘어 자아초월로

"너 하고 싶은 거 하면서 네 마음껏 살아라."
"네 꿈을 추구하고 꿈을 이루어 행복하게 살아라."

너무 듣고 싶었던 말이자 한편으론 요즘 너무 자주 듣는 말이기도 합니다.

한때 우리는 먹고 사는 게 급했습니다. 꿈은 사치였고, 하고 싶은 것은 뒷전으로 미룬 채 해야 하는 것 위주로 살았던, 슬프고 애처로운 시절이었지요.

어느덧 세계 부자 나라 국민이 되어 웬만하면 다 먹고 살게 되었습니다. 그 결과 꿈을 지니고 추구할 여유가 생김은 물론 자아실현도 가능해졌고요. 실제로 세계 최고가 되겠다는 꿈을 이룬 젊은이들이 많이 등장하고 있습니다.

자아실현이란 개념은 오래전부터 있었지만 심리학자 에이브러햄 매슬로(Abraham Maslow)가 제시한 '인간 욕구 피라미드'의 맨 꼭대기에 놓인 단계로 유명해졌습니다. 이 피라미드의 제일 하단에는 생존을 위한 욕구가 있고 위로 갈수록 성장을 위한 욕구가 자리합니다. 총 다섯 단계 중 제일 위, 즉 가장 마지막이 자아성취의 욕구지요.

이제 우리는 개인의 재능과 능력을 최대한 발휘하면서 자신의 잠재력을 실현하고 사는 것이 시대적 흐름 및 인간의 이치와 일치한다고 믿습니다. 그러나 매슬로의 피라미드에 대해 잘 모르는 세 가지가 있습니다.

첫째, 죽음을 앞두게 된 매슬로 박사는 자신이 만든 욕구 피라미드를 수정하지 못한 채 세상을 뜨는 게 아쉽다고 했습니다. 자신 때문에 많은 사람들이 자아실현을 가장 높은 욕구로 믿게 된 것이 마음에 걸렸던 것이지요. 그는 자아실현 위에 '자아초월'이라는 단계가 하나 더 존재한다는 사실을 너무 뒤늦게 깨달은 것입니다.

둘째, 자아초월에 대한 매슬로 박사의 깨달음은 프랭클 박사와의 친분에서 비롯했습니다. 두 사람은 함께 자아초월심리학회를 설립하고 영성심리학을 시작했습니다.

셋째, 매슬로 박사는 1968년에 '긍정심리학'이라는 명칭을 짓고 처음으로 사용했습니다. 긍정심리학회는 그 후 30년이 지나서야 설립되어 오늘날 행복에 대한 연구를 주도하고 있습니다.

프랭클에서 매슬로 박사로 이어지는 이러한 연결 고리를 알면 최근 행복과 관련하여 쏟아지는 긍정심리학 연구결과를 더 잘 이해하고 분별할 수 있습니다. 행복해지고 싶으면 자신에 초점을 맞추지 마세요.

우리는 여럿이 모여 있을 때 다 함께 '파이팅'이라 외치기를 좋아합니다. 각자 고군분투하자는 뜻이 아니라 함께 최선을 다하자며 정신력을 집결시키는 구호입니다. 영어권에서는 흔히 투지를 일컬어 '파이팅 스피릿(fighting spirit)'이라 하는데, 아마 우리는 뒷단어를 생략하고 그냥 '파이팅'이라 외치는 것이 아닌가 싶습니다.

어쨌든 저는 정신력은 공동체가 나눌 수 있고, 또 반드시 나눠야만 가치가 발휘되는 인간의 요소라고 생각합니다. 몸과 마음은 자신을 초월할 수 없는 데 반해 정신은 그럴 수 있으니, 정신은 곧 자아초월성에 해당합니다. 우리가 삶에서 추구해야 할 최종 가치는 자아실현이 아니라 그 위에 자리하는 자아초월, 즉 정신의 세계인 것이지요.

몸 – 나, 마음 – 너, 정신 – 우리

서양의 지적 전통에서는 인간이 두 요소로 구성된다고 여겼습니다. 하나는 물리적인 보디(body, 몸), 다른 하나는 그 나머지인 마음 및 정신을 칭하는 마인드(mind)였지요. 참고로 앞서 이야기했듯 마음과 정신은 모두 '상태'이고, 이 두 가지 상태가 몸을 움직입니다.

그런데 최근 서양에선 이것을 몸, 마인드, 스피릿(spirit)의 세 영역으로 수정하기 시작했습니다. 기존의 마인드에서 영성적 면을 따로 떼어내 고려하기로 한 것이지요. 서양의 보디-마인드 이원론(二元論)은 드디어 동양의 몸-마음-정신 삼원론(三元論)으로 바뀌고 있습니다.

서양의 지적 전통이 갖는 강점은 분석(analysis), 즉 세부적으로 구분하는 능력입니다. 그래서 인간의 요소를 신체, 인지, 정서, 영성 등으로 나누어 연구했지요. 그러나 아무리 이렇게 영역을 나누어 각각을 연구해도, 그것이 모인 전체가 무엇인지는 알 수 없었습니다. 이미 고대 그리스 시대의 아리스토텔레스가 "전체는 부분의 합보다 크다"라 인식했듯이 말입니다.

이와 반대로 동양의 지적 전통이 갖는 강점은 대상에 대해 종합적이고 총체적으로 접근하는 전체론(holism)입니다. 그러나 이런 방식에도 단점은 있습니다. 대상을 면밀하고 구체적으로 파악하기보다는 모호하고 두리뭉실하게 바라본 채 넘어갈 수 있다는 점입니다. 예로부터 인간의 몸, 마음, 정신을 논의해 온 것은 바람직하지만 각각에 대한 체계적이고 구체적인 해석이 별로 없는 것은 이 때문입니다.

이제는 인간을 이해하는 데 있어 이 두 가지 방식의 조화가 절실히 필요한 시점입니다. 인간의 네 요소인 신체, 인지, 정서, 영성에서 나타나는 결과물(현상)이 몸, 마음, 정신입니다. 이 세 가지가 무엇이며 어떻게 작동되는지에 대해선 앞에서 알게 되었으니 이제는 왜 이것들이 건강해야 하는지를 설명하겠습니다.

몸, 마음, 정신은 우리가 성공적으로, 그리고 행복하게 살게끔 하는 데 각자 맡은 역할이 있습니다. 이 세 가지는 인간의 네 가지 기본 요소가 조합되어 나타나는 결과이기에 서로 연계되어 있습니다. 그리고 '나(자기)' '너(관계)' '우리(공동체)' 차원에서 각자 위력을 발휘합니다.

자기 자신에 대한 요소, 몸

몸이 건강해야 하는 이유는 그래야 마음과 정신을 받쳐줄 수 있기 때문입니다. 잘 먹고, 잘 쉬고, 잘 움직여 신진대사를 원활하게 해주면 몸은 건강을 유지합니다. 그러니 스트레스 자극을 받더라도 생존 모드로 각성된 본인의 감정을 잘 느껴 알아차리고 몸을 이완시키는 기술을 실천해야 합니다.

자동으로 각성된 오장육부 중 유일하게 내가 의도적으로 조종하고 조율할 수 있는 기관이 폐장이라 했지요? 심호흡은 내 몸에 내가 개입함으로써 자기조율을 가능케 하는 비법입니다.

남을 대할 때 필요한 요소, 마음

마음이 건강해야 하는 이유는 타인과 더불어 살기 위해서입니다. 나 혼자 살 때는 마음의 좋고 나쁨이 별 의미를 갖지 않습니다. '마음 씀씀이가 좋다/나쁘다'라는 표현에서 알 수 있듯, 마음은 남과 주고받는 것이기에 타인과의 관계에서 필요한 요소입니다.

물론 우리의 마음 역시 타인으로 인해 기쁨으로 충만해지는 때가 있는가 하면 상처받거나 상하는 때도 있습니다. 이렇게 내가 살면서 겪는 여러 체험은 각각의 감정을 담은 이야기로 마음에 고스란히 새겨집니다. 그래서 내 마음 안에는 희망과 고마움이 있는가 하면 원한과 미움도 있고, 그런 것들과 연결된 추억과 꿈, 비전도 자리합니다. 이렇게 나의 과거와 현재, 미래를 담고 있는 마음 중 어느 부분을 만날 것인지는 내가 선택할 수 있습니다.

언제나 건강한 마음을 갖는 비결은 자기 마음속의 긍정적인 부분을 회상, 환상, 예상하는 것입니다. 그러한 긍정적 마음으로 남을 대하는 것이 바로 관계조율의 핵심입니다.

세상을 대할 때 필요한 요소, 정신

정신은 세상을 바라보는 방향성이자 가치관입니다. 건강한 정신은 멀리 내다보고 폭넓게 헤아립니다. 흔해 빠진 것에서도 귀함을 발견하고, 좋지 않은 상황에서도 다행스러운 면을 찾아내고, 보이는 모든 것에 고마워하는 시각을 지닙니다. 이러한 가치판단은 오로지 스스로의 선택에 달려 있습니다.

특히 공익을 위한 행동은 주위의 고마움을 두루 살필 때 가능해집니다. 그래서 자신보다 더 큰 공동체의 건강까지도 챙기게 되지요. 이를 위해선 공동체가 잘 살아야 나도 잘 살 수 있다는 깨달음이 있어야 합니다.

사실 몸, 마음, 정신을 계속해서 건강히 유지해 나간다는 것은 쉽지 않습니다. 이 세 가지가 서로 연계되고 맞물려 영향을 주고받기 때문이지요.

어느 게 먼저라고는 말하기 어렵습니다. 건강한 상태는 어느 날 갑자기 한꺼번에 생겨나는 게 아니라 몸과 마음, 정신의 선순환적 상호작용을 통해 조금씩 조금씩 이루어지는 것입니다.

- 인간은 자신에 대해서 자각하지 못하고 착각한다.
- 문제가 풀리지 않는 가장 큰 이유는 자신을 보지 못하는 시각에 있다.
- 혜안은 우리가 편안할 때 찾아온다.

네 가지 에너지 영역의 균형과 조화

▶ 에너지에는 양과 질 외에 방향성도 있다?

신체, 인지, 정서, 영성은 인간에게 주어진 네 가지 에너지 자원입니다. 이 자원들을 잘 활용하여 풍요로운 삶을 누리려면 각 영역의 양과 질을 충분히 확보하고 그것들이 균형과 조화를 이루게끔 해야 합니다.

신체 자원은 몸에서 뿜어내는 힘과 기운의 양으로 나타납니다. 힘을 키우려면 일단 몸에 들어가는 모든 물질이 몸에 이로운 것이어야겠지요. 불량식품, 과식, 폭음은 피하고 흡연은 심호흡으로 대신하세요. 더불어 꾸준한 운동으로 몸의 내구력도 다져야 합니다.

인지 자원의 양은 흔히 IQ로 측정됩니다. 한국인의 IQ는 다른 국가의 경우에 비해 높다고 합니다. 다시 말해 우리는 이미 상당량의 인지 자원을 확보하고 있는 셈이니, 이젠 생각의 힘을 어디에 집중시킬 것인가만 잘 선택하면 됩니다. 때론 너무 많은 사람들이 쓸데없는 생각을 하며 인지 자원을 낭비하고 있지 않나 싶어 드리는 말씀입니다.

정서 자원은 EQ로 측정할 수 있습니다. 본래 갖고 태어난 정서 자원의 양은 모두 비슷하겠지만 감정을 잘 다스리고 표현하는 방법은 그와 별개로 훈련을 통해 익혀야 합니다. 절제력과 표현력을 충분히 갖춰야 정서 자원을 잘 배분하여 온종일 고르게 사용할 수 있기 때문입니다. 과다 사용으로 정서 에너지가 고갈되는 것도 문제가 되겠지만, 반대로 감정이 메마르면 타인과 정을 나누거나 교감하는 것도 불가능하다는 더 큰 문제를 낳습니다.

영성 자원은 신념의 크기와 깊이로 따져볼 수 있습니다. 거인 같은 농구 선수 앞에 서 있으면 그 체구에 압도되듯, 큰스님이나 대주교 앞에 서면 비록 그분들의 몸이 왜소해도 저절로 압도됩니다. 영성성의 크기는 눈에 보이지 않아도 느껴지기 때문이지요. 그분들의 포용력이 너무나도 커서 나를 그 안에 완전히 다 품을 것 같고, 그렇게 느껴질 때의 기분도 매우 평온합니다. 반대로 영성성이 없어 보이는 사람과는 한자리에 있는 것 자체가 불편하게 여겨지지요.

인간이 지닌 네 가지 영역의 에너지는 이러한 양적 측면뿐 아니라 질적 측면도 갖습니다. 마치 열역학 1, 2 법칙이 각각 에너지 양과 질에 대한 법칙이듯 말이지요. 각 영역의 질은 유연성으로 나타납니다. 스트레스를 받을 때 흔히 '죽을 맛'이라고들 하는데, 이는 유연성이 완전히 사라진 경직된 상태임을 뜻합니다. 죽은 개체에는 유연성이 없으니까요. 반대로 '살맛'은 의지대로 움직일 수 있을 때 나타납니다.

죽고 사는 문제까지 이르진 않는다 해도 유연성이 없는 상황에선 모두가 괴로움을 느낍니다. 달걀은 연약하기에 던져지면 자신이 깨지고, 쇠구슬은 단단하기에 던져지면 그 주변이 깨지지요. 그러나 고무공을

던지면 어딘가에 부딪히는 순간 일시적으로 쭈그러들지만 곧바로 본래의 모습을 회복합니다. 이러한 고무공의 특성이 바로 유연성입니다.

신체적 유연성은 국민체조나 스트레칭, 요가, 기공, 태극권, 필라테스 등을 통해 다져집니다. 명칭은 다르지만 모두 기본적으로 신체적 내구력은 물론 유연성까지 키워주는 운동들이지요. 유연성은 어릴 때야 높아도 나이를 먹으면 서서히 줄어듭니다. 그렇기에 유연성을 유지하는 가장 좋은 방법은 어릴 때부터 운동하는 습관을 몸에 들이는 것이지만, 늙어서 시작해도 늦진 않습니다. 회춘까진 불가능하더라도 유연성 회복은 어느 정도 가능하니까요.

인지적 유연성은 창의적 발상을 가능케 한다는 점에서 중요합니다. 고지식해서 융통성이 없거나 편견으로 관념이 고정되면 새로운 생각을 할 여지가 줄어듭니다. 그런 면에서 보자면 '라떼는 말이야~'를 입에 달고 사는 이야말로 인지적 유연성을 잃은 사람이라 할 수 있겠지요.

정서적 유연성이 없는 사람은 항상 짜증 혹은 화가 난 것처럼 보입니다. 슬퍼도 억울해도 늘 미소 짓는 사람 또한 유연성이 없기는 매한가지입니다. 정서적 유연성이 있는 사람은 짜증과 설움으로 힘든 하루를 보냈어도 곧바로 편안함을 회복할 수 있습니다.

영성적 유연성이 없는 사람은 미움과 원한에 젖어 있습니다. 과거의 일은 이제 모두 지나갔는데 용서도 잘 못하지요. "오른뺨을 때리면 왼뺨을 돌려 대어라"라는 예수님의 말씀, "어떻게 태어났는지 묻지 말고 어떻게 살았느냐를 물어라"라는 부처님의 말씀, "군자는 일의 원인을 자기에게서 찾고 소인은 남에게서 찾는다"라는 공자님 말씀은 모두 영성적 유연성의 필요성을 강조합니다.

194

극단적으로 유연성이 제로에 이른 상태는 죽음인데, 인간의 각 영역은 따로 죽음에 이를 수 있습니다. 인지적 죽음은 무식하게 사는 것, 영적 죽음은 무의미하게 사는 것, 정서적 죽음은 무덤덤하게 사는 것, 그리고 육체적 죽음은 무덤에 가는 것인데, 이것들이 제각각 이루어질 수 있다는 뜻입니다. 비록 몸은 무덤에 갔어도 정신은 영원히 남거나, 몸은 살아 있으나 정서는 죽은 상태가 되는 것처럼 말입니다.

네 영역의 에너지 양과 질을 높이는 것만큼이나 중요한 것은 그 에너지들이 균형과 조화를 잘 이루게끔 하는 일입니다. 튼튼하고 빠른 말 네 마리가 있어도 말들이 각자 다른 방향으로 가려 한다면 아무 일도 하지 못하겠지요. 그러나 네 마리 모두가 같은 방향으로 움직인다면 큰일을 해낼 수 있듯, 네 가지 에너지도 그러합니다.

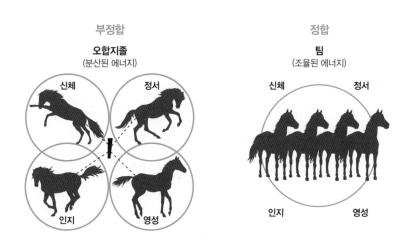

인간이 지닌 네 가지 에너지 영역이 부정합과 정합을 이룬 모습

▶ '옳다'와 '맞다'는 틀리다? 다르다?

우리는 A와 B가 '다르다'라고 말해야 할 때 '틀리다'라는 말을 종종 사용합니다. 만약 정답이 있어서 A가 맞다면 B는 그냥 A와 다른 것만이 아니라 틀린 것입니다. 하지만 정답이 없을 때는 '다르다'라고 해야 옳습니다.

영어에선 '일을 맞게 하는 것(Doing things right)'과 '옳은 일을 하는 것(Doing the right thing)'을 구분합니다. 이 둘 사이에 큰 차이가 있기 때문입니다. 이 역시 전자는 정답이 존재하는 상황에서 소위 FM(field manual)대로 한다는 뜻이고, 후자는 판단이 필요한 상황에서 올바른 일을 한다는 뜻입니다.

'맞다/틀리다'는 시비를 가리는 일로 인지 영역에서 다뤄집니다. 그와 달리 '옳다/그르다'는 선악을 가리는 일이라 영성 영역에서 다뤄지지요.

FM은 전문가들이 생각을 거쳐 무엇이 바람직한 행동인지를 미리 정해놓은 것입니다. 비전문가들은 어떤 일이 생길 때마다 각자 생각할 필요 없이 그냥 FM을 배우고 실천하면 됩니다. 새로운 상황이 벌어지면 FM을 수정하고 업데이트해 나가면 되고요. 분야마다 존재하는 FM은 세상 어느 곳에서나 글로벌하게 적용될 수 있습니다.

그러나 가치관을 다루는 '옳다/그르다'와 관련해선 FM이 존재하지 않습니다. 문화, 사회, 종교, 집단마다 가치관이 다르기 때문입니다. 『성경』『불경』『삼경』 등 인간이 어떻게 살아야 하는가에 대해 정리된 지침서를 저희는 LM(life manual)이라 칭합니다. LM은 그것이 마련된 집단에선 무엇이 옳은지를 제시하는 최고의 지침서지요. 그러나 집단마다 LM의 내용이 다르기에 여러 집단들은 서로 상대방이 틀리다고 주장하면서 싸우기도 합니다.

'맞다'와 '옳다' 사이의 혼란은 실생활에서 사람 사이의 갈등을 증폭시킵니다. 예를 들어, 민수는 혜영이가 일을 옳지 않게 했다고 비판합니다. 혜영이가 FM(정답)에 따라 일을 처리하지 않았기에 틀렸고, 그래서 옳지 않다고 말한 것입니다. 그러나 혜영이는 자존심이 상합니다. '옳지 않음'을 사건이 아닌 사람에 대한 공격으로 여겨, 올바른 사람이 아니라고 비난받는 기분이 들었기 때문입니다.

비판과 비난 사이에는 엄청난 차이가 있습니다. 비판(批判)은 시비를 판단하여 잘못된 점을 비평하는 일입니다. 즉, 인지적 영역의 지적 활동이지요. 그러나 비난(非難)은 남의 잘못을 책잡아 나쁘게 말하는 것입니다. 참고로 '어려울 난(難)'에는 '원수가 되다'란 의미도 있습니다. 이는 상대방의 존재성에 대한 언급입니다. 비판은 개인의 성찰과 성장을 위해 필요하지만 비난은 마찰로 인해 관계를 매장시킬 수도 있습니다.

혜영이가 오해한 면도 있지만 민수 또한 잘못한 면이 있습니다. '맞지 않게' 일을 했다고 말했어야 했는데 '옳지 않게'라 표현해서 오해의 여지를 남겼습니다. 소통에선 오해의 소지를 최소화해야 하지요. 또한 비판에는 적절한 때와 장소가 동반되어야 합니다. 아무리 내용이 맞다 해도 마구 지적하는 말은 상대의 마음을 상하게 하니까요.

혜영이의 잘못은 생각의 옳고 그름을 존재의 옳고 그름으로 확대해석했다는 점입니다. '좋은 사람은 좋은 생각과 좋은 행동을 한다'는 믿음이 강한 나머지 인지 영역과 영성 영역을 잘 구분하지 못하는 것입니다. 그래서 혜영이는 토론할 때 쉽게 삐지고 마음이 상합니다.

하지만 아무리 선한 천성을 지닌 사람이라도 스트레스를 받으면 바람직하지 않은 행동을 할 수 있습니다. 생존 모드가 발동되면 생각을 우회하고 생존 욕구에 따르는 공격 또는 도피 행동을 곧장 취하게 되어 있으니까요. 그렇기에 사람의 품격은 자신의 행동을 절제할 수 있는 내공이 얼마나 있는지에 달린 것입니다.

생각이 있는 인간은 '맞다/틀리다'를 늘 따지게 되어 있습니다, 정의가 있는 인간은 '옳다/그르다'를 판단합니다. 즉, 타인과 의견이 자주 충돌하고 가치관 차이로 인한 갈등의 위험이 늘 도사리고 있습니다. 이 잠재적 문제를 초월하는 방법은 고마움을 만나는 것입니다. 가장 높은 가치인 고마움은 맑고 선한 정신으로 볼 때에만 잘 보입니다. 이러저리 득실을 따지는 게 아니라 그냥 존재 자체를 고맙게 여기면 됩니다. 따지는 것은 머리(생각, 인지)가 하는 계산이고 존재를 인식하는 것은 영적인 깨달음입니다.

▶ **셀리그먼의 세 가지 행복이 부족한 이유**

긍정심리학의 대표 주자라 할 수 있는 마틴 셀리그먼(Martin Seligman) 박사는 행복이 세 단계로 이뤄진다고 이야기했습니다. 그에 따르면 단계가 높아질수록 보다 높은 차원의 행복감을 느낄 수 있다고 합니다.

첫 번째 단계는 '기분 좋은 삶'이라고 번역되는 'Pleasant Life'입니다. 이는 신체적 자극으로 좋은 정서(기분)를 유발하는 상태를 뜻하니 신체가 개입되는 단계라 할 수 있습니다. 이 단계의 사람들은 좋은 옷, 좋은 음식, 좋은 집 등 의식주의 수준을 높여 신체의 만족 및 쾌감을 추구합니다. 그러나 신체는 적응력이 높기 때문에 이러한 쾌감을 유지하려면 점점 더 높고 강한 자극을 필요로 합니다. 그렇기에 이 단계는 지속가능하지 않습니다.

두 번째 단계는 우리말로 '몰입하는 삶'이라 번역되는 'Engaged Life'입니다. 일이나 활동 등 무언가에 흠뻑 빠져 심취해 있는 상태를 뜻하기에 인지가 개입하는 단계에 해당합니다. 이러한 몰입의 즐거움은 상상력을 발휘하는 창의적 활동을 할 때 가장 크게 느낄 수 있지요. 그러나 많은 이들은 자신이 아닌 남의 창의력에 의존하여 몰입을 경험합니다. 게임이 가장 흔하고 강력한 예입니다. 이러한 의존적 몰입은 중독이라는 부작용을 초래합니다.

'의미 있는 삶'이라는 'Meaningful Life'가 세 번째 단계입니다. 자신을 초월하여 더 큰 의미(삶의 목표)를 찾을 때 가장 크게 행복한 상태를 뜻하니 이 단계는 영성이 개입하는 단계라 할 수 있습니다.

그런데 셀리그먼 박사의 세 단계 행복 모델은 서양 전통의 선형 과정(linear process)을 벗어나지 못합니다. 시작과 끝이 있긴 한데 그다음이 없지요. 세 번째 단계에 이르러 의미를 찾은 후에는 죽을 때까지 행복하게 사는 것일까요? 마치 서양 동화들처럼 이 모델은 '그래서 그들은 그 후로 행복하게 살았습니다'로 끝나는 모양새입니다.

더불어 서양 전통의 하나인 개인 차원에만 머무르는 모델이라는 단점도 있습니다. 물론 긍정심리학은 개인에서 관계로 중심을 이동하려는 심리학입니다만, 셀리그먼 박사의 모델은 여전히 개인적 차원을 벗어나지 못합니다. 개개인 각자가 기분 좋고, 몰입하고, 의미를 찾을 때의 행복만을 이야기하고 있으니까요. 타인이나 공동체와 더불어 하는 것, 즉 관계가 빠져 있는 것입니다.

물론 나 개인이 행복한 데 만족하고 부질없이 남 일에는 참견하지 않는 편이 더 현명할 순 있겠지요. 그러나 어차피 우리는 관계 속에서 태어났고, 관계 속에서 살아가며, 관계를 남기고 죽는 존재이기에 관계에 대한 배려는 반드시 행복 모델에 포함되어야 합니다. 그래서 저희는 셀리그먼 박사가 이야기한 세 번째 단계, '의미 있는 삶'에 이어 한 단계를 추가합니다. 바로 '기여하는 삶(Contributing Life)'입니다. 이 단계가 더해지면 다음 그림과 같은 행복 사이클이 완성됩니다.

저희는 행복감을 느끼며 사는 네 가지 방식을 웰빙, 힐링, 빌리빙, 기빙이라고 부릅니다. 좋은 품질의 의식주를 누리는 것은 웰빙입니다. 여행 가기, 영화 보기, 음악 듣기, 수다 떨기 등 어느 활동에 몰입하면서 무아지경에 빠져보는 것은 힐링이고 의미를 추구하는 것은 빌리빙, 기여하는 행동은 기빙입니다.

내가 타인의 웰빙에 기여할 때 그 타인은 힐링과 빌리빙을 거쳐 또

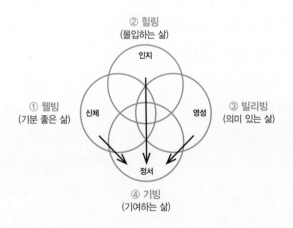

긍정심리학의 세 단계와 추가된 네 번째 단계

다른 사람의 웰빙에 기여할 수 있습니다. 이렇게 되면 내 주변의 관계가 서로 우호적으로 발전하고 나눔 공동체가 형성되어 결국 나의 생존과 성장 환경이 더 확실하게 확보되는 원-윈 구조를 이루고 시너지 효과를 낼 수 있습니다.

▶ 의미에는 의형제가 셋 있다?

실제로 '의미(意味)'는 매우 광범위한 뜻으로 사용됩니다. 주관적일 수 있는가 하면 객관적일 수도 있고, 지극히 개인적일 수 있는가 하면 인류 보편적일 수도 있지요.

의미에는 '가치'라는 뜻도 있습니다. "너한테는 어떤 의미가 있어?"라고 물을 때는 가치관이 궁금한 것입니다. 가치관도 개인적이거나 보편적일 수도 있습니다. 긍정심리학에서 사용되는 '의미'는 보편적인 가치관을 염두에 두었습니다.

누군가를 좀더 잘 알고 싶을 땐 그의 가족을 만나보면 되듯이 의미를 잘 이해하려면 의미의 의형제 셋을 알아보는 것이 좋습니다. 비록 의(義)형제가 아닌 의(意)형제이긴 합니다만 '의도(意圖)' '의욕(意欲)' '의지(意志)'가 그것이지요. 의미 및 의형제 셋은 공교롭게도 인간의 네 영역에 각각 대응됩니다.

의도는 인지 영역에 있습니다. 의도라 하면 흔히 '속뜻, 꿍꿍이' 등 숨겨진 생각이란 부정적 뉘앙스를 풍기기도 하지만 원뜻은 '계획이나 기획 등 머릿속에 어떤 그림을 그리는 일'입니다.

의욕은 정서 영역에 있습니다. 무언가를 하고 싶은 욕구와 욕망이 의욕이지요. 그래서 어떤 일을 하는 데 있어 의욕은 강한 동기가 되지만,

왜 그리 하고 싶은 것인지 전혀 이해(생각)가 안 되는 경우도 흔합니다.

의지는 신체 영역에 자리합니다. 살다 보면 일이 의도대로, 혹은 의욕만큼 되지 않는 경우가 흔합니다. 의도와 의욕을 추진하는 과정에는 걸림돌이 있기 마련이니까요. 이럴 때는 그 걸림돌을 돌파해 내고자 하는 강한 의지가 있어야 합니다. 어렵고 힘든 일을 온몸으로 버텨낼 수 있는 체력이 따라주어야 하는 것이지요.

의지는 아무 때나 나타나는 것이 아니라 자신이 하고자 하는 일에 의미가 부여될 때 발현됩니다. 의미는 가끔 사람들을 깜짝 놀라게 하는 초인적 능력까지도 솟아오르게 하는 원동력입니다. 사람들은 자신이 별 의미를 부여하지 않는 일인 경우 쉽게 포기하지만, 그와 반대로 큰 의미를 부여한 일엔 목숨을 내놓을 정도로 막강한 위력을 보입니다.

다시 말해 의미는 곧 가치 부여입니다. 목숨과 맞바꿀 정도의 가치가 부여되는 것에는 죽을 둥 살 둥 모든 걸 쏟아붓고 달려들지요. 이런 면을 생각하면 의미가 영성 영역에 있음을 실감하게 됩니다.

의욕만 앞서면 일을 그르치고, 의도만 있으면 헛꿈에 그칩니다. 의욕과 의도가 잘 조화를 이루어야 마음이 움직이지요. 또한 의지는 홀로 불타오를 땐 작심삼일이 되지만 의미가 함께하면 강하게 작동합니다. 다시 말해 의도는 생각, 의욕은 감정이고 이 둘이 조율된 게 마음입니다. 의지는 마음이 뛸 수 있게 하는 발이며, 의미는 그 발이 뛰는 방향입니다[참고로 한자사전에 의하면 '뜻 지(志)'는 '선비 사(士)'와 '마음 심(心)'이 결합한 모습이자만 중국 한나라 때의 문자인 금문(今文)에서는 '갈 지(之)'와 心이 합쳐진 모양이었다고 합니다. 또 갑골문에서의 之에는 발을 뜻하는 '止(발 지)'가 함께 그려져 있다는군요].

▶ 인간은 몇 가지 이치로 움직일까?

신체, 인지, 정서, 영성 네 영역은 각각의 이치에 따라 작동할 때 가장 건강합니다. 신체 영역인 몸은 생리에 따라 움직여야 건강하고, 인지 영역의 생각은 논리를 갖춰야 건전해지지요. 정서 영역의 감정은 심리에 따라 표출될 때 건강히 유지되고, 영성 영역은 의리 또는 도리를 바탕으로 작용합니다.

의리는 상대방의 존재를 절대적으로 소중하게 여기는 것입니다. 그래서 그의 시비를 따지며 가리지 않고, 그의 허물을 묻어두고 지지해줄 수 있습니다. 그렇다고 인정에 치우치는 것은 아닙니다. 인정은 주관적 심리의 영역이니까요.

또 자아실현을 위해서 실리를 쫓으면 단기적으론 이익일 수 있으나 공동체에는 도움이 되지 않을 수 있습니다. 따라서 의리를 중시하는 것은 곧 자아초월이며 공동체 이익에 필수적입니다.

본래 유학에서 의리는 매우 한정되고 의미심장한 관계에서만 작용하는 이치였습니다. 부자지간과 부부지간을 예로 들 수 있습니다. 현대 형법에서도 자식이나 배우자가 범죄자인 경우, 그들을 은닉하고 도주를 도운 가족은 처벌하지 않습니다. 의리는 그 어떤 법리보다 최우선이니까요.

예전에는 의리가 왕과 신하 사이, 친구 사이에도 적용되었습니다. 하지만 요즘에 한평생 함께하는 왕 같은 존재는 없습니다. 생면부지의 사람들이 사이버공간에서 단 10분 만에 절친 관계를 맺었다가 헤어지는 섬광 같은 세상이지요. 이렇게 의미 없는 관계에는 의리가 적용될 수 없고, 적용되어서도 안 됩니다. 특히 동문이니 동기니 하며 의리를 내세우는 건 겉멋 부리는 무리가 하는 행위입니다. '의'는 어느 특정 개인이 아닌 모두에게 이로움을 뜻하고, 그래서 의리는 사는 멋이 아닌 살맛을 나게 합니다.

앞에서는 '논리와 심리가 합쳐진 게 합리이며 생각과 감정이 조화를 이룬 상태가 사려 깊은 마음 상태'라 하였습니다. 몸과 넋이 정신을 이루면 그에 따라 생리와 의리도 조화를 이룹니다. 역사책을 보면 자신의 생명이 위태로워지자 의리를 저버린 사람들, 그와 반대로 의리를 내세우다가 생명을 잃은 사람들의 예가 무수히 등장합니다. 둘 모두 조화를 이루었다 볼 수는 없지요. 우리가 추구해야 하는 것은 이 둘 사이의 균형입니다.

이 이치를 무시하고 무언가를 하는 것이 바로 무리(無理)입니다. 몸을 무리하게 쓰면 병에 걸리고, 생각이 무리하면 궤변이 되고, 감정이 무리하면 격해지고, 사람 사이의 의리에서 무리하면 그저 짐승 무리가 되어버립니다. 오래도록 건강하고 행복한 삶을 위해선 이 네 가지 이치가 균형 있게 다듬어져 정합 상태를 이루어야 합니다.

▶ 『대학』의 '팔조목'이 심리학의 ABCD?

인간의 네 가지 에너지는 몸, 마음, 정신이라는 세 가지 형태로 조화를 이루어 외부 세상과 상호작용합니다. 몸은 자신, 마음은 관계, 정신은 공동체 차원에서 생존하고 성장할 수 있게끔 건강하게 조율되어야 합니다. 저희는 이 세 가지 차원의 조율 능력을 '자기조율, 관계조율, 공익조율'이라고 부릅니다.

이러한 세 조율 능력은 바로 '수신제가치국평천하(修身齊家治國平天下)'와 일치합니다. 세상을 평화를 얻으려면 몸과 마음을 먼저 닦아 수양하여 집안을 안정시킨 후에 나라를 다스려야 한다는 뜻이지요. '수신'은 자기 조율, '제가'는 관계조율, '치국'은 공익조율에 해당되며 이 세 가지 조율을 잘 이루면 '평천하'라는 결과를 얻는다고 할 수 있습니다.

'수신제가치국평천하'는 개인의 수양과 국가의 통치를 위한 행위 규범으로 삼았던 『대학』의 '팔조목(八條目)'에 나오는 구절입니다. 다만 그 앞에는 격물(格物)·치지(致知)·성의(誠意)·정심(正心)이라는 네 요소도 함께하지요.[1] 이 네 가지는 뒷부분을 얻기 위한 조건입니다. 즉, 격물·치지·성의·정심(예지의인) → 수신·제가·치국(몸, 마음, 정신: 개인, 관계, 공동체) → 평천하(최종 결과)로 이어지는 개념인 셈입니다.

맨 앞의 네 요소에 대해선 무수히 많은 해석이 존재하지만, 이를 인간의 네 영역과 연결시키면 상당히 쉽고 명확한 해석이 가능해집니다. 격물, 즉 모든 일에 격식을 갖춘다는 것은 곧 예(禮)이기에 신체 영역에 해당합니다. 치지, 즉 지혜로움에 도달한다는 것은 지(智)이니 당연히 인지 영역이겠지요. 또한 성의는 하고자 함에 의미가 올바르다는 것이므로 의(義)와 영성 영역과 매칭됩니다. 정심은 마음을 이루는 감정을 다스린다는 의미기에 정서 영역과 인(仁)으로 연결된다고 해석할 수 있습니다.

인간의 네 가지 영역에서 각각 이루어져야 할 것들이 이루어지면 비로소 인간의 몸과 마음, 정신도 건강해집니다. 그런데 '자신이 스스로 건강하면 관계도 건강하고, 그것을 바탕으로 공동체 또한 건강해짐에 따라 최종적으로 세상 모두가 성공과 행복을 얻는다'는 진리가 수천 년 전 동양에선 이미 알려져 있었던 것이니 놀라울 뿐입니다.

내 안의
고요한 중심을 잡기

먼저 자신의 몸을 다스려라

앞서 '몸은 자신, 마음은 관계, 정신은 공동체 차원에서 생존하고 성장할 수 있게끔 건강하게 조율되어야' 한다고 이야기했습니다. 더불어 저희가 그 세 가지 차원의 조율 능력을 '자기조율, 관계조율, 공익조율'로 일컬었습니다. 9장부터 11장까지는 이 각각의 조율들에 대해 조금 더 상세히 이야기하고자 합니다.

먼저 살펴볼 것은 '자기조율'입니다. 저는 몸을 다스리는 자기조율 능력이 발휘되어야 사려 깊은 행동을 하게 된다고 봅니다. 몸은 생각 또는 감정으로 움직일 수 있습니다. 가령 손을 앞으로 내미는 행동은 그렇게 하겠다는 생각을 함으로써 이뤄지지요. 반면 그럴 생각은 전혀 없었는데 감정만으로 손이 나가는 경우도 있습니다. 화가 나면 주먹이 저절로 나갈 수 있으니까요. 물론 나중에는 사려 깊지 못한 행동이었음을 깨닫고 뒤늦게 후회하게 됩니다.

자기조율의 핵심은 스트레스 상황에 놓여 생존 모드로 자동 각성된 몸을 이완시키고 성장 모드로 진입하는 능력을 발휘하는 것입니다. 원시인들에게는 싸움이나 도피가 곧 생존 전략이었겠지요. 하지만 현대인들의 경우 싸움은 욕설, 폭언, 폭행이라 위법이 되고, 도피는 술, 게임, 야동 등 쾌락에 대한 중독으로 이어지기 쉽습니다.

스트레스를 피하는 것은 불가능한 일이지요. 그럼에도 몸을 이완시키는 기술을 발휘해야 합니다. 성장 모드로 들어가는 시동은 심호흡으로 걸 수 있습니다.

저는 생존에 치우친 인간의 동물성을 '본능'이라 칭하는 것을 싫어합니다. 물론 인간이 생물적 요소, 동물적 요소와 더불어 영물적 요소를 차례로 갖추는 것은 사실이지요. 그러나 이 세 가지 모두가 인간의 본능이라는 것이 저희의 생각입니다. 세 요소 사이엔 그저 약간의 우선순위가 있을 뿐이지요.

『구약성경』의 「창세기」에는 하느님이 세상과 사람을 만들고 아담과 이브에게 한 첫 말씀이 나옵니다. "Be fruitful and multiply"가 그것이지요. 흔히 '생육하고 번성하라'라고 번역되지만 저희의 생각은 조금 다릅니다. 이 말의 앞부분은 상태를, 뒷부분은 행동을 지칭한다는 점에 초점을 맞추기 때문입니다.

'Be fruitful'은 과일나무가 열매를 맺는 수준까지 성숙하게 성장한 상태를 뜻합니다. 'multiply'는 마치 불어나는 곱셈처럼 번식하라는 뜻이고요. 그러니 하느님의 첫 말씀은 곧 '잘 살고 번식하라'는 뜻입니다. 하느님은 인간의 코로 직접 숨을 불어넣어주면서 인간의 생존은 물론 인간이 서식하고 번식할 수 있는 성장을 위해서도 축복한 것입니다.

인간은 나무처럼 성장하며 열매를 맺는 생물 요소, 움직이고 번식하는 동물 요소, 선과 악을 구분하며 수치심을 느낄 수 있는 영물

(영장류) 요소도 지녔습니다. 내면에 있는 이러한 세 요소를 잘 조율해야 우리는 인간답게, 또 선하게 잘 살 수 있습니다.

특히나 인간에 대한 우리의 지적 전통은 성선설(性善說)입니다. 성선설은 인간의 영물성(靈物性)을 강조하지요. 즉, 그저 세상에 태어났으니 그냥 살아나가는 생물 및 동물과 달리 선과 악이 공존하는 세상에서 본능적으로 선을 추구하는 가치관과 방향성을 지닌 존재임을 뜻하는 것입니다.

가장 경계해야 할 행동, 내로남불

몸은 외부 자극을 받으면 감을 느끼는데, 우리가 그 감정을 어떻게 처리하는가에 행동도 크게 좌우됩니다. 감정을 잘못 처리하면 본인도 힘들겠지만 남에게까지 피해를 줄 수 있습니다. 저는 이런 사람을 '감정 폭군'이라고 칭합니다.

감정 폭군에는 두 가지 유형이 있습니다. 첫 번째는 갑질하는 사람입니다. 앞서 말했듯 갑질은 '자신의 부정적 감정을 주변의 약자에게 마구 퍼붓는 일'입니다. 자신의 감정을 전혀 다스리지 못하는 미성숙한 사람이 하는 짓이지요. 일터에서 상사가 부하직원에게 함부로 대하는 것뿐 아니라 집에서 부모가 자녀에게 신경질을 부리는 것도 일종의 갑질인 셈입니다. 피해자인 부하직원이나 자녀, 또는 '을'의 입장인 서비스업 종사자들은 갑질에 맞설 힘이 없기 때문에 일방적으로 당하며 큰 고통을 겪습니다.

두 번째는 갑질처럼 노골적인 가해를 하는 것은 아니지만 피해자에게 큰 고통을 주는 사람입니다. 자신이 느끼는 감정은 분명히 주관적인 것임에도 그것이 마치 글로벌 스탠더드라도 되는 듯 모두가 그렇게 느껴야 한다고 여기는 사람이지요.

이런 사람은 누군가 본인과 다르게 느끼면 그가 잘못된 것처럼 비판합니다. 또 자신의 감정을 표준으로 삼기 때문에 자신이 화가 나면 남이 잘못해서 그리 반응하는 것이라 하고, 남이 화가 나면 그건 그 사람의 인격이 부족한 결과라고 치부합니다. 전형적인 내로남불 현상이지요. 이는 생각과 감정에 각각 다른 잣대가 작동하는 탓에 일어납니다.

생각은 객관적 잣대가 함께할 때 예리해집니다. 학교 교육에서 학생들에게 기본적으로 가르치는 것이 객관적 팩트를 사용하여 객관적 결론에 도달하는 방법인 것도 이런 이유에서입니다. 이런 방법을 익히지 못하면 제멋대로 생각할 뿐 아니라 자신의 생각만이 옳다는 착각에 빠집니다.

객관적 기본을 단단히 갖추는 것은 창의력 발달에도 중요합니다. 창의력의 핵심인 유연성은 객관적 생각에 주관성을 가미할 때 생겨나기 때문입니다.

생각과 달리 감정은 주관적 잣대로 작동합니다. 같은 그림을 보더라도 느끼는 것은 저마다 다르고, 같은 노래를 듣는데 펑펑 우는 청중이 있는가 하면 시큰둥하게 앉아 있는 사람도 있습니다. 자극에 대해 어떤 감정을 얼마나 느끼는지는 그래서 지극히 주관적인 일입니다.

이처럼 우리 마음에선 객관적 잣대와 주관적 잣대가 항시, 그리고 동시에 작동합니다. 대개의 사람들은 남에겐 객관적 잣대를 들이대지만 자신에겐 주관적 잣대를 적용하기 쉽고, 적에겐 사사건건 시비를 거는 데 반해 아군에겐 한없이 관대해지기도 합니다. 이중적 인간, 혹은 내로남불이 되기 쉬운 것이지요.

내로남불은 우리가 가장 경계해야 하는 습성입니다. 동서를 막론하고 인간이 지켜야 하는 첫 행동 규칙인 황금률이 바로 내로남불에 대한 경고니까요.

「마태복음」에는 "다른 사람들이 너에게 해주었으면 하고 바라는 대로 너도 그들에게 하라"라는 예수님의 말씀이, 『논어』에는 "내가 원하지 않는 것은 남에게도 시키지 마라"라는 공자님의 말씀이 나옵니다. 마치 한 동전의 양면처럼 같은 내용의 이야기를 예수님과 공자님께서 사이좋게 하나씩 나누어 언급하신 것입니다. 아마 부처님께서 거드셨다면 "어차피!" 하며 한말씀 하셨을 수도 있습니다. "아, 차안(此岸)이나 피안(彼岸)이나 그게 그것 아닌가!"

아마 내로남불을 경계한다는 것이 실천하기 쉬웠다면 이처럼 수천 년간 황금률로 내려오지 않았겠지요. 역설적으로 보자면 황금률이란 건 그것을 실제로 행하기가 어렵다는 증거입니다.

사실 어려울 수밖에 없습니다. 내로남불은 양면을 지닌 마음의 특성이니까요. 그렇기에 아무리 마음을 고쳐먹겠다 해도 이는 고쳐지지 않습니다. 마음에는 내로남불의 해결책이 없기 때문입니다.

절도 있는 올바른 몸은 예의를 갖췄을 때 가능하듯, 올바른 마음은 멀리 내다보고 폭넓게 헤아리는 시각을 갖춰야 가능합니다. 그래서 우리는 제3의 눈을 지녀야 합니다. 이러한 예의와 시각은 정신의 영역에 속합니다. 따라서 내로남불을 해결하는 실마리는 정신에서 찾아야 합니다.

창의력은 몸과 마음의 여유에서 나온다

앞서 '깊이 읽기_ 감정과 생각의 기원'에서는 긍정적 감정이 창의력 발휘의 핵심이라고 말했습니다. 그런데 이러한 긍정적 감정의 형성은 몸과 마음의 상태가 어떠한가에 달려 있습니다.

두뇌는 기본적으로 생존 모드를 대기 모드로 삼습니다. 스트레스를 받으면 언제든지 생존을 위한 행동을 자동으로 취하게끔 준비 태세를 갖춘 상태지요. 그리고 생존 모드에 시동을 걸라는 신호를 보내는 것이 바로 부정적 감정입니다.

부정적 감정 상태에선 성장 모드를 작동시키기가 요원합니다. 감정을 부정에서 긍정으로 이동시킬 수 있어야 고차원적 생각과 창의력을 발휘할 수 있지요. 이 이치를 터득한 기업이 바로 세계 젊은이들이 가장 취업하고 싶어 하는 구글입니다.

구글 직원들은 출퇴근 시간에 매이지 않고 회사를 마음대로 오갈 수 있을 뿐 아니라 편하게 누워서 일하거나 건강하고 맛있는 최고급 음식을 언제든 맘껏 먹는 것도 가능합니다. 심지어 자녀를 데리고 출근할 수도 있지요. 어린아이를 둔 부모라면 이런 환경이 얼마나 마음을 편하게 만들어주는지 잘 아실 겁니다. 마음 놓고 아이를 맡길 곳이 마땅치 않을 경우엔 엄청난 스트레스를 받으니까요.

어떤 사람은 구글이 돈 많은 회사라 직원들에게 복지 혜택도 확실하게 제공하는 것이라 여깁니다. 그러나 반대로 생각해야 합니다. 직원들이 긍정적 감정과 풍요롭게 만나게 해주는 전략을 실행하기 때문에 직원들의 창의력이 발휘되고, 그 결과 회사가 돈방석에 앉게 된 것이라고요.

구글에는 20:80 법칙이 있습니다. 직원이 회사에서 보내는 시간의 80퍼센트는 해야 하는 일에 쏟고, 나머지 20퍼센트의 시간 동안에는 자신이 하고 싶은 일을 할 수 있게끔 여유를 허락하는 것이지요. 창의력은 바로 이러한 여유에서 나옵니다.

스트레스를 받을 때는 시야가 저절로 좁아집니다. 공격과 도피는 정신 집중을 필요로 하는 행위이고, 정신을 집중하면 한 곳만 봐야 하니 자연히 시야가 좁아지지요. 그래서 문제에 집중하는 것은 문제만 눈에 들어올 뿐 정작 해결책은 볼 수 없는 역설적 결과로 이어집니다.

우리는 최고의 창의적 발상을 얻는 사례를 어릴 때 배웠습니다. 아르키메데스는 목욕을 하던 중 오랫동안 풀지 못하고 있던 부력의 법칙에 대한 영감을 갑자기 얻었고, 뉴턴은 나무 밑에서 휴식을 취하다 중력의 법칙을 깨닫게 되었다는 이야기 말입니다. 창의력의 상징이 된 이 일들은 모두 몸과 마음이 가장 편안한 상태에서 벌어졌습니다. 이것이 우연의 일치가 아님은 과학적으로도 증명된 바 있고요.

그럼에도 한국에서는 직장인의 73퍼센트가 직장에서 스트레스를 받는다는 한국건강증진개발원 보고서가 《매일경제》에 기사로 실렸습니다.[1] 그런 부정적 감정 상태의 사람들은 상사가 시키는 일이야 잘할 수 있을지 몰라도 창의적이고 혁신적인 발상을 하긴 어려울 것입니다.

더 슬프게도 이런 상황이 학교에서도 벌어지고 있습니다. 한국 학생들의 행복도는 세계 꼴찌 수준입니다. 국어, 수학, 과학은 세계 최상급인데 왜 창의력 분야에선 그렇지 않은지 이제 이해가 됩니다. 창의력은 다름 아닌 긍정적 정서를 누릴 수 있을 때 나타나는 것이기 때문입니다.

학습의 즐거움은 공부해야 하는 내용이 쉽고 재미있는 데서 오는 것이 아니라 학습 덕에 자신이 더 큰 존재로 성장하고 있다는 확신에서 느껴지는 것입니다. 『논어』는 "배우고 때로 익히면 또한 기쁘지 아니한가"라는 문구로 시작하지요. 공자님이 학습을 즐거운 상태와 연관지어 이야기하신 것도 이런 이유에서였을 것입니다.

창의력은 고작 새로운 물건이나 디자인을 고안해 내는 데 그치는 능력이 아니라 좀더 발전하고 성숙한 삶을 살게 성장시켜주는 힘입니다. 어제와 다른 오늘을 살아가게 하는 힘, 오늘과 다른 내일을 만나게 하는 능력이지요. 그래서 창의력 모드는 곧 성장 모드에 해당합니다.

우리는 오늘보다 나은 내일로 나아갈 수 있습니다. 창조력은 곧 자유입니다. 주어진 것 중 하나를 고르는 것이 아닌, 스스로 선택의 여지를 만들어내는 게 진정한 자유니까요.

무덤덤함과 담담함은 다르다

편안한 상태를 이해하자면 감정 분포도를 조금 알아야 합니다. 앞서 '깊이 읽기_ 뇌과학과 생리학'에서 설명했듯 감정은 신경계와 호르몬계의 작동으로 이루어지는데, 하트매스 연구소가 '감정날씨 분포도'라 이름붙인 다음의 도표를 보면 좀더 이해하기 쉬우실 것입니다. x축은 긍정부터 부정까지 이르는 호르몬계의 작동을, y축은 각성부터 이완에 이르는 신경계의 작동을 나타냅니다.

분노는 격하고(각성되고) 부정적이니 감정 분포도의 왼쪽 윗부분에 위치합니다. 우울함은 부정적이되 힘이 쭉 빠지는 상태이니 왼쪽 아랫부분에 위치하지요. 신나거나 기쁜 것은 흥분(각성)되고 긍정적인 상태니 오른쪽 윗부분에 위치합니다.

물론 모든 사람이 하나의 감정을 똑같이 느끼지는 않습니다. 슬프다고 대성통곡하는 사람도 있고, 조용히 눈물을 흘리는 사람도 있으니까요. 사랑이란 감정 상태 역시 위아래로 나뉩니다. 입가에 미소를 짓게 하는 은은한 사랑이 있는가 하면 뜨거운 열정에 타오르는 사랑도 있으니까요.

담담함은 감정 분포도의 정중앙에 자리합니다. 우리가 행복해지고 싶다면 대부분의 시간을 정서적 중립 상태에서 보낼 수 있어야 합니다. 각성 상태는 많은 에너지를 소모하기 때문에 긍정 모드에서든 부정 모드에서든 지속가능하지 않습니다. 많은 사람들은 행복을 짜릿하고 황홀하며 신나는 상태라 연상하고 기대합니다만, 사실 그런 상태는 일시적 체험으로만 가능할 뿐이지요. 계속해서 그 상

각성

압박감　　배신감　　　　　　흥겨움　　　환희
　　　　　　　　　　　　　기쁨
분노　　짜증　　초조함　　벅참　　　희망
　　　　　　　　　　　　　　　　　　설렘
증오　　경멸　　놀람　　　　　신남

역겨움　　　불안　　흥미로움

　　　　　　　　　　　　　자신감　　경이로움

부정　　　　　　　　담담함　　　　　　　긍정

　　　실망감　　　　　푸근함　　배려심
슬픔　　　　　　　　　　　　　사랑
불편함　　귀찮음　　보람　　　　　든든함
　　　　지루함　　　평온함
　　　　　　　안전함
　　우울감　　　　자부심
외로움　　　피곤함
절망감　　무력감　　고마움　　　평화로움

이완

감정 분포도에 나타난 '편안한 감정 중립' 상태

태에 머물 수 없다는 뜻입니다.

　연애할 때나 신혼 때 서로 바라만 봐도 설레고 흥분했던 기분이 계속해서 유지될 거라 기대하시나요? 그게 평생 가는 진정한 사랑이 아닌가 봅니다. 부부 및 부모 자녀 관계 전문가인 존 가트맨(John Gottman) 박사의 연구에 의하면 행복한 노부부는 정서적으로 편안한 상태에서 가장 많은 시간을 함께 보내는 부부라고 합니다.[2]

　정서적 중립 상태에는 두 종류가 있습니다. 무덤덤함과 담담함입니다. 저는 매우 비슷해 보이며 흔히 혼용되는 이 두 단어를 일부러 구분 짓습니다. 무덤덤함은 감정을 아예 못 느끼는 상태를 지칭합니다. 누가 옆에 있어도 없는 것처럼 무반응입니다. 맛있는 음식을 함께 먹어도 맛있다는 말 한마디가 없고, 좋은 옷을 사줘도 무표정입니다. 그래서 무덤덤한 사람과 같이 사는 것은 매우 힘든 일입니다. 감정을 느끼지 못하면 공감력이 있을 리 없고, 공감하지 못하면 소통이 안 될 뿐 아니라 관계를 형성하기도 어렵기 때문입니다.

반면에 담담함은 스트레스 때문에 일시적으로 부정적 감정을 느꼈더라도 곧바로 편안함을 회복한 상태입니다. 감정 분포도에서 볼 수 있듯, 만감이 교차하는 중앙에서 외부 자극에 휘둘리지 않으며 중심을 잡고 사는 사람들이 보여주는 모습이지요.

무덤덤함은 무딘 사람이, 담담함은 무던한 사람이 보이는 모습입니다. 무덤덤이 아닌 담담함을 유지하세요.

정중동 상태일 때 선택의 여지가 생긴다

자기조율의 시작은 몸의 이완입니다. 몸이 편안해지면 평정심이 확보됩니다. 평정심은 졸린 상태가 아니라, 감정은 안정되어 고요한데 생각은 맑고 잘 돌아가는 정중동(靜中動) 상태입니다. 물 위의 모습은 평화롭지만 물 밑에선 발을 분주하게 움직이는 오리와도 같은 상태지요.

유능한 리더나 문제해결사는 스트레스 상황에서 이러한 정중동 상태를 유지할 수 있는 사람입니다. 이들은 모두가 놀라거나 겁먹은 상황에서 태연하고 담담하게 문제를 해결하지요. 미리 준비된 해결책을 동원하는 것은 관리자이고, 한 번도 경험하지 못한 문제를 해결하는 것은 리더입니다. 즉, 리더는 창의력을 발휘하는 혁신적인 사람인 것입니다.

정중동 상태는 허(虛), 공(空), 무(無)의 상태와 일치합니다. 공과 무는 불교의, 허는 노자 사상의 핵심 개념이지요. 이 셋은 영어의 'nothing' 'empty' 또는 'nil'과 근본적으로 다른 개념들입니다.

허(虛)는 아무것도 없는 게 아니라, 아무것도 없는 듯 보이지만 가장 중요한 것은 남아 있다는 의미를 지닙니다. 이 한자의 모양을 바탕으로 뜻풀이한 것을 보면 재미있습니다. 들판에서 뛰놀던 여러 작은 동물들이 갑자기 사라져 들판이 텅 빈 것으로 보였는데, 자세히 보니 언덕(丘) 위에 호랑이(虎)가 나타나 그랬던 것이라는 내용이니까요.

『도덕경』에서 노자는 바로 '허'라는 곳이 희미한 '홀황(惚恍)'이며 묘한 곳이라 하였습니다. 잡힐 듯 말 듯, 보일 듯 말 듯하지만 이상한 것이 쏟아져 나오는 황홀한 곳으로 보았으니 결국 창의력의 보고라는 뜻도 됩니다. 창의력의 아이콘인 스티브 잡스가 매일 명상을 하면서 평정심을 연마한 것도 아마 이 때문인가 봅니다.

앞서 잠깐 언급했듯 창의력은 선택의 여지와 직결됩니다. 여러분은 '선택'이라고 하면 어떤 게 연상되시나요? 여럿 가운데 하나를 골라 뽑는 행위가 가장 먼저 머릿속에 떠오르겠지요. 어쩌면 이는 우리가 사지선다형 문제풀이에 너무 길들여진 탓일지도 모르겠습니다.

하지만 우리는 스스로 새로운 선택지를 창조해낼 수도 있습니다.

주어진 것 외에 또 하나의 새로운 가능성을 스스로 만들어 고려할 수 있기 때문입니다. 다만 이것은 여유가 있을 때 가능한 방법입니다.

허심(虛心)은 마음을 비운 상태, 감정을 가라앉히고 생각을 내려놓은 상태입니다. 자신의 생각과 감정으로 꽉 차 있으면 남의 생각을 경청하지 못하고 남의 감정에 공감하지 못합니다. 소통의 핵심은 경청과 공감이니 허심은 좋은 관계를 맺는 기본이라 할 수 있습니다.

다시 말해 허심의 상태로 평정심을 유지하는 것은 자기조율과도 같고, 관계조율을 위한 준비 자세이기도 하지요. 10장에선 이 관계조율에 관한 이야기를 풀어가겠습니다.

- 우리 내면에 있는 생물, 동물, 영물 요소를 잘 조율해야 인간답게, 선하게 잘 살 수 있다.
- 생각은 객관적 잣대를 갖출 때 예리해진다.
- 감정은 주관적 잣대로 작동한다.
- 내로남불을 해결하는 실마리는 정신에서 찾아야 한다.
- 창의력은 어제와 다른 오늘을 살아가고, 오늘과 다른 내일을 만나게 하는 능력이다.

행복은 '조금씩 자주'에
달려 있다

인간관계에 대해 버려야 할 선입견

이제 관계조율에 대해 이야기하고자 합니다. 스트레스 요인에는 크게 두 종류가 있습니다. 상황(환경)에서 받는 스트레스, 그리고 사람한테서 받는 스트레스입니다. 전자보다는 후자의 것이 훨씬 더 크고 해결도 잘 안 되지요.

혼자 있을 때는 앞서 배운 자기조율이 그나마 조금 가능한 데 반해 사람이 주는 스트레스는 열불이 나서 아무것도 눈에 보이지 않게 만들 때가 많습니다. 이처럼 관계조율은 자기조율보다 더 어렵고 복잡합니다. 관계조율에는 마음이 깊게 개입되기 때문입니다.

관계조율을 잘 하려면 먼저 인간관계에 대한 몇 가지 선입견을 버려야 합니다. 누군가와 갈등이 빚어지는 원인을 성격, 성별, 생활습관, 취미 활동 등 '차이'에서 찾는 회피성 발상부터 버려야 합니다. 운과 점을 믿는 의존성 역시 마찬가지입니다.

결혼을 앞둔 사람들은 재미 반 호기심 반으로 점집을 많이 찾습니다. 인생 최대의 결정을 내리는데 미래를 확신할 수 없어 답답한 모양입니다. 그런데 재미 삼아 본 점이라 해도 내 마음이 반반으로 나뉠 때는 큰 영향을 미칠 수 있습니다. 마치 양팔저울이 평행 상태에 있을 때 지극히 작은 모래알이 한쪽에 놓이면 저울이 그쪽으로 기울 듯 말이지요. 상대와의 만남이 잘못될 경우엔 점이 예언한 운명을 탓하면 되니 마음이 조금 편안해질 수 있습니다.

점을 보는 것은 과거부터 오래 이어져온 인간의 습성인가 봅니다. 5,000년 전에도 거북이 등껍질로 점을 쳤다는 고고학적 증거가 중국 문명의 기원인 황허(黃河) 지역에서 무더기로 쏟아져 나왔으니까요. 그러나 갑골문자는 이보다 최소 2,000년이나 앞선 홍산문화(紅山文化)의 발원지인 요하(遼河) 지역에서도 발굴된 바 있습니다. 그러니 점을 보는 행위는 최소 7,000년 동안이나 이어온 셈이지요(참고로 요하 지역은 고구려의 앞마당이었고 고조선의 무대라는 이야기도 있으니 우리 민족과 무관한 곳이라 할 수 없습니다).

요즘에는 새로운 형태의 사주풀이가 인기를 끌고 있습니다. MBTI 성격 분석으로 사람의 관계를 매칭시키는 방식이 그것입니다. 사주풀이든 성격풀이든 인간의 미래가 이미 정해져 있다고 믿는 면에서는 똑같습니다.

연예인들의 이혼 소식에는 어김없이 '성격 차이'라는 단어가 등장합니다. 자신들의 잘못이 아님을 내포하고 있는 표현이지요. 연인이나 부부 사이에서 빚어지는 갈등에선 성별 차이가 종종 원인으로 강조되기도 합니다. 한때 세계적인 베스트셀러였던 존 그레이(John Gray)의 『화성에서 온 남자, 금성에서 온 여자』에서는 '남녀 관계란 근본적으로 어려운 것'이라는 결론을 내렸지요.

이 책의 내용이 지나치게 확산되자 1997년 미국의 가장 유명한 심리학 잡지 《사이콜로지 투데이(*Psychology Today*)》에는 존 그레이의 실체를 밝히는 글이 실렸습니다.[1] 그는 부부를 관찰하거나 연구한 경험이 없고 이와 관련된 논문 역시 한 편도 쓴 적이 없음을 비판하는 글이었지요.

다시 말해 『화성에서 온 남자, 금성에서 온 여자』는 그저 저자가 화려한 화술로 재미있게 썼지만 성격이나 성별에 대한 과학적 근거 없이 쓴, 사실상 소설이나 마찬가지인 책이라는 것이었습니다. 더불어 글쓴이는 '굳이 남의 조언을 듣고 싶다면 존 가트맨 박사의 과학적 연구결과에 귀를 기울여라'라는 말도 덧붙였습니다.

가트맨 박사는 현재까지 3,600쌍의 부부를 40년 넘게 관찰 및 연구하며 40여 권의 책을 집필했습니다. 부자지간에 대한 연구까지 합하면 그의 논문 중 무려 109편이 SCI에 올라 있습니다. 20세기의 가장 영향력 있는 심리학자 중 한 명으로 꼽힌 가트맨 박사는 아마도 10년 후쯤 되면 지그문트 프로이트(Sigmund Freud)와 같은 반열에 오르지 않을까 예측해 봅니다.

지금까지의 심리학은 개개인의 마음과 정신에 초점을 맞췄습니다. 그와 달리 가트맨 박사는 '인간(人間)'이라는 한자의 뜻 그대로 사람 사이를 연구하는 관계심리학의 선구자입니다. 1차원에 머물렀던 심리학이 가트맨 박사의 연구들을 계기 삼아 2차원 심리학으로 발전하게 된 것입니다.

가트맨 박사의 핵심 메시지는 간단합니다. 부부지간, 부자지간, 사제지간, 동료 사이 등 모든 인간관계에서 우리는 좋은 관계를 맺고 상대를 사랑하고 싶어 하지만 그런 의도만으로는 불충분하다는 것입니다. 그는 관계를 만들고, 유지하고 키우는 기술만이 그런 관계를 가능하게 한다는 사실을 밝혀냈습니다.

뇌과학자 존 메디나(John Medina)는 베스트셀러 『브레인 룰스』에서 가트맨 박사의 연구를 극찬하며 이렇게 이야기했습니다. "미국의 교육과 기업의 미래는 가트맨의 손안에 있다."[2]

기업들도 관계에 대한 연구결과에 지대한 관심을 보이고 있습니다. 직장인 열 명 중 여덟 명은 일보다 사람이 싫어 회사를 떠난다고 하니까요.[3] 일이 힘들거나 적성에 맞지 않아서, 근무 환경이 나빠서가 아니라 관계조율이 어려워서 퇴사하는 것입니다. 먹고살기 힘들었던 시절에는 아무리 사람이 싫어도 참고 버텼지만 요즘은 싫으면 그냥 박차고 나옵니다. 이직은 개인에게도 손해지만 회사 입장에서도 그렇습니다.

관계가 좋으면 업무도 원활해진다는 사실은 우리 모두가 이미 잘 알고 있습니다. 실제로 회사에서 관계를 조율하는 흔한 방법은 회식입니다. 함께 먹고 마시고 노래 부르면서 그간 쌓였던 스트레스를 날리고 팀워크도 다질 수 있으니까요. 하지만 직원들 입장에선 소중한 저녁 시간을 헌납해야 한다는 게 내키지 않거나 술에 몸이 희생될 것이 걱정스러울 수도 있습니다. 사람에 대한 스트레스는 회복된다 해도 상황적 스트레스는 증가하는 셈이지요.

그러나 회식에 따를 수 있는 가장 큰 문제는 그 자리에서 '형님' '아우님' 하며 관계를 회복하고 좋게 다졌다 느껴도 이튿날이 되면 아무도 기억하지 못한다는 점입니다. 그래서 며칠도 지나지 않아 다시 서로가 스트레스를 주고받으며 직장을 떠나고 싶다고 느끼지요.

관계조율은 술기운을 빌어서가 아니라 맨정신에서 해야 합니다. 효과도 없고 건강도 해치는 방식을 굳이 써야 할 필요는 없으니까요.

갈등은 해결이 아니라 관리해야 하는 것

좋은 관계조율 방법을 구체적으로 알아보기에 앞서 가트맨 박사의 연구결과를 몇 가지 소개하려 합니다. 지금까지 여러분이 다양한 관계에서 받은 스트레스를 푸는 실마리를 발견할 수 있을 것입니다.

첫째, 오랫동안 저마다 다른 성격과 기질, 생활습관, 사고방식, 비전, 가치관을 갖고 살아온 사람들이 함께 생활할 때는 충돌이 일어날 수밖에 없습니다. 모든 관계엔 갈등이 있고, 갈등은 매우 자연스러운 현상이라는 뜻입니다. 따라서 관계에 갈등이 있다는 그 자체는 문제가 될 수 없습니다.

이 이치를 모르는 사람들이 흔히 하는 말이 있습니다. "우리 부부 사이엔 갈등이 많아서 문제예요" 혹은 "우리 회사의 큰 문제는 직원들 사이에서 갈등이 많이 일어난다는 거예요" 등입니다. 하지만 아닙니다. 부부 사이, 또 직원들 사이의 갈등은 지극히 정상이고 자연스러운 일이라 문제가 될 수 없습니다. 오히려 이런 자연스러운 현상을 문제로 여기는 것이 문제지요.

진짜 문제는 그런 갈등에 대처하는 기술이 없거나 부족하다는 것입니다. 가령 여러분이 집에서 나올 때 우산을 챙기지 않았는데 비가 온다면 무엇이 문제가 될까요?

비는 그저 자연스러운 현상이니 문제가 못 됩니다. 비가 내리는데 내 손에는 우산이 없다는 게 문제가 되지요. 이럴 땐 친구나 동료에게서 우산을 빌리거나 편의점 같은 곳에서 사면 됩니다. 하지만 내리는 비가 문제라 생각한다면 아무것도 하지 못한 채 비를 맞거나 비가 그치기만을 멍하니 기다리겠지요. 이처럼 문제에 대한 대처는 그것을 정확하게 인지해야만 가능한 일입니다.

둘째, 관계의 종류는 부부, 부자, 사제, 동료, 노사 등 다양하지만 그 저변에 자리하는 갈등의 원인은 동일합니다. 갈등 상황은 다를 수 있어도 갈등 구조는 똑같다는 뜻입니다. 그렇기에 어떤 한 관계에서 일어난 갈등의 구조를 이해하고 그에 대처하는 기술을 갖춘다면 다른 관계에서의 갈등 상황에도 똑같이 적용할 수 있습니다. 갈등 상황별로 다른 대처법을 배우고 실행할 필요가 없으니 이 얼마나 다행인가요.

셋째, 흔히 갈등의 요인이 되는 성격, 기질, 사고방식, 가치관의 차이는 아예 바뀌지 않거나 쉽게 변하지 않습니다. 그렇기에 이런 원인에서 빚어진 갈등은 결코 시간이 해결해 주지 않습니다. 대부분은 영속적인 것이니만큼, 우리는 갈등을 '해결해야 할' 대상이 아닌 '관리해 나가는' 대상으로 인지해야 합니다.

『최성애 박사의 행복 수업』에서 가트맨 박사는 '부부 사이에서의 갈등 중 69퍼센트는 영속적 갈등'이라고 설명합니다. 해결책이 없다는 뜻이지요. 그럼에도 많은 부부는 갈등 해결을 위해 서로 싸우거나 상대를 달래보는가 하면 윽박지르기까지 합니다. 그러나 아무런 효과도 거둘 수 없어 몇 년이 지나면 완전히 지치고 절망하기에 이릅니다. 방법 자체가 잘못되었으니 무용지물일 수밖에 없는 데다 오히려 갈등을 더 키우는데도 그런 방법을 고집하며 애쓰는 부부들을 보면 안타깝습니다.

해결을 위해 동원하는 기술과 관리를 위해 동원하는 기술은 다릅니다. 예를 들어, 우리가 살면서 걸리는 질병들 중에는 빨리 수술을 해서 해결할 수 있는 급성 질환이 있는가 하면 죽을 때까지 상태를 관리해 나가야 하는 만성 질환도 있습니다. 대다수 질병은 후자에 해당합니다. 만성 질환을 앓는 환자에게 '수술을 하면 당장 병을 치료할 수 있다'며 수술용 칼을 함부로 휘두르는 것은 매우 위험한 일이지요.

마찬가지로 우리의 인간관계에서 일어나는 갈등 역시 만성 질환에 가깝습니다. 그러니 단칼에 해결하는 방법을 찾기보다는 여유를 갖고 천천히 관리해 나가겠다고 마음먹는 편이 좋습니다.

사람 사이에 신뢰를 쌓자

차이 때문에 존재할 수밖에 없는 갈등을 대립이나 싸움 혹은 회피로 이어지게 만드는 요인이 있습니다. 바로 부정적 감정입니다. 관계조율의 핵심이 감정조율임을 알아낸 가트맨 박사는 관계조율을 위한 구체적인 기술로 '감정 코칭'을 창안했습니다. 이 책이 감정에 대한 이야기로 시작한 이유 또한 이것입니다.

감정은 마음과 직결되어 있고 감각과 지각, 인지 등을 통해 알아차림과 정신 차림으로 연결됩니다. 이 책에 등장한 모든 내용이 실은 연관성을 갖는 것이지요. 관계조율을 통해 스트레스에서 회복하는 기술을 저희가 왜 이제야 소개하는지도 여러분은 이해할 수 있으실 것입니다.

모든 관계는 차이에서 시작한다 해도 과언이 아닙니다. 마치 서로 다른 극을 만났을 때 자석이 붙듯 사람도 차이에서 매력을 느끼니까요. 거친 사람은 섬세한 사람에게 매력을 느끼며, 부성애를 충분히 받지 못한 여성은 흔히 중후한 남성을 선호합니다. 이렇게 차이를 갖는 사람들이 만나면 서로의 부족함을 보완하고 시너지 효과를 극대화할 수 있습니다.

직장에서 직원을 뽑을 때에도 마찬가지입니다. 회사는 똑같은 성향의 사람들을 모집하지 않습니다. 모든 면에서 비슷비슷한 직원 열 명이 있는 회사는 생각의 폭 면에서 한 명을 크게 능가하지 않습니다. 그저 힘만 열 배가 될 뿐이지요. 육체적 노동력이 중요한 농업 시대나 초기 산업화 시대라면 이런 점이 위력을 발휘하겠지만, 창의력이 중요한 후기 산업화 시대에 이러한 인적 구성은 별 쓸모를 갖지 못합니다.

또한 4차 산업혁명 시대에 유능한 집단이 되려면 차이를 극대화해야 합니다. 집단 구성원이 열 명이라면 열 명 모두 서로 다른 생각, 사고방식, 가치관, 꿈과 비전을 지녀야 한다는 뜻입니다. 그럴 때 생각의 폭이 열 배가 아닌 백 배, 천 배로 커져 집단 지성을 발휘할 수 있기 때문입니다.

안정기의 집단은 명확하게 보이는 목표와 비전을 향해 구성원들이 일심동체가 되어 인내심, 충성, 끈기, 열정, 추진력을 발휘합니다. 함께 밥을 먹으면서 동질성과 친밀성을 확보해야 발휘되는 능력들이지요. 그러나 시키는 일을 시키는 방법대로만 해온 획일적 집단의 구성원들은 매 순간 새로워지는 창조 시대의 위기 상황에서 서로 쳐다만 보다가 쓰러지고 맙니다.

변화무쌍하고 예측이 불가능한 상황에 대처하며 위기를 극복하는 방안은 서로 다른 생각 패턴과 문제해결 방식을 가진 사람들이 각자의 의견을 맘껏 발언하는, 즉 '브레인스토밍(brainstorming)'을 하는 집단에서 나옵니다.

이와 달리 혁신기에 우리가 필요로 하는 집단은 서로 다른 생각 패턴, 가치관, 비전, 이념을 지닌 사람들이 함께 어울리는 집단입니다. 그러나 그러한 집단에는 갈등이 존재하기 마련이지요. 때문에 집단지성의 발휘에 있어 절실히 필요한 것은 갈등을 관리하고 관계를 조율해 나가는 능력, 즉 '하트스토밍(heartstorming)'과 더불어 '인성'이라는 능력입니다.[4] 인성은 실력이 없을 때 필요한 게 아니라 실력을 발휘하기 위한 전제 조건인 것입니다.

서로 다른 사람들을 초기에 끌어당겨주는 힘은 '차이'지만 한 번 형성된 관계를 유지시켜주는 힘은 '신뢰'입니다. 신뢰는 시시각각 오르내리는 주가와도 같은 '상태'입니다. 주가는 우리가 투자를 할 땐 오르고 외면하면 떨어지지요. 신뢰는 돈이 아닌 긍정심이 매개입니다. 긍정심을 투자하면 신뢰가 올라가고(쌓이고) 부정심이 많아지면 떨어진다는 의미입니다.

또 주가는 오르락내리락하다가도 걷잡을 수 없이 곤두박질치는 경우가 생기곤 합니다. 그러한 주식은 결국 헐값에 팔리거나 휴지 조각이 돼버리지요.

관계도 마찬가지입니다. 사람 사이에서 형성되는 신뢰는 그 정도가 높아지거나 낮아지거나 하는데, 어떤 계기로 인해 신뢰가 곤두박질치면 상대를 쓰레기 취급하듯 내다버리는 최악의 경우도 발생하곤 하니까요.

관계가 망가지는 열 단계 과정

우리는 어느 상황에서라도 누군가와 관계를 맺으면 서로 잘 지내고 함께 행복해지길 원합니다. 아기를 처음 안을 때 "네가 사춘기가 되면 우린 서로 원수처럼 싸울 거야"라 얘기하는 부모는 없을 것입니다. 처음부터 끝까지 행복한 부자관계가 되길 바라지요. 또한 결혼을 하면서는 '우리는 곧 지겹게 싸울 거야'라 예측하지 않고 검은 머리가 파뿌리 되도록 알콩달콩 재미있게 살 거라 확신합니다. 직장에서 신규직원이 입사하면 함께 잘 협력할 것을 기대합니다.

하지만 이런 바람들과 달리 현실에선 너무나 많은 관계들이 파탄으로 치닫곤 합니다.

지금부터는 관계가 망가지는 과정을 간략하게 설명하겠습니다. 관계의 파탄은 총 열 단계로 진행됩니다. 구체적인 설명을 위해 부부의 관계를 예로 들겠습니다. 이는 모든 유형의 관계에 다 적용되는 내용이니 기억하시고, 몸과 마음, 정신이 어떻게 개입되는지도 살펴보시기 바랍니다.

첫 단계는 너무 흔한 상황이라 관계에 해가 될 것이라는 생각조차 하기 어렵습니다. 예쁜 보름달을 보며 아내가 "여보, 저 달 좀 봐요"라 하는데 남편은 "밥 먹자"라는 식으로 엉뚱한 답을 하거나, 대꾸조차 하지 않거나, 스마트폰을 보면서 "응. 예쁘네" 같은 말을 성의 없이 합니다. 그러면 아내는 무시당하는 기분이 들겠지요. 왜 그런지 생각으론 잘 모르겠어도 감정은 상할 것입니다.

기분이 나빠지니 사소한 것 갖고도 티격태격 싸우게 됩니다. 부정적 감정이 공격성을 촉발하는 것이지요. 사실 연애를 할 때나 신혼일 때는 자주 다투기 마련입니다. 그런 모습을 보면 주변 사람들은 "쟤들 사랑싸움 하네" 하며 재미있어합니다만 천만의 말씀입니다. 이미 두 번째 단계에 이른 것이니까요.

이런 다툼은 사랑싸움이 아니라 관계에서의 경고로 여겨야 합니다. 이 시점에서 자신의 잘못을 빨리 알아차리면 관계는 쉽게, 또 빨리 회복되니까요. 그러나 사랑싸움으로 과소평가하고 대수롭지 않게 웃어넘기면 관계는 급속도로 나빠집니다.

세 번째 단계는 왜곡된 기억입니다. 앞서 '생각은 자동으로 부정성에 매몰된다'고 이야기했지요. 시간이 지나면 좋았던 날은 기억나지 않는 데 반해 싸운 날은 생생하게 기억이 납니다. '자이가르닉 효과(Zeigarnik effect)'라고도 하는 이런 현상은 '처리되지 않은 감정'이 자꾸 떠오르는 인간 고유의 경향 탓에 일어납니다.

네 번째 단계부터는 갈등이 심각한 수준에 진입합니다. 서로 싸웠던 기억이 쌓이니 이제는 상대가 사이코로 보이기 시작합니다. '저 사람은 너무나 이기적이야' '저 사람은 너무나 헤퍼' '항상 지각하는 걸 보니 저 사람은 참 무책임해' 등의 생각이 들면서 문제를 바라보는 시각이 사건에서 사람으로 옮겨가는 것입니다.

사건은 일시적 현상이라 언제든 상황이 달라질 수 있지만 사람은 쉽게 달라지지 않지요. 그래서 이 단계부터는 관계에 대한 후회와 절망감이 들기 시작합니다.

다섯 번째 단계부터는 대화할 때 말이 곱게 나오지 않고 공격적으로 나갑니다. "도대체 당신은 왜~"와 같은 비난성 어투로 말을 시작하거나 '늘' '항상' '맨날' '언제나'라는 단어들을 쓰지요.

이런 단어들이 포함된 말은 곧 비난과 같습니다. 상대방을 애초부터 글러 먹은 사람, 인격적으로 문제가 있는 사람으로 간주한다는 뜻이니까요. 그래서 상대는 마음에 엄청난 상처를 입고 싸움도 커집니다. 이 단계에 이른 사람들은 서로 치열하게 싸웁니다. 하지만 애초에 무엇 때문에 싸우기 시작했는지조차 기억하지 못합니다.

여섯 번째는 담쌓기 단계입니다. 입만 열면 서로 마음 상하고 싸우기 일쑤니 아예 말을 하지 않는 단계지요. 한 지붕 밑에서 함께 살거나 한 건물의 같은 부서에서 일을 하는데 그냥 남남처럼 지내는 상태가 됩니다. '고마'가 아닌 '고독'을 선택하는 것입니다.

그러나 인간은 말을 하지 않고선 살 수 없지요. 대화 상대가 생기는 것이 일곱 번째 단계입니다. 아내는 남편과 논의해야 할 것을 친정 엄마와 논의하고, 남편은 아내가 아닌 시어머니하고만 쑥덕쑥덕 이야기한 뒤 무언가를 결정해 버리는 식이지요. 오피스 와이프

(office wife)나 오피스 허즈번드(office husband)가 생기는 것도 바로 이 단계의 일입니다.

이렇게 배우자의 역할이 점점 줄어들다 보면 결국 배우자라는 존재를 쓸모없게 여기며 쓰레기 취급을 하는 여덟 번째 단계에 이릅니다. 상대를 경멸하고, 모독하고, 폄하하다 못해 존재 자체를 비하하기까지 하지요. 시각이 비뚤어져버리는 것입니다. 은퇴한 남편을 일컬어 세끼를 축낸다는 의미의 '삼식이'라 하는 부부라면 법적으로는 아닐지언정 정서적으로는 이미 이혼한 상태라 할 수 있습니다.

아홉 번째 단계에 이른 부부는 서로에 대한 믿음이 없고 신뢰가 완전히 바닥을 친 상태입니다. 그래서 상대가 정말로 좋은 것을 해줘도 저의가 있을 거라며 의심하지요. 갑자기 잘해주면 '어, 수상한데? 혹시 나한테 돈 달라고 하는 거 아닐까? 아님 혹시 뭔가 잘못한 게 있거나?' 하는 식으로 말입니다.

하지만 저의는 상대를 적으로 간주할 때 품는 것입니다. 다시 말해 상대에게 저의가 있을 거라 의심한다는 것은 곧 상대를 적으로 여긴다는 뜻입니다. 한 지붕 밑에서 함께 사는 사람이 나를 언제든 해칠 수 있는 적이라면 같이 있는 동안 얼마나 스트레스가 쌓이겠습니까. 정신이 피폐해지는 것은 시간문제겠지요.

이렇게 극심한 스트레스 상황에서 공격과 도피라는 두 가지 동물적 행동이 나오는 것이 열 번째 단계입니다. 공격적인 행위는 손찌검, 도피적인 행위는 외도입니다. 관계가 틀어진 부부들 중엔 "우린 사이가 좋았는데 이 사람이 갑자기 외도를 하는 바람에 관계가 망가졌어요"라는 식으로 이야기하는 사람들이 많습니다. 사실은 그와 정반대입니다. 이미 망가질 대로 망가진 관계가 외도로 이어진 것이니까요.

신뢰는 상대가 나를 최우선에 둘 것이라는 믿음입니다. 따라서 외도가 이뤄지는 열 번째 단계는 상대와의 신뢰를 허무는 최악의 단계이고, 그 이전 단계들은 모두 신뢰를 깎아먹는 배반의 단계들에 해당합니다. 내가 말을 하는데 경청하지 않는 것도, 나를 하찮은 존재로 여기는 것도 배반이니까요. 이 모든 단계에서는 부정적 감정이 오갑니다. 서로에게 퍼붓는 부정적 감정이 관계를 망가뜨리는 독인 셈입니다.

무너진 관계도 회복할 수 있다

병이 심하게 들어 망가진 관계라도 그 안에는 회복할 수 있는 가능성이 존재합니다. 가트맨 박사는 관계조율의 기술뿐 아니라 관계회복의 방법까지도 찾아냈습니다. 저희 HD행복연구소는 그의 방법이 분명히 효과적이라는 사실을 임상적으로 확인했습니다. 저희 연구소와 함께 있는 상담센터는 서울가정법원의 위탁기관이라 이혼 소송에 나선 부부가 의무적으로 받아야 하는 교육 및 상담을 진행하고 있는데, 가트맨 방식으로 관계가 회복된 사례가 실제로 제법 많았던 것입니다.

관계가 망가지는 10단계 과정 중 앞의 5단계까지는 상대적으로 쉽게 회복됩니다. 서로 조율하는 방식을 배우고 다시 애착을 형성하면 됩니다. 하지만 이미 열 번째 단계까지 가버린 상태라면 가장 먼저 잘못을 인정하고 반성하고 용서를 구하는 과정을 밟아야 합니다. 상대방 역시 알아차리고 인정해야 하는 부분이 있습니다. 자동차 사고가 나면 쌍방과실로 처리하는 경우가 흔하듯 부부 불화도 쌍방과실일 경우가 흔합니다.

물론 50대 50이라는 뜻은 아닙니다. 하지만 단 10퍼센트, 심지어 1퍼센트라도 본인의 책임이 있다는 사실을 알아차려야 합니다. 관계에는 양쪽이 다 개입된 상태이며 서로 상호작용하기 때문에 마치 제3자처럼 결과와 완전히 무관할 수는 없기 때문입니다. 이 사실을 알아차리고 인정한다면, 쉽지는 않아도 상대를 용서하는 것이 가능해집니다.

이런 방법을 통해 관계를 회복하여 원상복귀된 후에는 그것을 유지하기 위해 노력해야 합니다. 한 번의 회복으로 좋은 관계가 영원히 지속되는 것은 아니니까요. 관계 회복 방법과 더불어 가트맨 박사는 다음을 제안합니다.

가장 먼저 해야 할 것은 서로의 내면 세계를 잘 알고 호감과 존중을 충분히 나누고, 다가가는 대화법을 배워 실천함으로써 긍정적 감정의 선순환으로 진입하는 것입니다. 이를 통해 갈등 관리가 가능해지면 그다음엔 서로의 꿈과 가치를 공유하기 위해 노력해야 합니다. 같이 많은 시간을 보내는 동료나 가족 사이의 관계가 망가지는 것은 큰 사건이나 사고 때문이 아니라 일상에서 발생하는 사소한 독으로 부정성이 쌓이기 때문입니다.

서로의 관계가 안 좋아지면 흔히 "우리 대화 좀 하자"라고 하는

데 이는 실패하기 쉽습니다. 독이 퍼져 있는 상태에서 마음의 문을 열기란 쉽지 않은 일이니까요.

'내가 마음의 문을 조금 열어도 최소한 상대방이 독을 퍼붓진 않을 것'이라는 믿음이 있어야 소통이 가능해집니다. 이를 위해선 먼저 그 관계에서 긍정성을 쌓아야 합니다. 대화를 나눈 덕에 관계가 좋아지는 것이 아니라 관계부터 먼저 좋아져야 신뢰가 형성되어 소통이 가능해진다는 뜻입니다.

긍정성을 부정성보다 다섯 배 많게 유지하기

망하기 일보직전의 조직을 살펴보면 부정성이 긍정성보다 다섯 배 정도 높습니다. "아, 신난다"란 말 한마디당 "아, 짜증 나"란 말이 다섯 번, "고마워"란 인사말 하나당 "시끄러!"라는 호통이 다섯 번, 따뜻한 눈빛 교환 한 번당 싸늘한 눈초리 다섯 번, 훈훈한 미소 한 번당 섬뜩한 경멸의 표정이 다섯 배 정도인 상황이라 생각해 주세요. 실제로 조직에서 부정성과 긍정성의 비율이 1.25대 1, 즉 부정이 조금만 더 높아도 관계는 나빠지기 시작합니다.

그러나 건강하고 성공적인 조직에서는 이 비율이 반대로 나타납니다. 부정성과 긍정성의 비율이 1대 5인 것이지요. 앞서 '긍정적 생각을 부정적 생각보다 세 배 많이 하면 행복하게 살 수 있다'고 하며 이야기했던 '1대 3의 황금비율'을 기억하실 것입니다. 다만 개인적 차원을 넘어 조직처럼 좀더 복잡한 차원에서는 이 비율이 1대

5로 조금 높아진다고 이해하면 됩니다.

이 '1대 5의 황금비율'은 모든 조직에 공통적으로 적용되는데, 이 때의 조직은 일터만을 지칭하는 것이 아닙니다. 조직이란 한 사람 이상으로 구성된 모든 집단을 뜻하기에 기업, 국가는 물론 부부나 가족 또한 이에 해당한다는 점도 함께 기억해 두어야 합니다.

긍정성은 관계조율의 시작입니다. 사람과 사람은 서로 호감을 나누고, 배려하고, 존중하는 관계여야 합니다. 물론 사람인 이상 관계에 부정성이 전혀 없을 수는 없습니다. 가끔 비난이나 방어를 하게 되는 경우도 있으니까요.

그러나 중요한 것은 비율입니다. 부정성을 모두 없애야 하는 게 아니라 긍정성을 부정성보다 다섯 배 많게 유지하면 성공적인 조직으로 거듭납니다.

가트맨 박사의 연구결과에 따르면 긍정성을 쌓는 방법은 놀랍게도 간단합니다. 티끌 모아 태산이듯 긍정성도 '조금씩 자주(small things often)' 표현하는 것이니까요. 호감을 나누고, 존중하고, 감사하고, 배려하는 일들을 매일 조금씩 하는 것입니다. 삶은 사소한 일들의 연속입니다. 때문에 행복은 그 사소한 일들을 어떻게 꾸려나가는가에 달려 있습니다.

통장에 매달 적금을 붓듯 긍정성도 꾸준히 조금씩 쌓아나가야 합니다. 통장이 두둑하면 갑자기 큰 지출이 생겨도 끄덕없듯이 평소 관계에 긍정성을 쌓아두면 잠시 싸우더라도 금방 화해하고 좋은 관계를 유지할 수 있습니다.

양치질에도 이를 비유할 수 있습니다. 입안은 세균이 번식하기에 좋은 환경이라 충치가 생기지 않게 하려면 하루에 2~3분씩 몇 차례에 걸쳐 닦지요. 그런데 그걸 안 하고 지내다가 밀린 양치질을 하겠다며 날을 잡고 갑자기 10시간을 몰아서 닦아봤자 소용없습니다. 한 번 닦은 것과 다름없고, 이튿날엔 또다시 입에서 악취가 날 테니까요.

인간관계도 마찬가지입니다. 사람 사이엔 차이가 있으니 매 순간 부딪히기 마련이지만 그때마다 서로 비난하고 담을 쌓고 독을 퍼부으면 관계에 병이 걸립니다. 관계가 상하지 않게끔 하려면 평소에도 꾸준히 관계 관리를 해야 하는 것이지요. 이렇게 하지 않으면 결혼기념일이나 생일에 선물하는 장미 100송이나 금반지 같은 선물도 그 의미를 금세 잃을 것입니다. 잠시 기쁘긴 하겠지만 이튿날이 되면 이전과 다름없이 싸울 테니 말입니다.

설마 여러분은 치아 건강이 행복보다 더 중요하다고 여기진 않으시겠지요? 치아 건강을 위해선 하루에도 두세 번씩 이를 닦는데 행복을 위해선 서로에게 매일 5분가량을 투자하고 계신가요? 그리 하고 있지 않다면 결국 치아 건강을 관계 건강보다 훨씬 더 중시한 다는 뜻입니다.

행복은 관계에서만 얻을 수 있습니다. 쾌감은 혼자서도 느끼겠지만 행복감은 그럴 수 없지요. 인간은 혼자서 행복할 수 있는 존재가 아닙니다. 그러니 가장 소중한 사람들과의 관계조율에 매일 조금씩 시간과 마음을 투자하시기 바랍니다.

사랑은 서로 나누는 것

비틀스의 존 레넌(John Lennon)이 부른 명곡 〈이매진(imagine)〉에
는 이런 가사가 나옵니다. '모든 사람들을 상상해 보세요. 모든 세
상을 함께 나누는 사람들을.'

1970년대 초의 청년들은 이 노래에 매료되었습니다. 전쟁 없이
모두가 함께 나누고 사는 평화로운 세상에 대한 비전은 상상만 해
도 너무 행복했으니까요. 긍정적인 미래를 상상하는 것은 상처받은
마음을 치유하고 평온함을 얻는 가장 좋은 방법이지요.

그 청년들의 대부분이 태어난 시기는 가정주부였던 미국 여성들
이 대거 사회에 진출하던 때였습니다. 제2차 세계대전 당시 남자들
이 전쟁에 투입되자 여자들은 공장에서 남자들의 공백을 메꾸어야
했기 때문입니다.

그렇게 부모님이 사라진 집에 남은 아이들은 마음에 공백이 생
겨났지요. 허전한 마음을 달랠 길 없던 아이들은 청년이 되어 마약
과 섹스에서 쾌락을 찾았고, 반전(反戰)과 평화 메시지에서 본인들
의 행동에 대한 정당성을 찾았던 것입니다.

그로부터 반세기 후에는 새로운 비틀스, BTS가 등장했습니다.
작사와 작곡, 그리고 안무까지 모두 훌륭한 데다 뮤직 비디오 또한
일류인 BTS는 세계적으로 엄청난 성공을 거두며 강한 팬덤까지 형
성했습니다. 그러나 팬들을 매료시킨 이유로는 한 가지가 더 있을
법합니다. 바로 BTS가 세상에 보내는 메시지입니다.

현재 한국 청년들은 핵가족 시대를 넘어 식구 모두가 각자 새벽

에 집을 나갔다 밤늦게 들어오는, 가히 '탈가족 시대'라 할 수 있는 외로운 사회적 환경에서 살고 있습니다. 이런 상황은 한국에서만 볼 수 있는 것이 아닙니다.

일본에선 한국의 경우보다 조금 더 일찍 시작되었고, 동남아는 지금 급속도로 이 단계에 진입하고 있으니까요. 더불어 미국의 상태는 예전보다 더욱 걷잡을 수 없이 나빠졌습니다. 아동 네 명 중 세 명은 자신을 낳아준 부모와 함께 살지 못하는 가정 붕괴를 겪으며 애정결핍 상황에 내몰렸지요.

이 모든 청년들은 〈Fake love〉의 쓴맛을 단단히 경험했고, 〈Love maze〉에 갇혀버렸으며, '선택의 미로 속에 갇혀, 막다른 혼돈 속에 지쳐' 어둠속을 헤맸습니다. 그런 청년들에게 BTS는 또 하나의 메시지 '러브 유어 셀프(Love yourself)'를 던졌습니다.

본래 사랑은 서로 나누는 것이지요. 하지만 사랑을 받아본 적이 없는 사람들은 그것을 나눌 도리도 없습니다. 사랑이 바닥난 응급 상황인 셈이지요. 이런 응급 상황에서는 자신을 사랑하라는 메시지가 구원의 소리로 여겨질 수도 있을 것입니다.

하지만 자신을 사랑하는 일은 응급 시에 잠시만 하세요. 무엇이든 혼자 해결하는 방식에 익숙해져버리면 누군가와 뭔가를 함께한다는 것 자체가 점점 번거롭고 귀찮아집니다. 이는 타인과의 관계 맺기를 점점 안 하게 될 뿐 아니라 결국은 자신이 원해도 못하는 상황으로 연결됩니다. 혼밥이나 혼술이 독신과 독거로 이어지기 쉽고, 그 결말은 고독일 수 있다는 뜻입니다.

저희에게는 개인적인 바람이 있습니다. BTS가 휴지기를 거친 후

재결합하여 결합의 기쁨을 노래하는 것입니다. BTS의 멤버 모두가 더 큰 식구들과 함께 행복을 나누는 모습을 보여주길, 그래서 외로운 사람들에게 위로와 새로운 희망이 되어준다면 좋겠습니다.

그런데 행복을 나누는 것, 주위 사람들에게 위로와 희망을 주는 것은 BTS만이 할 수 있는 일이 아닙니다. 마지막 장에선 우리 스스로가 그런 일을 하는 존재가 될 수 있는 방법을 구체적으로 알아보겠습니다.

- 갈등은 모든 관계에 존재한다.
- 갈등의 상황은 다를 수 있지만 갈등의 구조는 동일하다.
- 갈등은 해결할 대상이 아니라 관리해 나가는 대상이다.
- 무너진 관계에도 회복의 가능성은 있다.
- '조금씩, 자주'가 행복의 비결이다.
- 건강하고 성공적인 조직에는 1대 5의 황금비율이 있다.

누군가에게
소중한 선물이 되기

부정성에 빠진 이들의 공통점

공익조율에 대한 이야기는 정신과 관련되어 있습니다. 어디에 정신을 집중하는가에 따라 공동체와 사회를 대하는 태도가 달라지기 때문입니다.

사람은 하루 평균 서른 번 정도의 불평을 한다고 합니다.[1] 자녀의 단점을 지적하고, 배우자의 고약한 습관에 구시렁거리고, 사회 부조리를 비판하고, 험악한 세상을 한탄하고, 운이 따라주지 않는다고 투덜대는 등의 일을 매일 서른 번이나 한다는 것입니다.

정신에는 부정성에 자동으로 집중하는 특성이 있음을 배웠으니 이제 여러분은 불평하는 사람들의 심리도 이해할 수 있을 것입니다. 물론 그런 특성은 인간에게 분명 필요합니다. 개인 차원에서는 생존 확률을 높여주니까요.

하지만 관계 차원에서 보자면 불평하는 행동은 자제해야 합니다. 피해자가 발생하기 때문입니다. 비판은 가끔 들으면 아무리 쓴소리라도 달게 받아들일 수 있지만 수없이 쏟아지면 다 주워 담을 수 없습니다. 남의 불평은 한두 번이면 공감하고 위로해 줄 수 있지만 끝없이 이어지면 지겨워져 자리를 피해버리게 됩니다.

불평을 하는 데는 크게 두 가지 목적이 내재되어 있습니다. 그중 하나는 애원이나 요청입니다. '내가 지금 이 정도로 힘드니 내 사정을 좀 알아주고 나를 배려하고 돌봐주고 도와달라'는 것이지요. 이런 사람들은 설사 말은 한 마디 안 한다 해도 마치 옆 사람더러 들어달라는 듯 소리 내어 끙끙거립니다. 하지만 아무리 도와주고 싶어도 이런 애원은 쉽게 해결해 줄 수 있는 문제가 아니기에 그런 불평을 듣는 사람은 좌절감을 맛보게 됩니다.

다른 하나는 괴로움을 말로 표현함으로써 해소하려는 목적입니다. 물론 입밖으로 내어 말하면 괴로움의 무게가 좀 덜해지긴 하지요. 문제는 누군가가 그 불평을 들어야 한다는 것, 즉 내가 쏟아내는 독을 받아내는 '감정 쓰레기통' 역할을 해줘야 한다는 것입니다. 결과적으로는 말하는 사람이나 듣는 사람 모두 부정성에 묻혀버리지요.

그럼에도 우리는 누군가 그런 말을 하면 동정하고 위로해 주려 합니다. 인간에겐 공감하는 본능이 있기 때문입니다.

사람이 타인의 부정적 감정에 동정하는 것은 인류진화론적으로도 해석이 가능합니다. 사람에겐 '거울 뉴런'이 있어서 타인의 슬픔을 접하면 그것에 감정이 이입됩니다. 권투 중계를 보다가 자신도 모르는 사이에 주먹이 불끈 쥐어지듯이 말이지요.

이처럼 우리의 뇌는 애초부터 공감력이 발휘되도록 디자인되어 있습니다. 함께 슬퍼하고 함께 분노할 수 있어야 결속력을 강화하고 집단 생존력을 확보할 수 있기 때문입니다.

이 이치를 악용하는 것이 바로 정치인들의 네거티브 선거 전략입니다. 상대 정치인이나 정책의 단점을 찾아내고 비난할 뿐 아니라 세상은 불공정하고 불평등하며 정의가 사라졌다고 분노하는 것이지요. 이런 부정적 메시지에 시민들은 자동으로 집중하며 발화자에게 공감하고, 안타깝게도 이런 공감은 그 발화자에 대한 지지로 연결됩니다.

꼭 의도한다 할 순 없겠지만 정치인들은 인간의 이런 특성을 발판 삼아 권력을 누릴 수 있기에 선거 때마다 네거티브 전략을 활용해 왔습니다. 이는 앞으로도 중단하기 어려울 것입니다.

그러나 부정성에 환호하는 사회의 결말은 비극이라는 점을 기억해야 합니다. 부정성은 불행의 악순환으로 들어서는 문과 같기 때문입니다.

부정성을 앞세우는 사람들에겐 공통점이 있습니다. '나는 아프다' '나는 힘들다' '나한테 관심 좀 달라' '나를 좀 도와달라' 등과 같이 모든 관심사가 자신에게 쏠려 있다는 점입니다.

저는 이런 사람들을 '테이커(taker)'라 칭합니다. 정서적 위로, 정신적 관심, 물리적 도움, 선거철의 표……. 무엇이 되었든 이러한 것들을 원하는 이들은 남으로부터 무언가를 받아내려고 한다는 면에서 테이커입니다.

기브 앤드 테이크는 인생의 순리

저는 어른과 어린아이를 나이로 구분하지 않습니다. 나이는 많아도 어린애처럼 행동하는 어른이 있는가 하면 어린 학생임에도 정신연령이 여느 어르신 못지않아 남을 배려하는 마음 씀씀이가 어른스러운 경우도 많이 봤기 때문입니다.

제가 어린아이와 어른을 구분하는 기준은 간단합니다. 자신이 얻을 것과 받을 것, 챙길 것만 생각하는 사람은 어린아이, 그런 존재를 돌봐주고 챙겨주는 사람은 어른입니다. 달리 표현하자면 어린아이는 테이커, 어른은 '기버(giver)'인 것이지요.

어린아이가 테이커인 것은 당연합니다. 우리는 누구나 남의 도움으로 생존하고 성장하는 테이커로 인생을 시작하니까요. 어린아이는 누군가의 보살핌과 양육이 있어야 생존하고 성장하는 존재, 즉 소인(小人)이니 테이커로서 보이는 행동은 이해하고 허락해 주어야 합니다.

그랬던 아이가 점점 자라 자립할 수 있으면 성숙해지고(being fruitful), 번식(multiply)하면 자녀를 낳습니다. 이제는 자기가 도와줘야 하는 존재가 생기는 것이지요. 그럼으로써 기버의 삶을 살아가는 것이 어른입니다.

이 간단한 이치를 망각하고 다 커서도 계속해서 남으로부터 무엇을 얻고 받고 챙길지만 궁리하고 노리는 사람은 소인배입니다. 이런 이들의 행동은 이해하거나 허락하는 대신 혼을 내서 정신을 차리게 해야 합니다. 소인의 요청은 경청해야 하지만 소인배의 욕구는 경시해도 됩니다.

그렇지만 어린아이가 아님에도 우리가 이해해야 할 두 종류의 테이커가 있습니다. 병든 환자와 나이든 어르신입니다. 환자는 종일 "아야, 아야야~" 하며 자신의 아픔에만 정신을 쏟습니다. 옆에서 밤을 새며 돌보는 간병인이 얼마나 힘들어하는지엔 아랑곳하지 않고 오로지 자신의 니즈만 챙기지요. 연세가 많으신 어르신도 마치 아기 같습니다.

하지만 환자나 어르신 들은 아프거나 힘이 없어 본인 스스로 할 수 있는 일들이 매우 적거나, 있더라도 점점 줄어드는 상황에 처해 있습니다. 그러니 당연히 타인의 보살핌과 지지가 필요합니다. 따라서 어린애처럼 칭얼거리더라도, 또 자주 도움을 요청해도 기꺼이 그에 응하는 것이 마땅합니다.

다만 용서할 수 없는 부류가 있으니 바로 환자 코스프레를 하는 사람들입니다. 멀쩡한 정신임에도 환자인 척하며 동정을 받으려는 이들이지요. 습관적으로 타인이나 운을 탓하는 사람은 자신에게 아무 잘못이 없음을 우회적으로 어필합니다. 책임에서 벗어나는 해방감을 누릴 순 있어도 자신을 타인과 환경에 휘둘리는 허약한 존재로 스스로 만들어버린다는 점은 생각하지 못한 채 말입니다.

남의 탓, 운 탓을 습관적으로 하는 것은 자기 삶에 대한 자신의 주도권을 자진해서 반납하는 것과 매한가지입니다. 그래서 한 번 가짜 피해망상에 걸리면 결국 자기 인생의 주도자로서 가져야 할 주인의식을 저버리고 인생 패배자가 되어버립니다.

요즘 '100세 인생'이라고들 하지요. 그 말처럼 수명이 100년이라

가정하면 인간은 그중 대략 첫 25년 정도를 테이커로 살다, 그다음 50년은 기버로, 그 후 25년은 다시 테이커로 살게 됩니다. 50년씩을 각각 테이커와 기버로 사는 것이니 공평한 셈입니다.

생을 통틀어봤을 때 이렇게 대충 계산이 맞아떨어지는 것, 이것이 순리입니다. 매 순간 '기브 앤드 테이크'가 철저히 계산되는 삶은 팍팍하기 이를 데 없으니까요.

어릴 때 충분한 보살핌을 받지 못하면 발달적 트라우마를 겪고 애착손상을 입어 마음에 큰 구멍이 생깁니다. 오늘 나를 돌봐준 사람이 내일 또 그렇게 할 것이라는 마음이 없으니 사람에 대한 신뢰가 형성되지 않습니다. 또한 오늘은 배려받았지만 내일의 배려는 보장되지 않으니 안정감도 들지 않지요.

이처럼 성장 과정에서 겪은 심한 정서적 허기는 훗날 아무리 채우려 애써도 마치 밑 빠진 독처럼 채워지지 않습니다. 불신감과 불안감은 정신을 피폐하게 만듭니다.

고령일 때 충분한 보살핌을 받지 못하면 고독감에서 벗어나기 어렵습니다. 앞서 설명했듯 고독감은 심각한 우울증과 절망감으로 만들어집니다. 살고 싶은 마음을 내려놓게 되고 정신줄을 붙잡을 힘이 없어지는 것입니다.

자식이 힘들어하는데 행복한 부모는 없고, 노부모가 괴로운데 행복한 자녀도 없습니다. 인생 전체를 아우르는 '기브 앤 테이크'의 순리를 저버리면 모두가 불행해지는 이유입니다.

어른스러운 삶

누군가를 배려하고 돌보는 것을 마치 희생과 헌신으로 여기는 사람이 많습니다. 배려하고 돌보는 순간만 보면 당연합니다. 물질이 되었든 정신이나 마음이 되었든, 나에게 있는 무언가를 남에게 주면 내겐 그만큼 마이너스가 되는 셈이니까요. 그래서 배려와 돌봄이 필요한 누군가 앞에 선뜻 나서지 않고 망설입니다. 그러다 보면 배려와 베풂에 점차 인색해지는, 성숙하지 못한 사람이 됩니다.

소인은 바로 코앞에 놓인 것만 볼 수 있습니다. 자기중심적 사고 방식에서 벗어나 생각하고 느끼는 역량이 아직 개발되지 않은 상태지요. 그와 달리 소인배는 이익을 단기간으로, 또 지엽적으로만 따지고 자신에게 이익이 되는 것만 추구합니다.

'어른스럽게 성숙했다'는 말은 좀더 멀리 내다보고 폭넓게 헤아릴 역량이 생겼음을 뜻합니다. 어차피 모든 사람들은 서로 다 연결되어 있음을 깨달은 어른은 '당신한테 이로운 것은 결국 내게도 이롭다'는 통 큰 헤아림을 할 수 있습니다. 이렇게 모두의 이익에 기여하는 게 바로 홍익(弘益)이고, 그리 할 수 있는 사람이 대인(大人)입니다.

엄마는 아기한테 헌신하고 희생합니다. 아무 조건 없이 그리하기 때문에 우리는 어머니의 사랑을 하늘같이 우러러보고, 훗날 어머니를 챙기며 보살펴드리는 것입니다.

어떤 부모는 아이가 크면 "내가 널 어떻게 키웠니. 이제 네가 효도할 차례다" 하며 이것저것을 챙기려 드는데, 이건 자녀와 거래를 하자고 하는 것이나 마찬가지입니다. 애초부터 자녀에게 준 것을 돌려받음은 물론 이자까지 받아낼 심보였던 것이지요. 청구서를 받아든 자녀는 괴롭고 그것을 내민 부모 역시 섭섭해하거나 심지어 노여워하기까지 합니다. 양쪽의 마음은 모두 후회와 원망으로 가득해집니다.

옛말에 '식구끼린 거래하지 말아야 한다'고 했습니다. 부모는 자식한테 일방적으로 주는 존재입니다. 자식한테 되받을 것을 기대하거나 요구하면 관계가 망가지지요. 자식은 부모의 마음을 헤아릴 지혜가 부족합니다. 그러니 부모가 원하는 만큼 보살펴드리지 못한 것에 대한 죄책감은 느끼지 않아도 됩니다. 대신 자신이 성장한 후 자식에게 사랑을 주면 됩니다. 부모로부터 받은 사랑을 자식에게 물려주면 계산이 끝나는 것이지요. '부모의 사랑은 내리사랑'이라는 말도 그래서 나온 것입니다.

부모님의 은혜에 보답하는 방법으로는 여러 가지가 있습니다. 꼭 부모님에게 갚아드리는 것만이 길은 아닙니다. 행복한 가정을 꾸려 노부모의 마음을 편하게 해드리는 것이 가장 큰 효도일 수 있으니까요.

이런 원리는 가족이 아닌 경우에도 마찬가지로 적용됩니다. 부모님 같은 스승님의 은혜에 보답하기 위해 스승의 날에 정성을 담은 선물을 드리는 것도 한 방법이지만 후배를 챙기는 것도 좋은 방법이 됩니다. 다 큰 후배를 챙기는 것은 그들을 어린애 취급하는 셈이나 마찬가지이니, 그보다는 아직 어린 후배 학생들을 위해 모교에 발전기금을 내거나 방과 후 활동 등을 통해 그들이 더 잘 성장할 수 있도록 기여하는 게 좋습니다.

우리는 살면서 수많은 은인을 만나게 되는데, 그들 개개인을 찾아가 보답하기는 어렵습니다. 사실 그리할 필요도 없습니다. 가장 훌륭한 보답은 고마움을 느끼고 사회에 기여하며 살아가는 어른으로 성장하는 것이니까요.

기여하는 삶을 살 때 비로소 성공하고 행복해질 수 있습니다. 기여한다는 것은 누군가에게 쓸모 있고 이로운 일을 한다는 뜻이지요. 누군가에게 쓸모 있는 일을 하면 그것 자체가 생산적이고 경제적인 활동이 됩니다. 그게 사회에서 성공하는 법입니다. 누군가에게 이로운 일을 하면 그 누군가는 삶에 대한 의지와 고마움을 느낄 테고, 그것이 내 삶도 행복하게 사는 법입니다. 어른스러운 삶, 기여하는 삶을 사는 사람이 바로 성공하고 행복한 사람인 것입니다.

과학적으로도 입증된 돌봄의 혜택

'배려하고 베풀고 기여하는 것이 곧 내게도 이익'이란 말은 얼핏 듣기엔 그럴 듯하지만 한편으론 억지 혹은 궤변처럼 여겨질 수도 있습니다. 하지만 이를 뒷받침하는 연구결과는 이미 나와 있습니다.

먼저 신체생리학적인 면을 보겠습니다. 사람이 화를 낼 때와 타인을 배려할 때의 IgA 수치를 측정한 연구입니다.[2] 입, 폐장, 위장에서 발견되는 면역글로블린(IgA, immunoglobulin A)은 몸을 침투하는 병균에 대응하는 첫 방어 시스템을 형성합니다. 따라서 IgA 수치가 높으면 건강을 지킬 면역력이 강하다는 뜻이고, 낮으면 병에 걸리기 쉽다는 뜻입니다.

화를 잘 내는 사람이 온갖 질병에 잘 걸린다는 사실을 우리는 너무나 잘 알고 있습니다. 그러니 당연히 면역력이 떨어질 거라 예측하겠지만 놀랍게도 이런 사람들의 면역력은 오히려 상승합니다.

이러한 반전의 이유를 곰곰이 생각해 보면 여러분도 그것을 짐작할 수 있으실 것입니다. 화를 낸다는 것은 싸울 준비가 되었다는 뜻이고, 싸울 때는 다칠 확률이 높기에 우리 몸이 생존을 위한 예방 차원에서 미리 면역력을 높여준다는 점을 말입니다.

하지만 우리 몸의 생존 시스템은 일시적 스트레스에 대비해 발달한 것이란 점을 알아야 합니다. 원시 시대에서의 싸움은 후다닥 진행되고 이기든 지든 금세 종료되었습니다. 그래서 인체 시스템의 면역력은 첫 5분만 증가할 뿐 이후엔 가파르게 떨어져서 오히려 평상시보다 더 낮아지고, 정상 수준을 회복하기까지는 6시간 이상이 소요됩니다. 스트레스 상황을 한 번 겪은 뒤엔 이전의 면역력 상태로 돌아가기 위해 충분한 휴식을 취해야 한다는 뜻입니다.

문제는 원시 시대의 인간이라면 느긋하게 쉴 수 있었겠지만 현대인들은 그렇게 하지 못한다는 데 있습니다. 면역력이 많이 떨어져도 대부분은 피곤한 몸을 이끌고 생활을 계속해 나가지요. 그 결과 병균이 침입하기 쉬운 상태가 되어 감기나 독감, 피부질환 등 각종 만성적 질병을 달고 삽니다.

그렇다면 남을 배려하고 돌볼 때의 IgA 수치는 어떻게 변할까요? 첫 5분은 화낸 후 5분보다 약 2배가량 더 올라갑니다. 이후 잠시 원상태로 돌아갔다가 놀랍게도 조금씩 상승하여 약 6시간 정도 원래보다 높은 상태를 유지합니다. 따라서 남을 돌보면 돌볼수록 면역력은 장기적으로 증가한다는 사실도 이 연구에서 밝혀졌습니다.

이 연구결과로 저희는 테레사 수녀님이 왜 인도 캘커타의 빈민굴에서 HIV, 한센병, 결핵 등 가장 강한 전염병의 환자들을 돌보며 88세까지 일손을 멈추지 않고 사셨는지 이해하게 되었습니다. 수녀님은 건강 체질을 타고난 것도 아니고, 오히려 평생 열악한 환경 속에서 사시느라 체구가 왜소하기 짝이 없었습니다. 하지만 타인을 돌보다 보니 면역력이 증가해 그런 삶이 가능했던 것 아닐까 싶습니다.

남을 돌볼 때 얻는 혜택에는 개인 차원의 것도 있지만 조직 차원의 것도 있습니다. 펜실베이니아대학교 와튼스쿨의 심리학 교수 애덤 그랜트(Adam Grant)가 회사 직원들을 대상으로 진행한 연구를 보면 이 점을 알 수 있습니다.[3]

그랜트는 연구에 참여한 직장인들을 테이커와 기버로 구분하고 그 비율을 연구했습니다. 그 결과 테이커는 열 명 중 두 명, 기버는 네 명 중 한 명으로 나타났지요. 다행스럽게도 기버가 조금 더 많았던 것입니다. 흔히 직장에 대해선 '자신이 뜯어먹을 먹잇감을 노리는 늑대들만 우글거리는 곳'이라는 선입견을 갖지만, 그와 달리 남을 먼저 배려하는 사람들도 많다는 사실에 마음이 놓입니다.

그런데 연구 대상이었던 직장인들 중 절반은 테이커도 기버도 아닌, 받은 만큼 되갚는 유형의 사람이이었습니다. 그랜트는 이들을 '매처(matcher)'라 칭했습니다. 계산이 분명하고 깨끗하긴 해서 부당 이득을 챙기려 들진 않지만 동시에 조금의 손해도 보지 않으려 하는 사람들이 매처입니다.

그랜트가 진행한 연구의 목표는 테이커, 기버, 매처 등 세 부류의 업무 성취도를 비교하는 것이었습니다. 연구결과 테이커와 매처 그룹에선 업무 성취도가 넓은 범위에 걸쳐 분포되어 있었습니다. 일을 잘하는 사람과 못하는 사람이 골고루 있다는 뜻입니다.

그렇다면 기버들의 업무 성취도는 어땠을까요? 당연히 이 그룹의 업무 성취도도 그 범위가 넓긴 했지만, 우리가 주목해야 할 점은 가장 성과가 높은 사람이 기버 그룹에서 나왔다는 점입니다.

기버 중 성과가 낮은 사람은 타인에 대한 배려가 과한 사람들입니다. 남의 요청을 거부하지 못해 자기 일은 제치고 남의 일을 먼저 해주는 이들이지요. 이런 경우 개인의 업무 성취도는 당연히 낮아집니다.

물론 본인이 행복하다면 문제가 없지만, 이런 이유로 과배려 유형의 사람들은 대개 타인의 일을 해준 뒤 뒤돌아 하소연이나 험담을 합니다. 집에 가서 애꿎은 자녀에게 쌓인 스트레스를 풀기도 하지요. 본인은 스스로 동의한 피해자라 하더라도 제2와 제3의 피해자를 양산할 수 있는 것입니다. 보호는 중요하지만 과보호는 오히려 해가 될 수 있듯, 배려는 소중하지만 과배려는 소중한 사람에게 폐가 됩니다.

기버 중 성과가 높은 사람은 그저 성취만 하는 데 그치는 게 아니라 선도자와 선구자 역할까지도 합니다. 남을 배려하는 사람이 오히려 선도자라고 하니 역설적으로 여겨지겠지만, 배려와 선도 사이에는 우리가 알아두어야 할 새로운 상식이 있습니다.

기여하는 인간의 시대

그렇다면 왜 가장 높은 수준의 업적을 성취하는 사람들은 기버 중에서 나오는 것일까요? 이 점이 궁금했던 저는 '혁신=독창성+적절성'이라는 공식에서 답을 얻었습니다.

독창성(originality)과 적절성(relevance)은 흔히 발명품과 혁신제품을 구분하는 데 사용됩니다. 독창성은 세상에 둘도 없는 생각이며 발명품이라는 결과로 이어지지요. 그와 달리 적절성은 사람들이 무엇을 원하는지를 파악하기 위해 세상을 두루 살피는 시각에서 비롯합니다. 즉, 혁신제품은 독창성을 바탕으로 탄생한 발명품이 많은 사람들 사이에서 팔리고 사용되어 세상을 변화시키는 제품인 것입니다.

남에겐 없는 독창적 아이디어를 떠올린 사람들은 대개 떼돈 벌 꿈을 품고 창업에 나섭니다. 그러나 그중 90퍼센트 이상은 돈을 벌지 못하고 사업에 실패하지요. 여기에는 크게 세 가지 이유가 있다고 합니다.[4] 42퍼센트는 시장이 무엇을 원하는지를 잘못 파악한 탓, 29퍼센트는 자금이 말라버려 사업 유지가 불가능해진 탓, 23퍼센트는 팀워크를 발휘하지 못한 탓이라는군요.

혁신 기업을 꿈꾼다면 그저 창의적이고 독창적인 아이디어만으로 승부를 걸어선 안 됩니다. 타인의 니즈를 파악하여 시장을 정확히 분석하는 능력이 반드시 필요하니까요. 많은 사람들에게 환영받는 제품이나 서비스를 제공하는 것은 적절성이 있어야만 가능한 일입니다.

적절성은 이론으로 배우는 학식이 아닌, 평소 타인을 배려하고 그들의 삶에 기여하려는 기본 태도를 통해 얻어집니다. 창업을 해서 큰돈을 벌겠다는 자기중심적 관점을 지닌 사람한테선 기대하긴 어려운 요소지요. 창업을 해서 부자가 되겠다는 이를 위해 과연 얼마나 많은 사람들이 자금을 지원하고 직접 나서서 도움을 줄까요? 어차피 이러한 투자는 단기간 내에 성과를 거둬야 합니다. 창업을 하자마자 대박을 터트리지 못하면 자연스럽게 종잣돈이 말라버리고, 돈으로 동원했던 인적 자원 역시 떠나버리겠지요.

그래서 저희는 '꿈은 이루어진다'라는 구호를 싫어합니다. 창업자나 학생이 꾸는 꿈이 꼭 이루어져야 할 이유는 없고, 심지어 개중에는 이루어지지 말아야 할 꿈도 있으니까요. 히틀러와 히로히토(裕仁)의 꿈은 이루어지지 말았어야 했던 것 아니겠습니까. 오로지 자신들만 잘 먹고 잘 살겠다는 꿈은 타인이 존중하고 지지해 줄 이유가 전혀 없습니다.

앞서 잠시 언급했듯, 꿈은 '자신이 하고 싶어 하는 것'이고 비전은 '누군가 해야 하는 일을 기쁜 마음으로 하며 기여하고자 하는 것'입니다. 그러니 이뤄져야 한다면 후자여야 합니다. 비전은 다수가 공유하는 것이기 때문입니다.

이는 개인 차원뿐 아니라 조직 차원에도 적용됩니다. 최근 들어 떠오르고 있는 새로운 기업 성공 전략은 바로 ESG(environment, social, governance)나 CSR(corporate social responsibility), 즉 친환경·사회적 책임 경영·지배구조 개선을 내세우며 소위 '착한 기업'이 되는 것입니다. 그만큼 공익에 대한 소비자들의 인식 수준이 높아졌다는 증거지요. 무한경쟁, 양육강식, 독자생존 등 우리에게 이미 친숙해진 '너 죽고 나 살자'라는 식의 살벌한 경영 철칙을 벗어나 공존과 공생, 공익을 소중히 여기는 경영법이 대세를 형성하고 있으니 다행입니다.

리더십 개념에도 변화가 생겼습니다. 타인을 압도하는 카리스마에 의존하는 전통적 리더십 이론 대신 타인을 배려하는 서번트(servant) 리더십이 각광받고 있으니까요. 물론 이 둘을 놓고 강함과 부드러움, 혹은 조직 중심과 사람 중심이라는 차이에서 비롯된 리더십이라고 이야기하는 시각도 있습니다. 하지만 이러한 분석은 흑백의 이분법적 사고, 성격과 자질에 근거를 두는 전통 상식에서 벗어나지 못한 발상입니다.

카리스마 리더십이 권한을 부여받고, 구성원들의 충성을 얻고, 그들의 따름을 받아내는 리더십이라면, 서번트 리더십은 사회를 이롭게 하는 비전을 제시함으로써 구성원들의 동참을 이루어내는 리더십입니다. 개개인의 이득을 초월하여 한마음을 만들어내는 능력이지요. 서번트 리더는 기여하는 사람들을 자기 주변에 모이게 하고, 그럼으로써 더 큰 공동체에 함께 기여하는 조직을 만들어냅니다.

기여하는 사람이 가장 훌륭한 인재라는 사실은 세계 최고 명문 대학들을 통해서도 확인할 수 있습니다. 하버드대학교 입학처는 홈페이지에 다음과 같은 내용의 글을 게시해 두었습니다.

"우리는 학창 시절엔 하버드 공동체에, 졸업 후에는 평생 사회에 기여하고자 하는 학생을 찾습니다."

매해 이뤄지는 대학 평가에서 하버드대학교와 1, 2위를 다투는 프린스턴대학교의 홈페이지에서도 이와 유사한 내용을 발견할 수 있습니다. 이 대학에 입학을 지원하는 학생들에게 하는 조언입니다.

"지원자가 어떻게 프린스턴대학교에 기여할 것인지를 우리가 쉽게 알 수 있도록 적어주십시오."

'wesdom'이 필요한 이유

팀장, 과장, 부장, 사장 등 리더십이 필요한 위치에 있는 사람을 우리는 보통 매니저(manager, 관리자)라 칭하기도 합니다. 그렇다면 이들은 무엇을 관리하는 사람들일까요? 일일까요? 아니면 부하직원들일까요?

미국에서는 일 및 부하직원의 관리에 몰두하는 매니저를 '마이크로 매니저(mico-manage)'라고 부릅니다. 우리말로는 '좁쌀영감' 정도가 되겠군요. 마이크로 매니저는 부하직원들이 가장 싫어하는 리더 유형입니다. 사사건건 업무에 개입하고, 잔소리하고, 조언하고, 어깨 너머로 보고 있으니 직원들 입장에선 당연히 숨이 막힙니다.

진정한 리더가 관리해야 하는 일은 사람 사이의 갈등입니다. 만약 구성원들이 서로 신뢰하고 소통하며 협업을 해나가는 조직이라면 리더가 해야 할 일도 별로 없겠지요. 하지만 넘쳐나는 게 갈등입니다. 부서 팀원들 사이의 갈등, 고객과의 갈등, 노사 갈등 등 그 종류도 많고 끝도 없습니다.

이런 갈등들을 해결하기 위해 대개의 리더들은 이해충돌 당사자들을 모아놓고 협상을 벌입니다. 상대의 입장을 이해하게 돕고, 서로가 약간씩 양보하여 타협을 하게끔 하지요. 그런데 그 자리에서 당사자들이 합의에 도달하고 악수까지 해도 평화는 그리 오래가지 않습니다. 서로 일보 양보한 협상은 깨지게 되어 있습니다. 그 이유는 무엇일까요?

이미 이야기했듯 사람은 부정성에 민감하고 부정성을 오래 기억합니다. 그래서 타협을 하더라도 시간이 지나면 상대방의 양보로 자신이 얻은 이득은 잊어버리고 자신이 양보함으로써 입은 손해만 자꾸 기억나지요. 결과적으로 불만은 가중되고 억울함마저 올라오니 이전보다 강한 불화가 빚어지는 것입니다.

안정적인 갈등관리의 핵심은 공익조율입니다. 갈등 관계자들이 각자 국지적·단기적 안목으로 사익을 추구하기보다는 자신보다 큰 공동체의 이익을 고려하는 것입니다.

이는 희생이나 헌신의 개념이 아니라 결국 자신에게 이익이 된다는 사실을 깨닫는, 다시 말해 '통 큰' 계산을 하게 하는 방법입니다. 공익과 사익 사이에서 갈등하는 게 아니라 둘을 하나로 인식하는 능력인 것이지요. 글로벌하고 장기적인 안목으로 사익을 추구하게 하는 셈입니다.

공익은 나뿐만 아니라 너도, 우리도 함께 이익을 보는 것을 뜻합니다. 공익을 추구할 수 있는 능력이 있으면 관계조율이 가능하고 나아가 집단지성을 발휘할 수 있습니다.

저희는 공익조율을 '어른십'이라 부릅니다. 공익조율은 곧 서로 윈-윈할 수 있는 능력이고, 이 능력을 갖춘 사람이 바로 어른십을 발휘하는 사람입니다. 어른십은 하고 싶은 일과 해야 하는 일을 조율해 나가는 데 필요한 성숙한 사고방식이자 책임감 있는 행동습관입니다.

인재라면 집단지성뿐 아니라 지혜도 발휘할 수 있는 사람이어야 합니다. 저희는 지혜(智慧)의 영문 표기를 '위즈덤(wisdom)'이 아닌 '위-즈덤(wesdom)'으로 씁니다. 'wi' 대신 'we'를 넣는 것이지요. 지혜를 발휘하려면 '나'를 빼고 '우리'에 초점을 맞춰야 하기 때문입니다.

지혜는 나 혼자 잘 먹고 잘 사는 데 필요한 덕목이 아닙니다. 지금 우리에게 가장 필요한 것은 모두를 이롭게 하는 지혜입니다.

진정한 혁신가는 기여하는 사람입니다. 혁신가의 목적은 세상을 바꾸는 것이 아니라 더 나은 세상에 대한 비전을 제시하고, 많은 사람이 그 비전에 동참하게 하는 것입니다. 선동가는 부정성에 초점을 맞춰 공포감을 조성하지만 혁신가는 긍정성에 초점을 맞춥니다. 문제를 분석하기보다는 해결책을 제시하고, 어떻게 생존할지 고민하는 게 아니라 어떻게 성장할 것인가를 피력하며, 절망이 아니라 희망을 이야기합니다.

최고의 인재 모델, 충무공

저희가 생각하는 최고의 인재 모델을 소개하겠습니다. 세계 최고의 매니저, 리더, 혁신가 모델은 바로 충무공 이순신 장군입니다. 누구나 이순신 장군처럼 살 순 없겠지만 그의 정신만큼은 우리가 배워야 합니다.

이순신 장군을 상징하는 최고의 순간은 유명한 명량대첩에서 볼 수 있습니다. 133척의 왜군 전선이 밀고 들어오는데 충무공의 수하에는 열두 척만 있을 뿐이었지요. 모두가 "이제 우린 죽었소. 배가 열두 척밖에 없지 않소"라며 절망하는 그때에도 충무공은 "신에게는 아직 열두 척이 있소이다"라고 당당하게 말했다는 대목이 압권입니다.

충무공은 헛것을 본 것도, 열두 척의 배를 120척이라 착각한 것도 아닙니다. 그는 남아 있는 배가 열두 척임을 정확히 인지하고 있었습니다.

열두 척의 배는 객관적 사실입니다. 그 객관적 사실에서 남들은 절망을 보고 자포자기할 때 충무공은 희망을 보고 부하들의 마음을 다잡으며 용기를 불어넣었습니다. 모두가 같은 것을 보고 있는 중에도 나는 무엇을 볼 것인지 선택할 수 있습니다. 시각을 달리하면 다른 선택지가 생깁니다.

충무공의 긍정적 시각은 타고난 낙천적 성격에서 나온 것도, 그의 삶을 점철한 숱한 도전과 시련을 통해 얻은 것도 아닙니다. 오히려 그가 많은 난관을 넘고 이겨낸 것은 그의 긍정적 시각 덕분이라고 보는 것이 옳습니다.

그의 긍정적 시각은 수련으로 쌓은 결과물입니다. 결정적 증거가 바로 임진왜란 내내 쓴 『난중일기』입니다. 무려 7년 동안 꾸준히 쓴 그의 일기에선 긍정적 시각을 갖추기 위해 기울인 노력이 보입니다.

가장 먼저 돋보이는 점은 자신의 감정을 마치 날씨처럼 기록해 놓았다는 것입니다. 대개 장군이라 하면 감정을 억압한 채 이성적으로만 생각하고 판단하는 행동파의 대명사처럼 여기지요. 하지만 충무공은 자신의 감정을 알아차렸고, 감정 메시지를 수신하여 자신을 다스렸습니다.

충무공은 난리 중에도 다행인 일을 많이 찾아냈고, 그래서 한쪽으로 치우치지 않고 마음의 중심을 잡았습니다. 또한 고마움도 많이 기록해 두었습니다. 심지어 배를 젓던 노비의 이름마저 낱낱이 기록해 두었습니다. 인간 대접을 받지 못했던 노비들에게마저 감사함을 표시하니 어찌 모두가 충무공을 따르지 않을 수 있겠습니까.

고마움이 넘치고 넘치니 그에 보답하기 위해 자신의 전부를 기여할 수 있었던 것입니다. 자신의 출세나 명예, 부가 아닌 모두를 위해서 말입니다. 자기를 초월한 충무공의 목적의식에 만민이 공감하고 힘을 합친 결과 큰일을 이뤄낸 것입니다.

최성애 박사는 이 모든 요소들이 긍정적 마인드세트를 형성하는 핵심이라고 합니다. 그리고 자신의 감정, 좋은 것, 다행인 것, 고마운 것, 그리고 선행한 것을 매일 기록하는 일기를 '행복일기'라 일컫지요. 그런 점에서『난중일기』는 '행복일기'의 원조인 셈입니다.

이순신 장군은 제게 큰 선물로 다가옵니다. 제게 아무것도 바라지 않으면서도 제게 가장 필요한 것을 주셨으니까요. 바라면서 주는 것은 뇌물이고 받고 튀는 것은 장물, 서로 주고받으면 거래물입니다. 하지만 선물은 조건 없이 주는 것이고, 그렇기에 충무공의 삶은 그 자체가 우리에게 고마운 선물입니다.

그런데 선물로 살아가는 것은 충무공처럼 위대한 분만 할 수 있는 것이 아닙니다. 우리도 충분히 가능한 일이니까요. 특별한 날이 되어서야 누군가에게 줄 선물을 사러 다니는 대신 그냥 우리 자체가 선물로 살아가면 어떨까요?

부모는 자녀에게, 선생님은 학생에게, 선배는 후배에게 선물이 되어 살아갈 수 있다면 좋겠습니다. 앞서 살아가는 선생(先生)이 뒤이어 사는 모든 후생(後生)에게 선물이 되는 날들이 이어지면 우리 모두는 성공적이고 행복한 삶을 누릴 테니까요.

- 부정성은 불행의 악순환에 들어가는 문이다.
- 어린이는 테이커, 어른은 기버다.
- 남 탓과 운 탓은 자기 삶에 대한 주도권을 자진 반납하는 것과 같다.
- 테이커로서 사는 시간, 기버로서 사는 시간의 계산이
  대충 맞아떨어지는 게 순리다.

모든 존재에 고맙습니다

이 책은 사람과 행복에 관한 책입니다. 그간 저희가 살아오면서 많은 분들에게서 배운 많은 것들이 이 책의 바탕이 되었지요. 스승님들로부터는 학문적 내용을, 만났던 모든 분들로부터는 살아가는 방식을 배웠습니다. 본받고 싶은 분들 덕에 '이 사람처럼 되고 싶다'라 생각하고, 그렇지 않은 분들 덕에 '저 사람처럼은 살지 말아야겠다'고 다짐했으니 모든 분들이 저희에겐 고마운 존재입니다. 그중에서도 특별히 고마운 분들은 저희에게 학문적 토대를 가르쳐 주신 스승님들입니다.

최성애는 닮고 싶은 스승 다섯 분께 감사드립니다. 우선 20대 초반에 컬럼비아대학교에서 만난 존 브로우튼 교수님이 고맙습니다. 미련스러울 정도로 우직하게 공부할 때 묵묵히 지켜보고, 더 큰 배움의 길로 안내해 주신 은인입니다.

20대 중반에 운 좋게 만난 시카고대학교 인간발달학과 교수님이시

자 긍정심리학의 대가이신 미하이 칙센트미하이 박사님이 고맙습니다. 박사 과정의 지도교수로서 몰입의 즐거움, 창의력 그리고 평생 좋고 선한 일을 하면서도 행복하게 사는 방법을 학문뿐 아니라 사는 모습으로 가르쳐주셨습니다.

30대 초반 시절에 고마운 분은 시카고대학교에서 마지막 논문을 지도해 주신 댄 프리드만 교수님입니다. 프리드만 교수님은 인간과 동물 행동의 차이 및 다양한 문화권의 사람들에 대한 비교 연구를 선도하시며 생존과 성장에 대한 안목을 키워주셨습니다.

40대 초반일 때 찾아뵈었던 워싱턴주립대학교 심리학과의 존 가트맨 박사님과 아내이신 줄리 가트맨 박사님도 고맙습니다. 가트맨 박사님 부부는 부부 및 부자 관계에 관한 방대한 연구결과를 인생 초보자들도 활용할 수 있게끔 친절한 안내서로 만드셨습니다. 시애틀 해역의 오키드 아일랜드에 있는 자택에 초대해 개별 지도를 해주셔서 더욱더 고맙습니다.

50대 초반에 만난 고마운 분은 하트매스 연구소의 캐럴 톰슨입니다. 자기조율에 대한 선구적인 심뇌과학 연구 내용을 한국에서 활용할 수 있도록 최대한 배려해 주었습니다.

최성애가 만난 스승들의 분야를 순서대로 보자면 정신, 마음, 몸입니다. 이 책에서 이야기한 자기조율, 관계조율, 공익조율과 역방향이었던 셈이지요. 때문에 시행착오를 많이 거쳤지만, 그만큼 풍부한 경험을 바탕으로 행복과 성공의 비결을 터득할 수 있었습니다.

조벽 역시 시행착오를 많이 거쳤기에 감사드리고 싶은 스승이 많습니다. 다만 '닮고 싶은 사람'이 아닌, '닮고 싶어도 닮을 수 없는 사람' 다섯 분입니다. 우선 20대 초반에 노스웨스턴대학교에서 석박사 논문을 지도해 주신 에드 로 교수님이 고맙습니다. 로 교수님은 프린스턴대학교 석좌교수로 교직을 옮기실 때 제게도 함께 가자고 제안해 주셨지만, 저는 그 제안을 마다했습니다. 제가 교수님의 인지적 능력을 닮지 못했기 때문이었습니다.

30대 초반에는 아버지가 가장 고마웠습니다. 첫 저서의 첫 장에는 "조벽은 이 책을 스승님께 바칩니다. 아버지는 제게 정신을 주셨고……"라 적었지요. 그 뒤로도 제가 물려받아야 할 정신이 훨씬 더 많이 남아 있었지만 매우 아쉽게도 아버지께선 70대 초반에 돌아가셨습니다. 그래서 그 점은 닮고 싶지 않습니다.

40대 시절의 고마운 분은 서울대학교 이기준 총장님입니다. 매해 미국과 한국을 대여섯 차례씩 오가며 정신없이 보낸 그 시절, 총장님은 한국 사회에 참여할 기회를 주시고 혁신에도 열정적인 분이셨습니다. 하지만 이젠 그런 열정을 닮으려야 닮을 수 없는 나이가 되었습니다.

50대 초반에 우연히 만난 미카엘라 수녀님도 고마운 분입니다. 수녀님은 불쌍한 사람들을 위해 평생을 기여하며 살아오셨지만 가장 꼿꼿하고 아름다우며 너그러운 분이셨습니다. 저는 그분을 진심으로 닮고 싶지만, 그렇게 되기엔 너무 부족합니다.

60대 초반의 고마운 분은 고려대학교 정진택 총장님입니다. 공적인 장소에서는 저를 멘토라 소개해 주시지만 그분이 이룬 업적은 저를 훨씬 능가합니다. 명문대라는 큰 짐을 짊어지신 그분을 제가 닮기엔 이미 늦었습니다.

저희가 함께 고마워하는 분들도 참 많습니다. 저희가 운영하는 HD행복연구소 스태프와 운영위원들이 고맙습니다. 김민정, 김부경, 박혜준, 오은영, 윤지영, 이세나, 이소영, 이수정, 이정온, 이진, 이혜수, 장태자, 전옥선, 최연화, 한명례, 홍인숙 선생님이 고맙습니다. 또한 오랫동안 HD행복연구소 본부와 지부에서 다양한 활동을 주도해 주시거나 외곽에서 지원해 주시는 김미화, 김성자, 김순복, 김혜빈, 문수영, 박영순, 이광호, 서경숙, 신기영, 신순영, 신승희, 이수현, 이은지, 조은혜, 조창구, 최영주, 최명길, 추은혜, 한정희, 홍정애 선생님도 고맙습니다.

HD행복연구소를 지켜주시는 허정 선생님과 오윤경 변호사님이 고맙습니다. '행복한 하루'를 함께 진행하는 최경주재단의 최경주 이사장님과 김현정 이사님이 고맙습니다. 저희가 설립한 (사)감정코칭협회에 열성적으로 참여해 주시고 '행복씨앗심기' 사회봉사 활동을 하시는 500명 회원님들 모두가 고맙습니다. 이분들이 있기에 저희가 행복합니다. 이분들은 또한 이 책이 나올 수 있도록 이심전심으로 도와주셨습니다.

해냄출판사의 송영석 사장님과 이혜진 주간, 그리고 박신애 편집자를 비롯한 편집팀 모두에게 감사드립니다. 이 책에선 워낙 다양한 분야에 걸친 이야기가 전개되는 바람에 편집팀에서 고생이 많으셨습니다. 지치지 않고 수고해 주셔서 고맙습니다.

이유 없이 고마운 분들이 계십니다. 저희 부모님과 형제가 고맙습니다. 고모도 고맙고 가족도 고맙습니다. 항상 우리 마음속에 있는 한길, 요한, 수경, 주호, 미유, 이랑, 은영, 단이에게 사랑을 보냅니다.

마지막으로 독자분들께 감사드립니다. 저희 행복연구소를 좋아하시고, 저희 글을 기대해 주시고, 저희를 지지하고 응원해 주시는 여러분이 고맙습니다. 행복하세요.

2022년 10월

조벽, 최성애

저희가 운영하는 HD행복연구소는 서울 시내에 있습니다. 2층 건물인데도 옥상에 올라가면 동쪽으로는 북악산, 서쪽으로는 인왕산, 북쪽으로는 북한산, 남쪽으로는 한양도성 등 사방팔방으로 산이 보입니다. 건물 중앙에 있는 마당에선 시내 길거리의 시끄러운 소리를 듣기 어렵습니다. 건물이 마치 병풍처럼 외부의 소음을 막아주는 덕입니다. 고개를 들어 위를 쳐다보면 하늘과 구름만 보이니, 산골마을에서나 느낄 수 있는 평온함과 평화로움을 한껏 누릴 수 있습니다.

군이 연구소를 서울 시내에 지은 이유가 있습니다. 군이 번잡한 서울 시내를 벗어나지 않아도 평온함을 얻을 수 있는 상징성을 확보하기 위해서였지요. 현대인들은 스트레스를 벗어나거나 피할 수 없습니다. 그러니 스트레스가 지속되더라도 행복감을 느낄 수 있는 능력을 길러야 하지요. 이는 내면의 힘을 키워야 가능한 일입니다.

저희 연구소를 방문한 분들은 '처음엔 어떤 한 가지 문제를 해결하고 싶어 왔는데 결과적으로는 어떻게 살아야 행복하고 성공적인 삶을 살 수 있는지 알게 되었다'고 말씀하십니다. 마치 인생 매뉴얼 또는 행복 매뉴얼을 얻어가는 기분이라는 말씀들도 많이 하시지요. 그래서 부록에서 이 책의 내용을 매뉴얼처럼 요약하여 여러분께 알려드리고자 합니다.

다만 미리 여러분의 너그러운 양해를 구할 것이 있습니다. 이 매뉴얼에선 인간을 마치 가전제품처럼 취급하며 표현할 것이라는 점입니다. 매우 유치하고 심지어 불순할 수도 있는 발상이지만 구체성을 확보하기 위함이니 여러분도 이해해 주실 거라 믿습니다.

요즘은 필요한 물건을 인터넷 서핑으로 선택하고 택배로 받는 세상입니다. 매장에 직접 찾아가 물건 사용법을 직원에게서 배우는 시대는 끝났지요. 대신 택배 상자 안에는 아주 친절하고 명료하며 간략하게 작성된 사용 안내서가 따라옵니다. 물론 요즘의 제품들은 굳이 사용 안내서를 읽지 않고도 감으로 척척 사용할 수 있게끔 디자인되어 있지요. 안내서를 찾아보는 것은 특별한 기능이 필요할 때 혹은 제품이 고장 났을 때 정도일 것입니다.

자동차처럼 복잡한 제품에는 상당히 두꺼운 매뉴얼이 따라오지만 그래도 별 특별한 것이 없으니 우린 별 신경을 쓰지 않습니다. 그러나 비행기를 구매해서 조종해야 한다면 당연히 그에 필요한 교육을 받아야 하겠지요. 숙련된 조종사들도 이륙 전에는 최소한 체크 리스트를 읽으며 점검합니다.

인간도 마찬가지입니다. 워낙 잘 디자인된 터라 매뉴얼을 읽지 않고도 자신의 몸을 사용할 수 있습니다. 도움을 청할 때는 몸이나 마음, 정신이 아플 때 정도지요. 인터넷에는 건강 관련 정보들이 수없이 떠다니는데 그것들은 곧 인간 사용 안내서인 셈입니다. 하지만 체계적인 안내서가 아니다 보니 대부분은 내용이 지나치게 중구난방이거나 지엽적인 데 그치고 맙니다.

지금 한번 잘 생각해 보세요. 우리는 자신을, 또 주변 사람을 너무 쉽게 막 대하고 있지 않나요? 인간은 비행기보다, 아니 우주선보다 더 복잡한 존재인데 말입니다. 그러니 최소한의 체크 리스트를 머리맡에 두고 자주 점검해야 합니다.

그런 의미에서 간략한 인간 사용 안내서와 체크 리스트를 다음과 같이 만들어보았습니다. 모쪼록 여러분 모두가 이 안내서의 내용을 잘 익히고 참고하여 행복하고 성공적인 삶을 이뤄내시길 바랍니다.

안내서

고객님을 환영합니다. 이 안내서를 잘 읽고 따르면 오래 행복하고 성공적으로 살 수 있습니다.

인간에겐 두 가지 모드가 있습니다. 생존 모드와 성장 모드입니다. 생존 모드는 응급 시 공격 또는 도피 활동을 할 때 자동으로 작동되니 신경쓰지 않으셔도 됩니다. 그와 달리 성장 모드는 평상시 행복감을 느끼고 싶을 때 수동으로 작동시키셔야 합니다.

인간이 활동하는 데 필요한 에너지는 네 종류의 배터리(신체, 인지, 정서, 영성)로 공급됩니다. 각 배터리가 방전되지 않도록 매일 충전하고, 가급적 용량을 키우세요. 그러면 새로운 배터리를 자주 갈아 넣어야 할 필요가 없을 것입니다.

인간에겐 각기 다른 기능과 역할을 담당하는 세 가지 요소가 있습니다. 몸, 마음, 정신이 그것입니다. 이 세 요소는 각각 다른 배터리 조합을 통해 작동합니다. 기본적으로 몸은 신체 배터리, 마음은 인지와 정서 배터리, 정신은 신체와 영성 배터리를 주로 사용하지요. 하지만 이 배터리들은 서로 선으로 연결되어 있어 어떤 한 가지 기능에도 네 가지 배터리 모두가 관여합니다.

마음의 기능은 '다른 인간과의 연결'입니다. 시너지 효과를 내게 만드는 것이지요. 하지만 서로 잘못 연결되면 오작동으로 마음이 망가질 수 있으니 조심하세요. 마음은 퍼주면 퍼줄수록 더욱 넓어지고 깊어집니다. 그러니 서로 긍정 에너지를 자주 소소하게 나누세요.

정신의 기능은 '주변 환경과의 연결'입니다. 자율주행 방향의 설정과 같은 것이지요. 인간을 오래 잘 사용하시려면 정신줄을 붙잡고 있어야 합니다. 하지만 정신은 외부 충격에 민감하기 때문에 쉽게 나가거나 팔리거나 썩을 수 있으니, 뒤에서 함께 안내할 '정신 차리는 방법'을 반드시 잘 따라주세요.

몸의 기능은 '마음과 정신을 담아내는 것'입니다. 몸에 공기가 잘 통하게끔 심호흡을 통해 깊고 길게 공기를 주입하세요. 몸에 불순물이 들어가지 않도록 불량식품을 멀리하고 과식하지 마세요. 몸이 녹슬지 않도록 매일 운동도 시켜주세요.

몸, 마음, 정신의 기능이 최적 상태에서 작동될 수 있게끔 매일 재설정을 해주세요. 재설정에는 대략 7~9시간이 필요하니 이 시간 동안에는 수면을 취하며 작동이 완전히 멈춰지게끔 해주세요. 모든 배터리는 이 수면 시간 동안 자동으로 재충전됩니다.

몸, 마음, 정신의 기능에 시동을 거는 방법은 각각 다릅니다. 다음의 체크 리스트를 가까이 두고 참고하세요.

체크 리스트

성장 모드는 몸과 마음, 정신이 우리에게 보내는 신호를 포착하는 데서 시작합니다. 그 신호를 감지한 뒤 성장 모드로 전환하는 다이얼을 켜면 이 모드를 작동시킬 수 있지요. 각 요소별 신호, 그리고 성장 모드로 전환시키는 다이얼 내용을 다음과 같이 정리해 두었으니 잘 활용하시기 바랍니다.

① 몸에 성장 모드의 시동을 거는 방법

신호: 몸이 느끼는 감정을 주시하세요. 감정은 알아차려야 하는 신호니까요. 부정적 감정이 생기면 공격 또는 도피 신호가 아닌, 이완을 하라는 메시지로 여기세요. 부정적 감정이 지나치게 커질 때까지 기다리면 성장 모드에 시동이 잘 걸리지 않습니다.

작동 다이얼: 평소 우리의 호흡은 3초 정도를 주기로 이뤄지지만, 성장 모드에선 다릅니다. 우선 폐장의 다이얼을 10초에 맞추고 작동시키세요. 들숨과 날숨의 주기를 각 5초씩 하면서 심호흡하시면 됩니다.

② 마음에 성장 모드의 시동을 거는 방법

신호: 마음이 우리에게 보내는 신호는 부정심과 긍정심입니다. 자꾸 부정심으로 쏠리게 되어 있지만 긍정심을 선택하라는 신호로 여기세요.

작동 다이얼: '회상하기' '환상하기' '예상하기'의 세 가지 방법을 동원해 상상을 작동시키세요. 상상 다이얼은 평소 −4에서 +3 사이

를 오가지만 성장 모드에 시동을 걸려면 +3을 유지시켜야 합
니다.

③ 정신에 성장 모드의 시동을 거는 방법

신호: 눈에 무엇이 견지되는지 주시하세요. 정신은 자꾸 미움과 고
독을 보려 하는 특성이 있습니다. 원과 한, 피해와 패배만 보이
는 것은 화(禍)라는 소용돌이, 즉 불행의 악순환에 들어갔다는
신호입니다. 이를 '이제는 복(福)의 선순환으로 들어가야 한다'
는 신호로 여기세요.

작동 다이얼: 긍정 시각을 작동시키세요. 시각의 다이얼 범위는 마이
너스로도 플러스로도 무한대입니다. 미움을 보면 끝도 없이 다
미워 보이지만, 한 번 고마움을 발견하기 시작하면 보이는 것
들 모두가 고맙게 여겨집니다. 그래서 플러스의 범위는 무한대
로 뻗어나갈 수 있습니다.

활용법

다음은 최적으로 조율된 몸과 마음, 정신이 갖는 가장 중요한 장점을
세 가지씩 정리한 내용입니다. '이 상태엔 어떤 장점이 있는가'라는 말
은 곧 '우리가 어떤 장점을 원할 때 이 상태를 활용할 수 있는가'의 뜻이
라고도 할 수 있으니 각 조율 상태의 '활용법'이라 해도 될 것입니다.

① 몸 기능이 최적으로 조율된 '자기조율' 상태의 장점

담담함: 외부 자극에 순간적으로 생존 모드로 반응해도 곧바로 회복

하고 성장 모드로 전환할 수 있는 상태가 확보됩니다.

정중동: 감정은 안정되어 있는데 생각은 매우 잘 돌아가는 상태가 확보됩니다.

선택의 여지: 문제를 두루 살피고 다양한 해결책을 고려할 수 있는 상태가 확보됩니다.

② 마음 기능이 최적으로 조율된 '관계조율' 상태의 장점

공감력: 타인의 마음을 헤아리는 능력인 공감력이 확보되면서 구성원들 마음을 얻는 최고의 리더십을 발휘하게 됩니다.

의사소통: 타인과 메시지를 주고받으며 여럿이 함께 번창할 수 있는 교류의 창을 확보하게 됩니다.

연결: 서로 마음이 통하여 지지해 주는 관계를 확보함으로써 팀워크와 집단지성을 발휘하게 합니다.

③ 정신 기능이 최적으로 조율된 '공익조율' 상태의 장점

유머: 괴로운 처지에 놓인 자신을 보면서도 껄껄 웃을 수 있는 자아초월성을 확보하게 됩니다.

지혜: 먼 곳에서 오는 영감과 직감을 만나 논리를 초월하고 체험을 초월한 결론에 도달하게 됩니다.

홍익: 길고 폭넓게 헤아리고 모두에게 이롭게 함으로써 세상을 좀더 행복한 곳으로 만들게 됩니다.

1장 스트레스

1. "30대 남성 2명 중 1명 비만", 《중앙일보》, 2019.10.28.

2. "웰빙시대의 역설… 건강식품 챙길수록 당분 섭취", 〈JTBC 뉴스〉, 2016.4.5.

3. "경주, 세계적 힐링 메카로 조성해야", 《경북일보》, 2010.09.14.

4. "경주 '심신 치유 리조트' 만든다", 《경복일보》, 2011.12.20.

5. www.carpediemrome.com

6. Miller S. et al., "Overweight and obesity in nurses, advanced practice nurses, and nurse educators", 《*J Am Acad Nurse Pract.*》, May: 20(5), 2008.

2장 몸

1. Jessica Russell, 「*'Hwabyeong in Korea' in introduction to medical anthropology*」, Michigan State University, July 19, 2012.

2. Woolum A, Foulk T, Lanaj K, Erez A, "Rude color glasses: the contaminating effects of witnessed morning rudeness on perceptions and behaviors throughout the workday", 《*Journal of Applied Psychology*》, July 27, 2017.

3. Chade-Meng Tang, "Just 6 seconds of mindfulness can make you more effective", 《*Harvard Business Review*》, December 30, 2015.

4. Yackle et al., "Breathing control center neurons that promote arousal in mice", 《*Science*》, vol.355, no.6332.

3장 감정

1. Tansmeister et al., "Singing at 0.1 Hz as a Resonance Frequency Intervention to Reduce Cardiovascular Stress Reactivity?", 《*Front Psychiatry*》, 13: 876344, April 27, 2022.

깊이 읽기_ 뇌과학과 생리학

1. "History of the brain", www.thirteen.org
2. "Your emotions and your heart", 《*Havard Health Pulishing*》, November 27, 2014.
3. Gutkowska et al., 「*Oxytocin is a cardiovascular*」, p.625-633.
4. Perez-Neri et al., "DHEA increases tonic and phasic dopamine release in striatum", 《*Neurosci. Lett.*》, August 24, 2020.
5. Ogata and de Bold, "The heart as an endocrine organ." 《*Endocr Connect*》, April 14, 2014.
6. Nakagawa et al., "Atrial and brain natriuretic peptides: Hormones secreted from the heart", 《*Peptides*》, January 2019.
7. McCraty, "Heart rhythm coherence an emerging area of biofeedback", 《*Biofeedback*》, 30(1): 23-25, 2002.

4장 마음

1. "심장의 기억", 〈SBS 스페셜〉, 2011.6.19.
2. "New study reveals just how many thoughts we have each day", 〈Newshub〉, 2022.9.9.
3. "How to manage your 40,000 negative thoughts a day and keep moving forward", 《*Financial Post*》, 2013.10.16

5장 긍정심

1. 최현석, 『인간의 모든 감정』, 서해문집, 2011.
2. Rowbothan, "The impact of confucianism on seventeenth century europe", 《*The Far Eastern Quarterly*》, vol.4 no.3, 1945.

3. B. Fredrickson, 『*Positivity*』, Crown, 2009.

4. "imagination", www.merriam-webster.com

5. "한국 과학 영재들 '의사·공무원 되고 싶다'", 〈노컷뉴스〉, 2006.4.28.,

깊이 읽기_ 감정과 생각의 기원

1. Ekman, Paul; Cordaro, Daniel, "What is meant by calling emotions Basic", 《*Emotion Review*》, 3(4): 364-70. 2011.

2. Beaty RE, Kenett YN, Christensen AP, Rosenberg MD, Benedek M, Chen Q, Fink A, Qiu J, Kwapil TR, Kane MJ & Silva PJ., "Robust prediction of individual creative ability from brain functional connectivity", 《*PNAS*》, January, 115(5)1087-1092, 2018.

6장 정신

1. "Physiology", www.britannica.com

2. "'썩히다'와 '삭히다'", 《한국일보》, 2016.7.19.

3. Kahneman, D. and Deaton, A., "High income improves evaluation of life but not emotional well-being", 《*Proc Natl Acad Sci*》, 107(38): 16489-93, 2010.

7장 고마움

1. 정호완, "지명소 '고마'의 의미와 분포", 《우리말글》, vol.36, p.107-145, 2006.

2. 서정범, 『국어어원사전』, 보고사, 2000.

3. 이정복, 『한국어 경어법, 힘과 거리의 미학』, 소통, 2011.

깊이 읽기_ 인간을 구성하는 네 가지 영역

1. Ferfuson MA et al., "A neural circuit for spirituality and religiosity derived from patients with brain lesions", 《*Biological Psychiatry*》, June 29, 2021.

2. "Physiology", www.britannica.com

8장 의미

1. "불교", terms.naver.com
2. Victor Frankl, 『*Man's Search for Meaning*』, Beacon Press, 1959.

깊이 읽기_ 네 가지 에너지 영역의 균형과 조화

1. "성리학(性理學)", encykorea.aks.ac.kr

9장 자기

1. "한국인 스트레스 어디서 받나", 《매일경제》, 2017.7.31.
2. Gottman, John, 『*The Science of Trust*』, New York: W. W. Norton & Company, 2011.

10장 관계

1. "Gottman and Gray: The Two Johns", 《*Psychology Today*》, November, 1997.
2. John Medina, 『*Brain Rules*』, Pear Press, 2008.
3. "'일보다 사람 싫어 회사 떠난다' 직장인 10명 중 8명… 인간관계 스트레스", 《시사포커스》, 2019.3.20.
4. Rolf Jensen, 『*The Dream Society*』, McGraw Hill, 2001.

11장 공동체

1. Will Bowen, 『*A complaint free world*』, Harmony, 2007.
2. Rein G, McCraty RM, and Atkinson M. "Effects of positive and negative emotions on salivary IgA", 《*Journal of Advancement in Medicine*》, 8(2):87–105, 1995.
3. Adam Grant, 『*Give and Take*』, Penguin, 2014.
4. "Startup failure rates", www.embroker.com

성장할 수 있는 용기

초판 1쇄 2022년 11월 10일
초판 5쇄 2024년 6월 30일

지은이 | 조벽 · 최성애
펴낸이 | 송영석

주간 | 이혜진
편집장 | 박신애 **기획편집** | 최예은 · 조아혜 · 정엄지 (외부편집 장윤정)
디자인 | 박윤정 · 유보람
마케팅 | 김유종 · 한승민
관리 | 송우석 · 전지연 · 채경민

펴낸곳 | (株)해냄출판사
등록번호 | 제10-229호
등록일자 | 1988년 5월 11일(설립일자 | 1983년 6월 24일)

04042 서울시 마포구 잔다리로 30 해냄빌딩 5 · 6층
대표전화 | 326-1600 **팩스** | 326-1624
홈페이지 | www.hainaim.com

ISBN 979-11-6714-053-1